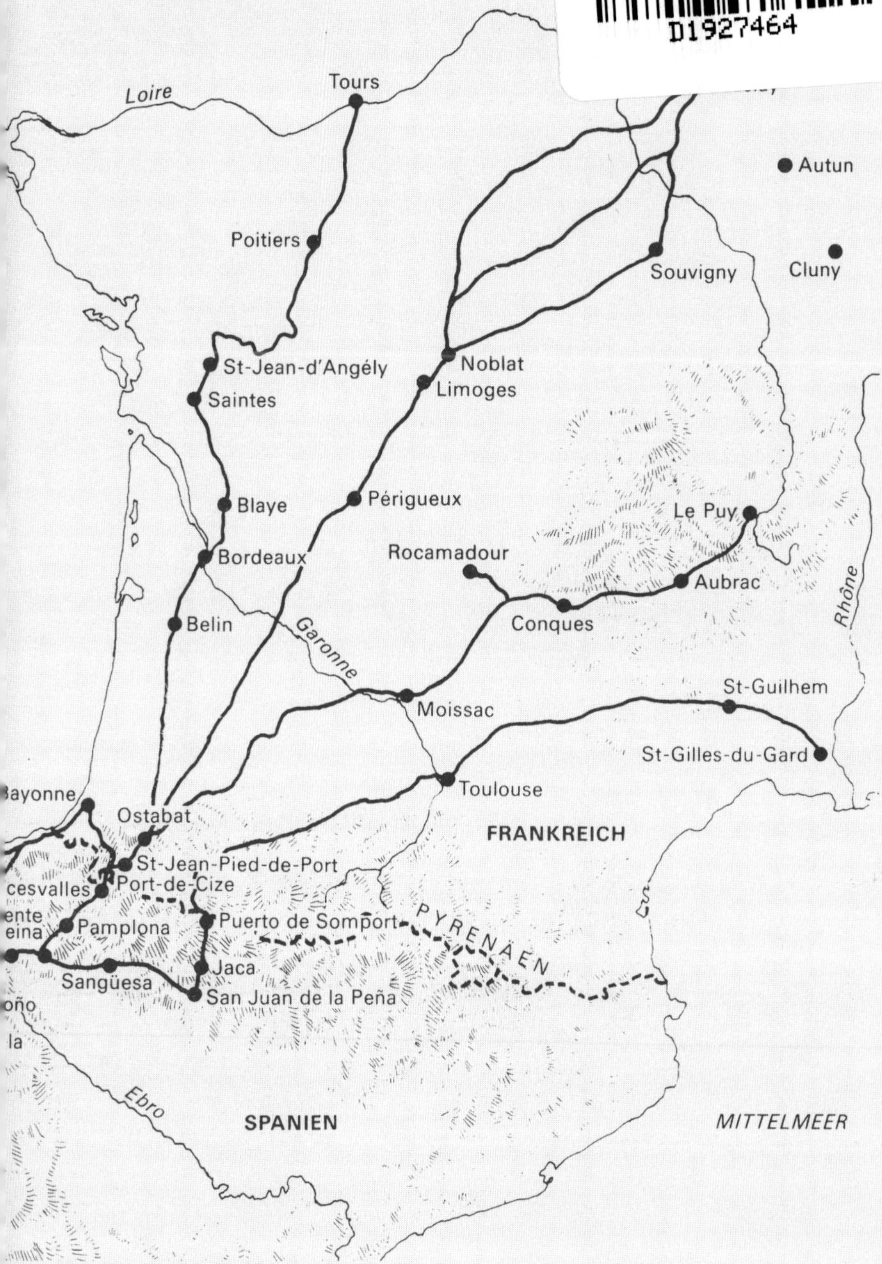

Loire
Tours
Autun
Poitiers
Souvigny
Cluny
St-Jean-d'Angély
Noblat
Limoges
Saintes
Blaye
Périgueux
Le Puy
Bordeaux
Rocamadour
Aubrac
Rhône
Belin
Conques
Garonne
St-Guilhem
Moissac
St-Gilles-du-Gard
Toulouse
Ostabat
FRANKREICH
St-Jean-Pied-de-Port
Port-de-Cize
Puerto de Somport
PYRENÄEN
Pamplona
Jaca
Sangüesa
San Juan de la Peña
Ebro
SPANIEN
MITTELMEER

BARRET / GURGAND

AUF DEM WEG NACH SANTIAGO

PIERRE BARRET / JEAN-NOËL GURGAND

AUF DEM WEG NACH SANTIAGO

In den Spuren der Jakobspilger

Aus dem Französischen
von Arthur Himmelsbach

HERDER
FREIBURG · BASEL · WIEN

Bearbeitete Neuausgabe des 1982 erstmals auf deutsch erschienenen Werkes »Unterwegs nach Santiago. Auf den Spuren der Jakobspilger«

Die Originalausgabe erschien unter dem Titel »Priez pour nous à Compostelle«

Umschlaggestaltung: Finken & Bumiller
Umschlagmotiv: Pilger unterwegs. Stich um 1500
Vorsatzmotiv vorn:
Die vier Routen des Jakobswegs
Vorsatzmotiv hinten:
Pilger auf ihrem Weg. Stich nach Breughel
Übersetzung des Gedichts S. 299:
Margarethe Drewsen
Druck und Einband:
Freiburger Graphische Betriebe
Gedruckt auf umweltfreundlichem, chlorfrei gebleichtem Papier
Printed in Germany

ISBN 3-451-27099-4

INHALT

ACHTES KAPITEL

UNTERKUNFT UND VERPFLEGUNG

NEUNTES KAPITEL

COMPOSTELA

ZEHNTES KAPITEL

DER STERNENWEG

Die ſtraß vnd meylen tzu ſant Jacob

auß vnd ein in warheyt gantz erfarn
findeſtu in dyſem buchleyn

Aymeri Picaud, Mönch aus dem Poitou, im 12. Jahrhundert;
Nompart II., Herr von Caumont, im Jahre 1417;
Jean de Tournai, Gerber aus Nordfrankreich, und sein Gefährte, Sire Guillaume, im Jahre 1488;
Herman Künig, Mönch aus der Straßburger Gegend, im Jahre 1495;
Arnold von Harff, junger rheinischer Edelmann, im Jahre 1496;
Jean Taccouen, Herr von Zielbeke, flämischer Lehnsherr, im Jahre 1512;
Domenico Laffi, Pfarrer aus Bologna, und sein Malerfreund Domenico Codici im Jahre 1670;
Guillaume Manier, Schneider aus der Pikardie, und seine Gefährten Antoine Delaplane, genannt Delorme, Jean Hermand, Antoine Baudry mit dem Beinamen La Couture im Jahre 1726;
Jean Bonnecaze und seine Béarneser Freunde Gomer, Pétrique und Pierre Laplace im Jahre 1748;
nicht zu vergessen ein ungenannter Engländer um das Jahr 1380 und ein ebenso anonymer Pilger aus Florenz um 1477

– ihnen allen ist über die Jahrhunderte hinweg eines gemeinsam: Sie sind nach Santiago de Compostela gepilgert und haben einen Bericht über ihre Wallfahrt oder wenigstens eine Beschreibung ihrer Marschroute hinterlassen.

Aus ihrem Geist ist dieses Buch entstanden.
Ihnen sei es auch gewidmet.

VORWORT

Wer war der heilige Jakobus?
Und warum Compostela?

Jakobus, der ältere Bruder des Apostels Johannes – daher Jakobus der Ältere –, erlebte ein seltsames Geschick. Obwohl einer der ersten Apostel (und später Martyrer), gab Jesus ihm den Beinamen »Donnersohn«: Er hatte ein ganzes Dorf vernichten wollen, weil es sich weigerte, Christus gastfreundlich aufzunehmen. Vor allem aber gehörte Jakobus zu den wenigen Auserwählten, die der Verklärung auf dem Berg Tabor beiwohnen durften. Er stand Jesus sehr nahe, begleitete ihn auf allen seinen Wanderwegen und war Zeuge seiner gesamten Lehrtätigkeit.

Wirklich berühmt machte ihn jedoch erst die glühende Verehrung der Spanier. Eine im 7. Jahrhundert entstandene Legende erzählt, Jakobus der Ältere habe in Spanien gepredigt. So dachte man zu einer Zeit, als alle europäischen Länder sich einen Apostel anzueignen suchten. Zwei Jahrhunderte später wußte diese selbe Legende, er sei dort auch gestorben. Hier liegt der Ursprung der großen Pilgerbewegung nach Santiago de Compostela und der zahlreichen Pilgerberichte, einer merkwürdiger als der andere.

Im Jahre 830 entdeckten zwei von einem Stern geführte Hirten auf einem Feld einen Steinsarg mit Reliquien. Der Volksglaube der Spanier erkannte in ihnen die Reste Jakobus' des Älteren. In Kürze verbreitete sich die Neuigkeit in der ganzen christlichen Welt. Das Feld, auf dem das Grab entdeckt worden war, bekam folgerichtig den Namen *campus stellae*, Sternenfeld. Alfons III., der König von

Asturien, ließ die Basilika von Compostela für die nun einsetzende Pilgerbewegung vergrößern.

Godescalc, Bischof von Le Puy

Ein Jahrhundert später, nämlich im Jahre 950, begab sich Godescalc, der Bischof des südfranzösischen Puy-en-Velay, mit seinem Gefolge nach Santiago de Compostela. Den Weg, den er einschlug, kennt man nicht in allen seinen Einzelheiten; sicher aber handelte es sich um die *via podiensis*. Der Bischof zog mit einem Gefolge von Baronen, Männern der Kirche, Troubadouren, Pferden und Maultieren des Weges – alles unter dem Schutz einer Militäreskorte.

Wir besitzen darüber den Bericht eines Mönchs aus dem Kloster Sankt Martin d'Abbeda bei Logroño: »Bischof Godescalc hat unter offenbar frommem Antrieb sein Land Aquitanien verlassen und sich in Begleitung eines großen Gefolges auf den Weg in die fernsten Gegenden von Galicien gemacht, um in aller Demut den Schutz des heiligen Apostels Jakobus zu erflehen und so die Barmherzigkeit Gottes zu erlangen.«

Somit war Bischof Godescalc der erste wahre »französische« Pilger, den wir kennen. Etwas später, im Jahr 1063, machte sich Petrus II. von Mercœur, auch er Bischof von Le Puy, seinerseits auf den Weg nach Spanien. Diese ersten Pilgerreisen hoher geistlicher Würdenträger eröffneten offiziell den Weg nach Compostela und machten ihn dadurch in ganz Europa bekannt.

Der Pilgerführer von Aymeri Picaud aus dem 12. Jahrhundert

Der Höhepunkt dieser Wallfahrt in das ferne Galicien liegt zwischen 1110 und 1140. Tausende von Pilgern aus ganz Europa verließen ihre Strohhütten, ihre Familien, ihr ganzes Hab und Gut, und machten sich auf den Weg zum heiligen Jakobus. Viele von ihnen kamen, durch diese Initiation neu belebt und gestärkt, in ihre Heimat zurück; viele andere starben unterwegs, denn die Reise war lang und gefährlich.

Diese hohe Zeit des Pilgerns fand ihren Abschluß mit der Niederschrift des berühmten »Pilgerführers« (*Guide du pèlerin de Saint-Jacques de Compostelle*); er wird einem Kleriker aus dem Poitou, Aymeri Picaud, zugeschrieben. Von diesem Werk, dem Vorläufer unserer Reiseführer, sind zwei Handschriften auf uns gekommen; die eine wird in der Kathedrale von Santiago de Compostela aufbewahrt, die andere liegt im katalanischen Kloster Ripoll. Es handelt sich um eine allgemeine Beschreibung der Pilgerwege durch Frankreich und Nordspanien nach Compostela, mit den Etappenstädten auf diesen Wegen und Informationen über die Bevölkerung in den durchquerten Gegenden.

Der Ort Compostela wird ausgiebig beschrieben, ebenso seine Kathedrale Sankt Jakob. Aymeri Picaud schließt seinen Pilgerführer mit einer Menge interessanter Beobachtungen, »wie die Santiago-Pilger gastlich aufzunehmen seien«.

Leider enthält der Führer nur wenige Angaben über den Süden Frankreichs. Er begnügt sich mit der Feststellung: »Vier Wege führen nach Santiago, die sich in Puente la Reina auf spanischem Boden zu einem einzigen Weg vereinen: einer verläuft über Saint-Gilles, Montpellier, Toulouse und den Somportpaß; ein anderer über Notre-Dame du Puy, Sainte-Foy de Conques und Saint-Pierre de Moissac ...«

Der Pilgerführer verdeutlicht: »Der Weg, der über Sainte-Foy verläuft, der andere, der Saint-Léonard durchquert, und jener über Saint-Martin, sie vereinigen sich alle drei bei Ostabat. Von da ab geht es über den Cize-Paß. Bei Puente la Reina schließt sich der andere, über den Somportpaß führende Weg an; von da ab ist es dann nur mehr ein einziger Weg bis nach Santiago ...« Offensichtlich kannte der Verfasser den Weg von Tours und den *camino francés* in Spanien aus eigenem Erleben.

Der Tod der Pilgerbewegung

Bis zum 14. Jahrhundert erfreute sich der Pilgerweg nach Santiago immer noch großer Beliebtheit. Die Krise, die im 14. Jahrhundert mit ihrem Gefolge von Kriegen und Seuchen das Abendland erschütterte, blieb auf dieses Pilgern und die Geistesverfassung der Wanderer freilich nicht ohne Einfluß. Eine neue Art des Reisens brach sich Bahn. Die Reiseberichte geben davon Zeugnis. Anscheinend fand der Pilger jetzt Lust am Wandern selbst. Eine schier unersättliche Neugierde an den durchquerten Gegenden erwachte. Der Pilger gab sich einer ganz offensichtlichen Lebensfreude hin, weit entfernt vom Geist der Zerknirschung und Askese, den wir ihm mit aller Gewalt zuerkennen wollen. Am deutlichsten zeigt sich dieser Sinneswandel darin, daß die begüterten Pilger lieber in den Wirtshäusern Halt machten als in den Pilgerherbergen zu nächtigen.

Dann beginnt im ausgehenden 15. Jahrhundert die Pilgerbewegung mit einem Schlag abzuflauen, und allmählich verschwindet sie ganz. Die Religionskriege zerreißen Frankreich und machen das Wandern außerhalb der Ortschaften zu einem allzu gefahrvollen Unternehmen. Darüber hinaus geraten die Verehrung des heiligen Jakobus und das Pilgern nach Compostela – wie alle mittelalterlichen Frömmigkeitsformen – mit ihrer Nähe zum Aberglauben in Widerspruch zum neuen, aus der Reformation und dem Humanismus geborenen kritischen Geist. Man liest im »Lob der Torheit« eines Erasmus von Rotterdam den erstaunlichen Satz: »Nur ein Verrückter geht nach Santiago.«

Die aus Deutschland, der Wiege der Reformation, heranwandernden Pilger werden von den spanischen Obrigkeiten verdächtigt, die lutherischen Ideen nach Spanien einschleusen zu wollen. Luther selbst spricht sich gegen das Pilgern aus und fordert, es zu unterdrücken. Es sei eine Gelegenheit zur Mißachtung der göttlichen Gebote, meint er. Ja, es komme sogar vor, daß einer pilgere und dabei hundert und mehr Gulden ausgebe, Frau und Kinder zu Hause aber dem Elend überlasse.

Falsche Pilger streunen auf den Straßen herum: die »Coquillarden« oder »Muscheler«. Sie suchen auf Kosten der öffentlichen Wohlfahrt zu leben und entwerten das Pilgern.

Ludwig XIV. verbietet unter Galeerenstrafe, sich nach Spanien, dem Feind Frankreichs, zu begeben. Er veröffentlicht einen Erlaß »gegen die Unordnung und Wirren, die unter dem Schein der Frömmigkeit und der Pilgerschaft in das Königreich eingedrungen sind«.

Übrigens verneinen auch gewisse Theologen den geistlichen Nutzen des Pilgerns. Aber auch die politischen und wirtschaftlichen Umwälzungen, das Anwachsen des Unglaubens und die gespannten Beziehungen zwischen Kirche und Staat während des 19. Jahrhunderts haben zur Fortdauer der Pilgerbewegung in das ferne Galicien keineswegs beigetragen. In der ersten Hälfte des 20. Jahrhunderts ist das Vergessen geradezu vollständig.

Die wiedererwachte Pilgerbewegung

Erst in den fünfziger Jahren unseres Jahrhunderts werden die Wege nach Santiago wieder zu Pilgerwegen, freilich auch zu Wegen der Geschichte und Kultur. Verantwortlich für die neue Begeisterung ist eine moderne Sicht dieser Wege. Es ist die Sicht des Archivars René de La Coste-Messelière, für den mühevolles Pilgern und gelehrtes Wissen immer eine Einheit bildeten.

1987 erhob der Europarat die Pilgerwege nach Santiago zur ersten Kulturstraße Europas. Die UNESCO rechnet sie heute zum Weltkulturerbe der Menschheit.

Die vier Wege

Der *Guide du pèlerin de Saint-Jacques de Compostelle* kennt vier Wege nach Santiago:

Der erste Weg beginnt bei Arles, verläuft dann über Saint-Gilles du Gard, Montpellier und Toulouse und führt über den Somportpaß nach Spanien. Es ist die *via tolosana* oder *via egidiana*, eine wahre Abfolge kleinerer Pilgerorte: Saint Trophime, Saint Césaire, Saint Honorat und Saint Genès in Arles und Trinquetaille; Saint Gilles du Gard, Saint-Guilhem-du-désert, die Heiligen Tibère, Modeste und Florence in Saint-Tibéry; schließlich Saint Sernin in Toulouse. Über den Weg, den man von Montpellier nach Toulouse nehmen muß, schweigt sich der Pilgerführer aus; ebenso weiß er nichts Genaueres über die Strecke von Toulouse bis zum Somportpaß, wo der »Aragoneser Weg« beginnt.

Der zweite Weg ist die *via podiensis*. Er gilt als Pilgerweg der »Burgunder und Teutonen«. Der Reiseführer zitiert nur Conques und Moissac als Etappen zwischen Le Puy und Ostabat; über den genaueren Verlauf des Weges läßt er uns im Ungewissen.

Der dritte Weg trägt den Namen *via turonensis*. Die große, auf diesem Weg verehrte Heiligengestalt ist Martin von Tours, der Apostel der Gallier; seine Verehrung ist noch älter als die des heiligen Jakobus. Von Tours aus begaben sich die Pilger nach Poitiers (Saint Hilaire), Saint-Jean d'Angely, Saintes, dann Blaye, überquerten die Gironde und betraten Bordeaux, durchwanderten sodann das große Waldgebiet der Landes und gelangten schließlich nach Ostabat, dem Ausgangspunkt des Weges durch Navarra, der dann später als *camino francés* nach Compostela weiterführt.

Der vierte Weg »durchquert Sainte-Madeleine de Vézelay, Saint-Léonard im Limousin und die Stadt Périgueux«. Nach dem Pilgerführer verläuft der Weg über Limoges. Zwischen Périgueux und Ostabat hingegen werden keine Etappen angegeben. Von Ostabat gelangt man dann über Logroño, Burgos, León, Astorga, Ponferrada und den

Paso Alto de Cerdeira nach Compostela. Es ist dies der Weg von Vézelay, den Pierre Barret und Jean-Noël Gurgand für ihre Pilgerreise nach Santiago de Compostela gewählt hatten.

Der heilige Hügel von Vézelay, unerschöpflich in seinem spirituellen Reichtum, wurde von zahlreichen Persönlichkeiten als Aufenthaltsort gewählt. Zu nennen wären Paul Claudel, Romain Rolland, Max-Pol Fouchet, Jules Roy und andere. Die Erinnerung an Maurice Clavel ist hier immer noch lebendig.

Pierre Barret und Jean-Noël Gurgand hatten wohl dieselbe Ergriffenheit verspürt: »... Wir haben uns ein- oder zweimal umgedreht: Die Basilika lag hinter uns im blauen Dunst, tief in ihre Erinnerungen versunken. Vézelay haben wir ohne lange Diskussion gewählt. Wir fühlten dunkel, daß wir hier vor langer, langer Zeit irgendwie geboren sein mußten. Vézelay ist eine unserer heimlichen Hauptstädte.«

Aufbruch

Was trieb den mittelalterlichen Menschen an, sein Dorf zu verlassen und sich auf die abenteuerlichen Pilgerwege zu wagen?

Zweifellos zuerst schlichtweg die Neugierde, dann aber auch das Verlangen, aus dem gewohnten Milieu einmal wegzukommen und mit dem Alltagstrott zu brechen.

Ein anderes Verlangen lag wohl tiefer: Man wollte meditieren, beten, Gott finden. Und das durch die Askese des Pilgerns selbst, durch das tagtägliche Wandern. Der Pilger suchte sich auf diesem »Weg« zu heiligen, zum »neuen Menschen« wiedergeboren zu werden. Er wanderte unter dem mystischen Drang, einen als heilig angesehenen Ort zu erreichen und sich durch dieses Hinpilgern zu reinigen. Das Pilgern galt auch als Einlösung eines persönlichen Gelübdes, als Dank für eine Heilung, für eine Rettung, für eine Hilfe.

Pilger, wer ruft dich denn?
Welche geheime Kraft treibt dich fort?
Nicht der Weg der Sterne,
Nicht die hohen Kathedralen.
Aber auch nicht das liebliche Navarra,
Nicht der Wein der Rioja,
Nicht die galicischen Meeresfrüchte
Und nicht die kastilianischen Lieder.

(aus einem spanischen Gedicht
von Eugenio Garibay Banos)

Pilgerstab, Bettelsack, Feldflasche und Pilgermuschel

Hatte sich der Pilger zum Aufbruch nach Santiago entschlossen, brachte er zuerst seine Angelegenheiten in Ordnung und schrieb sein Testament. Er ließ sich Haar und Bart wachsen. Vor dem Weggehen fand eine religiöse Zeremonie statt: der Pilgersegen.

Ursprünglich trug der Pilger keine besondere Kleidung; er brauchte lediglich praktisches, festes Schuhwerk. Er wählte kurze Gewänder, um ungehindert wandern zu können, trug eine mit Leder verstärkte Pelerine und einen breitrandigen Filzhut. Aufgrund der üblichen Ausstattung entstand so schließlich die charakteristische Pilgerkleidung; sie wies den Santiago-Pilger als solchen aus und verlieh ihm ein Recht auf Gastfreundschaft in den Herbergen. Jahrhundertelang war der Pilger an seiner Kleidung sogleich erkennbar. Hinzu zählten noch der Wanderstab, der Bettelsack, die Kürbisflasche (oder Feldflasche) und die Muschel.

»Wenn man die Bettelsäcke und die Wanderstäbe überreicht, soll folgendes Gebet gesprochen werden: Empfanget die Bettelsäcke und die Wanderstäbe und wandert zu den Reliquien der Apostel im Namen des Vaters, des Sohnes und des Heiligen Geistes, damit ihr durch die Fürsprache der heiligen Maria, der Mutter Gottes, und aller Apostel und Heiligen verdient, in diesem Leben die Vergebung aller eurer Sünden zu erlangen und im künftigen Leben in die Gemeinschaft aller Seligen aufgenommen zu werden« (aus dem Aufbruchgebet des römisch-germanischen Pontifikales des 10. Jahrhunderts).

Der »Wanderer Gottes«

Die meisten Pilger ritten. Allerdings stiegen sie vom Pferd, sobald sie Santiago näherkamen. Die letzte Strecke gingen sie. Unter den ärmeren Leuten pilgerten manche jedoch die ganze Strecke zu Fuß.

Der Pilger mußte viel ausgeben. Man erwartete von ihm zahlreiche Almosen. Auch die Gaststätten, in denen er übernachtete, kosteten etwas. Übrigens konnte er es sich nicht erlauben, allein zu wandern, vor allem nicht eine Frau, denn oft lauerten Räuber am Weg. In den Monaten außerhalb der Winterszeit waren die Wege ganz besonders stark begangen.

Im Aubrac und vor allem in der Nähe von Roncesvalles mußten die Pilger mit Wölfen rechnen. Berufsmäßige Plünderer stürzten sich über die Pilger her und erschlugen sie auch zuweilen in der Meinung, sie trügen sicherlich Geschenke für den Apostel bei sich. Die Pilger mußten auch auf der Hut sein vor falschen Priestern, falscher Maut, falschen Führern, vor leichtherzigen Damen und vor Wassergefahr. Tatsächlich überqueren die Wege zahlreiche Bäche und Flüsse mit hohem und unregelmäßigem Wasserstand. Überschwemmungen waren häufig, die Furten ungewiß und Brücken selten. Und welches Wasser war trinkbar? Liest man die Ratschläge unseres *Pilgerführers*, ist man verblüfft. Das Bach- und Brunnenwasser war zwar nicht tödlich, doch konnte es oft schwere Darmstörungen verursachen.

Glücklicherweise war der »Wanderer Gottes« nicht schutzlos. Er erfreute sich des Schutzes der zivilen und religiösen Obrigkeiten, die gehalten waren, ihm nach Vorweisen eines Passierscheins Unterkunft und Tisch zu gewähren. Hier so ein Geleitbrief für zwei hohe Herren im 14. Jahrhundert:

> Louis, Infant von Navarra, Stellvertreter des Herrn und Königs im genannten Navarra. An alle Kreis- und Ortsrichter, Amtsleute, Vögte usw., die diesen Brief einsehen, Gruß!
>
> Aufgrund der besonderen Vergünstigung, die Wir unseren lieben und guten Freunden, den Edlen Don Aymerich, Vicomte von Narbonne, und Don Thiébaut von Verona, die als Pilger und *romeros* zu dem Herrn Sankt Jakob von Galicien wandern, ausgehändigt haben, befehlen Wir Euch und jedem von Euch streng, die genannten Edelleute und den Überbringer dieses Briefes, sie und alle ihre Begleiter, zusammen mit ihren Tieren, ihrem Geld in Gold und Silber und allem anderen Gut auf dem Hinweg, während des Aufenthalts und auf dem Rückweg durch das genannte Königreich in aller Sicherheit, Gebührenfreiheit und persönlichen Freiheit ziehen zu lassen, ohne daß sie irgendeinen Zoll, irgendeine Nutzungsgebühr zu zahlen haben. Ihnen und jedem von ihnen sollen auch Führer, Unterkunft und Verpflegung und alles sonstwie Nötige auf Bezahlung hin gewährt werden, und dies jedesmal, wenn sie darum bitten.
>
> Gegeben zu Estella, am 3. Augusttag im Jahre des Herrn 1360.

Das ist der Vorfahre unseres *credencial*, den sich alle Pilger besorgen, bevor sie aufbrechen, und den sie in den Herbergen, den Pfarrhäusern und anderen Orten auf ihren Wegen bis nach Santiago de Compostela vorzuweisen haben. Sie bekommen dann die *Compostela*, eine Art Diplom, als Beweis dafür, daß sie ihren Pilgerweg zu Fuß gemacht haben.

Die Ankunft in Compostela

Ob der Weg nun von Paris ausging oder von Vézelay oder Le Puy – alle liefen bei »Gibraltar« in der Nähe von Ostabat zusammen. Von hier aus ging es dann am Paß von Roncesvalles über die Pyrenäen. Ein Steinmal mit einer eingemeißelten Muschel bezeichnet dieses Zusammentreffen der drei Routen. Hier liegt eine der großen Wegkreuzungen des mittelalterlichen und auch des heutigen Europa.

Der Pilger betrat Compostela durch die *Puerta del Camino* (die nicht mehr besteht) und weiter unter den Arkaden der *via Sacra*. An der Basilika mußte er seine fünf Finger in die Vertiefung legen, die Tausende von Händen in der »Vorhalle der Herrlichkeit« *(Pórtico de la gloria)* im Stein ausgehöhlt haben. In der Basilika ist der heilige Jakobus überall zugegen: oberhalb seines göttlichen Meisters im Säulengang; zu Roß als Befreier der christlichen Gefangenen am Portal *del Clavijo;* in einem Altaraufsatz; im vergoldeten, mit Muscheln besetzten Mantel über der Krypta, wo der versilberte Schrein glänzt.

Das Heilige Jahr

Ein Heiliges Jahr (oder auch Jubiläumsjahr) wird immer dann gefeiert, wenn der Festtag des Heiligen (25. Juli) auf einen Sonntag fällt. Im Heiligen Jahr 1993 sind fast 100.000 Europäer zu Fuß, zu Pferd oder per Fahrrad nach Compostela gepilgert, im Jahr 1999 werden es über drei Millionen gewesen sein.

Wir verdanken es Johannes Paul II., daß heute die Zahl vor allem der jungen Leute, die sich auf diese Pilgerreise wagen, so erstaunlich angewachsen ist. Wir stehen vor einer wahren Neugeburt des Pilgerns. Der Widerhall, den es findet, wurde vermutlich durch Pioniere der Pilgerbewegung wie vor allem Barret und Gurgand vorbereitet.

Möge dieses Buch all denen eine Hilfe sein, die die königlichen Wege einer Pilgerschaft entdecken wollen, auf die sich Christenheit und Europa zugleich gründen.

Arlette Moreau

Vorsitzende des Vereins »Compostelle 2000«
Direktorin der Zeitschrift »Chemins de Compostelle«
Paris

DANKE

Vorbemerkung der Autoren zur Erstausgabe (1978)

Auf unserem Weg nach Santiago de Compostela im Frühjahr 1977 stellten wir uns unablässig die Frage, wer denn eigentlich diese zahllosen Pilger waren, von denen dieser Weg noch die Spur trägt. Warum waren sie aufgebrochen? Wovon hatten sie gelebt? Wie hatten sie sich in den Regen, in die Ermüdung, in die nächtlichen Schrecken gefügt?

Nach unserer Rückkehr durchforschten wir Bibliotheken und Archive und entdeckten zu unserer Verwunderung, daß zwischen dem 10. und dem 18. Jahrhundert unter den Millionen von Santiagopilgern nur etwa fünfzehn schriftliche Spuren ihrer Wallfahrt hinterlassen haben; fünf Berichte davon sind in einem uns verständlichen Französisch verfaßt und übertragen – und dabei konnten wir nur zwei von ihnen einsehen, den Bericht des Jean de Tournai und den des Herrn von Zielbeke. Wir verdanken diese Kenntnisnahme dem großen Entgegenkommen von Jeanne Vielliard, Ehrendirektorin des Instituts für Textforschung und Textgeschichte, und von René de La Coste-Messelière, Konservator am Nationalarchiv, beide Leiter des »Centre d' Études compostellanes« (C. E. C.); wir sind ihnen um so dankbarer, als sie es uns ermöglichten, ihre Forschungsergebnisse noch vor deren Veröffentlichung zu verwerten.

Aus diesen Dokumenten, verschiedenen Arbeiten, Untersuchungen und Mitteilungen haben wir all das herausgezogen, was auf die Fragen, die sich uns auf dem Weg nach Santiago stellten, Antwort gab; dabei wanderten wir ziemlich sorglos kreuz und quer durch acht Jahrhunderte Geschichte. Ganz allmählich trat aus diesen Texten der vertraute Pilger vor unsere Augen, die Wege entlangziehend, mit brennenden Fußsohlen, mit seinen Pilgerliedern, seinen Zweifeln und Ängsten und auch seinem Mut, seltsam nahe trotz der zeitlichen Entfernung, gleich jenen vergilbten Ahnenfotos im Familienalbum, in denen wir uns immerhin wiedererkennen.

Der Verlag zur Neuausgabe (2000):

Dieses Buch, zu einem modernen Klassiker der Santiago-Literatur geworden, war einige Zeit vergriffen, wurde aber immer wieder nachgefragt und wird hiermit im Heiligen Jahr 2000, einem Jahr der Pilger und der Wege, in einer leicht bearbeiteten Fassung neu herausgebracht. Der ursprüngliche Text der beiden inzwischen verstorbenen Autoren ist bis auf einige wenige Anpassungen unverändert; die bibliographischen Angaben wurden verschlankt; hinzugekommen sind das Vorwort von Arlette Moreau und die Ausstattung mit historischen Abbildungen. Der leicht veränderte Titel wurde leider nötig, nachdem in der Zeit, in der das Buch vergriffen war, andernorts ein anderes Werk gleichen Namens erschienen ist.

Der Verlag Herder dankt dem Verlag Hachette für die gute Zusammenarbeit, Herrn Arthur Himmelsbach dafür, daß seine Übersetzung noch immer schön zu lesen ist und für die Übersetzung auch des neuen Vorworts, Frau Karin Schmid für die Erfassung des Vorgängerbandes, Frau Margarethe Drewsen für redaktionelle Mitarbeit im Lektorat, Herrn Gerald Nowotny für die Unterstützung bei der Bildbeschaffung, Frau Brigitte Gnieser-Hensel und Herrn Burkhard Finken für die Gestaltung sowie Frau Svenja Nebel für vielfältige Unterstützung, wo immer nötig.

PROLOG

Was Sie auch dazu bestimmt haben mag, ein Gelübde etwa, eine Begeisterung, irgendein nächtliches Erschrecken, eine unaussprechliche Hoffnung oder einfach das Fernweh – Sie sind nun bereit, nach Compostela aufzubrechen.

Für einige Zeit verlassen Sie die Welt der Motoren und Massenmedien. Sie wandern dem Meer zu, bis zum galicischen Kap Finisterre immer der untergehenden Sonne folgend. Auf diesem Weg ist man nie allein: Für ewig hallen in den tiefeingegrabenen Wagenspuren und unter den Portalen der Häuser die Schritte all derer wider, die Ihnen vorausgegangen sind, dieser Millionen von »Wanderern Gottes«, die die Pyrenäen überwanden, durch Pamplona, Burgos und León kamen und schließlich das Apostelgrab erreichten: »Brannte uns nicht das Herz in der Brust?« (Lk 24,32).

Der erste französische Pilger, dessen unbestreitbare Spur wir ausfindig machten, ist ein Bischof von Le Puy, Godescalc. Er unternahm die Wallfahrt im Jahre 951, zehn Jahre vor jenem Grafen von Rouergue, der unterwegs ermordet wurde und auf diese Weise schnurstracks ins Paradies gelangte.

Ja, wirklich, allein werden Sie nicht sein! Einige von Ihren Weggenossen wollen wir Ihnen vorstellen:

Aymeri Picaud, Mönch aus dem Poitou. Er wallfahrtet im ersten Drittel des 12. Jahrhunderts. Ein unersetzlicher Zeuge. Ein Mann, der keinen Widerspruch duldet, chauvinistisch, mißtrauisch, voll Feuer, ein Kenner wertvoller Reliquien und gesundheitsschädigender Trinkwasserstellen. Man schreibt ihm den in den dreißiger Jahren des

12. Jahrhunderts verfaßten *Liber Sancti Jacobi* (Codex Calixtinus), französisch *Le Guide du pèlerin de Saint-Jacques-de-Compostelle,* zu, eine der bedeutendsten Schriften des Mittelalters.[1]

Diese Abbildung zeigt Papst Calixtus II.
als angeblichen Verfasser des Jakobusbuches
(welches wohl von Aymeri Picaud verfaßt wurde).

Dann Jean de Tournai. Das ist einer jener selbstsicheren flandrischen Kaufleute, die den Wert des Guldens zu schätzen wissen. Ein ruhiger und vertrauensvoller Mann, ein großer Liebhaber guten Essens und weicher Betten, doch auch entschlossen und hart im Leiden. Er verläßt Valenciennes am Montag, dem 25. Februar 1488 »mit seinem Bruder, dem Priester, und verschiedenen Gefährten«.[2]

Es folgt Domenico Laffi, ein italienischer Priester. Er macht sich am 16. April 1670, kurze Zeit nach Ostern, zusammen mit seinem Freund, dem Kunstmaler Domenico Codici, von Bologna aus auf den Weg. Für Laffi ist es bereits das zweitemal, daß er sich nach Santiago begibt, und die Vorstellung, fünfhundert Meilen pilgern zu müssen, beunruhigt ihn weniger als die Sorge, jeden Tag einen Altar zur Feier der heiligen Messe und einen Ort zum Übernachten suchen zu müssen. Ein glühender Geist und ein kluger Kopf zugleich.[3]

Dann ist da noch ein Schneider aus Carlepont in der Pikardie, Guillaume Manier, zweiundzwanzig Jahre alt. Er hat keine Familie mehr, und die Sache mit dem Militärdienst ist auch geregelt. So hält ihn nichts mehr vom Aufbruch nach Santiago zurück. Manier ist einer, der sich zu helfen weiß, den alles interessiert, der die Welt mit den Augen eines Waisenkindes betrachtet. Er findet am 6. Juli 1726 zwei Freunde, Antoine Delaplace, Delorme genannt, und Jean Hermand, die ebenfalls keine Eltern mehr haben; mit ihnen will er aufbrechen. Sie »melden ihr Vorhaben dem Pfarrer«; dieser »beglückwünscht« sie.

Schließlich der kleine Bonnecaze aus Pardiès-en-Béarn. Als er seinen Eltern die Absicht kundtut, nach Compostela zu pilgern, halten diese ihn für einen verrückten »Luftikus«. Mit drei Kameraden zusammen »schmiedet er ein Komplott«: Sie wollen gemeinsam losziehen; »einige Hemden und Bücher« schnürt er zu einem Paket zusammen und versteckt es in einem Weizenfeld hinter dem Garten. Er ist von schwacher Gesundheit, ohne Geld und hat nur schlechte Schuhe. Aber er gehört zu jenen Leuten, die nicht aufzuhalten sind.[4]

Diese fünf also werden mit Ihnen gehen. Die Zeit, sie kennenzulernen, wird Ihnen nicht mangeln, sei es nun, daß Sie mit derselben Gruppe wandern, sei es, daß Sie sich mit ihnen am Abend zufällig in einer Raststätte zusammenfinden. Übrigens werden Sie noch vielen anderen begegnen, von denen sie beim Vorbeigehen mit einem Rat, einem Fetzen Pilgergesang oder einer guten Adresse beehrt werden.

Außer dem Wetter, dem Wind und den Schwierigkeiten an den Wegkreuzungen teilen Sie mit ihnen vor allem die bleischwere Müdigkeit am Abend – und auch den blendenden Glanz der Wunder, der Legenden und berühmter Kirchen. Ihr Herz wird Ihnen zwar in der Brust brennen, Schmerzen werden Sie aber an den Füßen haben, Sonne und Regen, endlose Marschtage, Hunger, Durst, Feindseligkeit der Natur, vierfüßige und zweifüßige Wölfe – alles wird auf Sie einstürmen. Pilger sein ist ein sehr ungewisses Leben: Domenico Laffi wird Ihnen erzählen, wie er in Kastilien einen gesehen hat, den die Heuschrecken bei lebendigem Leib auffraßen.

Zwar liegen zwischen der Wallfahrt des kleinen Bonnecaze und der des Aymeri Picaud sechs Jahrhunderte. Doch der Rhythmus, die Landschaft und das Leben auf dem Weg nach Compostela haben sich in diesen sechs Jahrhunderten weniger gewandelt als im Verlauf unserer letzten hundert Jahre.

Der Fortschritt nährt sich von Verleugnungen, und die Unkrautvertilgungsmittel haben auch den Klatschmohn am Wegrand vernichtet. Und doch ist der Mensch von der Zeit her, da alle Wege zu Heiligtümern führten, in seiner Seele ein Pilger geblieben. Und vielleicht bemißt sich die Entfernung, die von der Erde in den Himmel führt, immer noch nach seinem Schritt, entlang der Straßen, der Böschungen, der Gräben.

ERSTES KAPITEL

MENSCHEN UNTERWEGS

Aus dem ganzen Abendland – Im Namen des Khan – Als Lösegeld für die Seelen – Das beispielhafte Sterben des Wilhelm von Aquitanien – Bevor ich aufbreche – An die Türken verkauft – Verzerrtes Lachen – Der Taube und der Stumme – Nicolas Flamel – Du bist schon tot – Wird Bernard von Albret endlich aufbrechen? – Beruf: Pilger – Die Strafwallfahrt

Sie bevölkern die Landschaft des Mittelalters. Wie die Zugvögel zur Zeit ihres Abflugs versammeln sie sich im Frühling und bilden Gruppen. April und September sind im Stundenbuch der Herzogin von Burgund die Pilgermonate:[1] Aufbruch in der schönen Jahreszeit, Rückkehr – so Gott will – vor der Weinlese und dem Winter. Aus allen Winkeln des Abendlandes bricht man auf. Die Leute aus den Dörfern begeben sich in die Marktflecken, sammeln sich hier, ziehen zum nächstliegenden Heiligtum weiter oder, besser noch, zu einem der großen Sammelplätze des Weges nach Compostela: Saint-Martin in Tours, Sainte-Marie-Madeleine in Vézelay, Notre-Dame in Le Puy und Saint-Trophime in Arles.

Sehr oft bleiben die Landsleute unter sich; so können sie sich besser gegenseitig helfen, verteidigen, verstehen:

Sem pelgrin de vila aycela
Que Orlhac proch Jordan s'apela.[2]

Wir sind Pilger aus Aurillac,
Der Stadt nahe der Jordanne.

Von einer Gruppe aus Moissac heißt es:

Eroun trento ou quaranto
Que parteren a Sen Jacque
Per gagna lou paradis
Moun Diou!
Per gagna lou paradis.[3]

Wir waren dreißig oder vierzig,
Die nach Santiago aufbrachen,
Um das Paradies zu gewinnen.
Mein Gott!
Um das Paradies zu gewinnen.

In Paris finden sich die berittenen Pilger am bestimmten Tag unten am Beginn der Rue Saint-Jacques ein, an der Kreuzung »bei der Schmiede« vor der Apsis der Kirche Saint-Séverin. Sie lassen ihr Reittier segnen und zeichnen sein Fell mit dem glühenden Schlüssel der Sankt-Martins-Kapelle; der heilige Martin war ja ein großer Reiter, und sie werden ihn, ihren Beschützer, auf ihrem Zug durch Tours verehren können.[4]

Die Engländer, die Iren und die Schotten schiffen sich nahe der Insel Wight ein, in Portsmouth. Die Deutschen folgen zunächst den Jakobsstraßen auf deutschem Boden und gelangen dann nach Vézelay, oder sie ziehen den Rhein hinauf und die Rhône hinunter bis nach Arles, wo sie sich den über den Großen Sankt Bernhard oder den Mont-Genèvre herübergekommenen Italienern anschließen.

Auch Skandinavier, Esten, Kreter, ja sogar Äthiopier und Inder machen sich auf den Weg. Um 1400 findet man ihre Spuren in den Kanzleiarchiven der Könige von Aragonien, wo schon vorher ein armenischer Bischof erwähnt worden war; hier wurden nämlich die Anfragen um freies Geleit registriert. Was die Äthiopier betrifft, so weiß man, daß König Alfons enge Beziehungen zum Negus unterhielt. Und die Inder? 1415 stößt man auf einen gewissen Jacobus Brente aus dem »Königreich des Priesters Johannes«, einem halbmythischen Land, von dem nicht wenige Orient-Kreuzfahrer träumten. Dieser Jacobus Brente reist auf einem Maultier und hat als einziges Gepäck etwas Geld und ein Gebetbuch in chaldäischer Sprache bei sich; in seinem Paß steht, er sei von schwarzer Hautfarbe wie ein Äthiopier und verstehe die Sprachen Spaniens nicht; bekannt ist nur noch, daß er über Sizilien zurückreisen wird.[5]

Der Ruf von Compostela ist aber noch sehr viel weiter hinausgedrungen. Zeugnis davon gibt der flämische Franziskaner Wilhelm von Rubruck. Dieser Wilhelm, der König Ludwig den Heiligen gut kennt, vielleicht sogar sein Beichtvater ist, reist 1236, zwanzig Jahre vor der Geburt Marco Polos, in diplomatischem Auftrag zu den Mongolen. Nicht weit von der Nordgrenze der Wüste Gobi begegnet er im Lager des Mangu Khan, eines Enkels des Dschingis Khan, einem armenischen Mönch namens Sergius, der in Jerusalem gelebt hat. Dieser Sergius ist bei dem Mongolenherrscher in Ungnade gefallen und hat sich, um dessen Gunst wiederzuerlangen, dazu verpflichtet, auf den Papst einzuwirken, damit dieser alle abendländischen Nationen dem Mangu Khan unterstelle. Sergius ist sich darüber im klaren, daß dieses Versprechen schwer zu halten ist. Er fragt daher Wilhelm von Rubruck, ob er wohl glaube, daß ihm der Papst Pferde leihen werde, um nach Compostela zu reiten und dort die Hilfe des großen heiligen Jakobus anzuflehen.[6]

Nicht alle Compostelapilger – man nennt sie *jacquets, jacquots, jacquaires, jacotes* und sogar *jacobipètes,* das heißt »die zum heiligen Jakobus flehen« – haben einen Khan zu besänftigen. Aber an Beweggründen mangelt es nicht, von den erbaulichsten angefangen bis zu denen, die man besser verschweigt; es ist nicht immer leicht und auch nicht gerecht, die einen von den anderen zu trennen.

Menschen unterwegs

Das erste, mächtigste und zweifellos am weitesten verbreitete Motiv ist die Verehrung des Apostels, die echte Frömmigkeit, die Sorge um das Heil:

Pour avoir mon Dieu propice
Fis vœu d'aller en Galice
Voir saint Jacques le Grand.[7]

Um meinen Gott gnädig zu stimmen,
Tat ich das Gelübde, nach Galicien zu ziehen,
Um den großen heiligen Jakobus zu sehen.

Der Glaube ist im 10. Jahrhundert eine wahre innere Not und die Sorge um das Heil fast eine fixe Idee. Als »Lösegeld für seine Seele« macht 1203 ein gewisser Pierre Garin aus Arras das Gelübde, nach Compostela zu pilgern.[8] Diese Menschen voll Inbrunst und Angst lernen aus der Geheimen Offenbarung des Johannes die Rätsel der Welt zu lösen. Sie besitzen nur die Heilige Schrift, die Bibel, um die Finsternis, in der sie sich bewegen und alles zum Zeichen wird, zu erhellen. Keiner wird am Tage, da die Seelen gewogen werden, Gottes unerbittlicher Gerechtigkeit entkommen. Unter solchen Umständen ist Buße das einzige Unterpfand für die Ewigkeit.

Zum gestrengen Gott des Weltgerichts gesellt sich tiefinnigst das Bild eines menschlichen Christus, des über den Tod siegenden Erlösers, der unser beklagenswertes, elendes Leben läutert und emporhebt und im unaussprechlichen Geheimnis des Heiligen Zeitliches und Ewiges ineinanderfügt. Die stets impulsive Frömmigkeit wird freier, ungezwungener. Der Aufschwung zum Höchsten nährt sich von sinnenhaften Zeichen: Die Reliquien der Heiligen werden Gegenstand einer unerhörten religiösen Leidenschaft; das Heilige verkörpert sich in den primitivsten Formen, in Füßen, Totenschädeln und Haaren. Die bloße Verehrung genügt nicht mehr – alles muß berührt werden. Man betet, wie man ißt, nämlich mit den Fingern. Über dem unbedeutendsten Reliquienschrein wird eine Kirche errichtet. So könnte man dann das ganze Leben hindurch von einer Reliquie zur anderen wandern, die Allerheiligenlitanei auf den Lippen.

Der zu ruhelosem Umherirren verurteilte Kain, Abraham und Mose auf dem Weg zum Gelobten Land – Gehen ist zugleich Buße und Voranschreiten auf dem Weg zum Himmel. Auch Bedürfnis, Sehnsucht. Aufbruch ins Anderswo. Die großen Wallfahrten sind Antworten auf die Unruhe in all ihren Erscheinungsformen und bündeln alle Gebete.

Für diese Extremisten ist das Verlassen von Familie und Beruf, um am Ziel all der dunklen Wege den heiligen Jakobus zu verehren, sehr wohl das mindeste, was man im Falle innerer Unruhe für sein Heil tun kann. Dies um so mehr, als manchen vieles verziehen werden muß.

Wilhelm von Aquitanien zum Beispiel. Bernhard von Clairvaux, der heilige Bernhard, klagt ihn an, zur Häresie ermutigt zu haben. Die Bekehrung entspricht der Schwere der Sünde: Eine besondere Gnade läßt den Jakobuspilger und beispielgebenden Büßer Wilhelm bei seiner Ankunft im Heiligtum am 9. April 1137, einem Karfreitag, nach verrichteter Beichte sterben. Sogleich verbreiten die eifrigen Propagandisten von Compostela die Nachricht in alle Himmelsrichtungen. Dem Pilger ist jedes Zeichen recht, und dieses da gibt den schlimmsten Ungläubigen Hoffnung.

Und hier noch die Geschichte eines anderen Büßers. Pons, Herr von Leras bei Lodève, erkennt im Jahre 1132 die Abscheulichkeit seines Räuberlebens und seiner Ausschweifungen. Zusammen mit fünf Gefährten unternimmt er eine Bußfahrt, die ihn nacheinander nach Saint-Guilhem-le-Désert, Santiago de Compostela, Saint-Michel-au-péril-de-la-mer, Saint-Martin von Tours und Saint-Martial von Limoges führt.[9]

Der Sinn für das Heil entspricht ganz genau dem Sinn für die Sünde. Wie sollte man sich nicht selbst in Frage stellen angesichts derart entsetzlicher Fehler, daß man sie sich nicht einzugestehen wagt oder kein Beichtvater einem dafür die Absolution erteilen will? Mindestens zwei Fälle dieser Art sind bekannt: der Karls des Großen und der eines unbekannten Christen, der seine Sünde schriftlich auf einem Pergament erzählt, es zusammenrollt und damit nach Compostela eilt, wo er nach der Legende die Rolle auf den Altar des großen heiligen Jakobus legt und in tiefster Zerknirschung weint; als er seine Pergamentrolle wieder zu sich nimmt, ist die Tinte wunderbarerweise ausgelöscht – ausgelöscht auch die Sünde. Karl der Große erfährt die Vergebung auf dieselbe Weise: Ein Engel bringt ihm die Nachricht von seiner Lossprechung, diesmal dank der Vermittlung des heiligen Ägidius.

Doch ist es nicht notwendig, so schwer – so tödlich! – gefehlt zu haben, um sich zu einer vollständigen und beispielhaften Reinigung verpflichtet zu fühlen. Manchen feinfühligen Naturen genügt auch schon ein winziger Diebstahl, ein »fleischlich Werk« an einem Freitag oder ein paar Bissen Schweinernes in der Fastenzeit. Abgesehen von der durch den Beichtvater auferlegten Buße gewinnt die Sünde aus dem Schrecken des Sünders selbst ihr Gewicht; die Hölle, diese wohlvertraute Vorstellung, lauert immer ganz nah.

Man muß »die Mauer durchbrechen« –, wie es das Lied von den Pflichten eines Pilgers singt:

Avant que je m'en aille	Bevor ich aufbreche,
Il faut penser à moi	Muß ich über mich nachdenken.
Je romprai la muraille	Ich werde die Mauer durchbrechen,
Qui me retient en moi	Die mich in mir selbst zurückhält.
C'est le temps de l'offense	Es ist die Zeit der Sünde,
Où je suis renfermé	In der ich eingeschlossen bin.
Tant que par pénitence	Solange ich Buße tue,
Sois en bien confirmé.[10]	Bin ich wohl bewahrt.

Die natürliche Unruhe eines Menschen, der in ständiger Unsicherheit lebt, steigert sich im seelischen Bereich zu äußerster Erregbarkeit, und ein großer Pilgergang ist immer noch die beste Versicherung für das ewige Leben durch die lange Dauer der Reise, durch die große Anzahl unterwegs verehrter Reliquien und besuchter Heiligtümer, durch die gewährten Ablässe und natürlich auch durch den hohen Namen dessen, zu dem der Weg führt.

Der Kult des heiligen Jakobus ist um so verständlicher, als dieser Jünger Jesu einer der beiden Apostel ist, deren Grab sich im Abendland befindet. Petrus hatte in Rom das Martyrium erlitten; auch er war Christus nahe und Zeuge seiner Wunder gewesen, hatte ihn berührt, mit ihm gesprochen, ihn angehört, mit ihm im Abendmahlssaal das Brot gebrochen und an den ersten Stunden der Passion teilgenommen. Es scheint jedoch, daß die Wallfahrt nach Rom nie einen den Sehnsüchten der abendländischen Christen so tief angemessenen Charakter angenommen hat wie jene nach Santiago. Vielleicht liegt es daran, daß Rom nicht diese geographische Lage am Ende einer antiken keltischen Straße besitzt, am äußersten Ende der nach damaligem Verständnis bewohnten Erde: *finis terrae!*

Die Wunderberichte bezeugen die Macht der Fürbitte des heiligen Jakobus und sind ihrerseits Ursache neuer Berufungen und Gelübde. Alles wird möglich. Unzählige Gefangene haben dem heiligen Jakobus gelobt, ihn in seinem Heiligtum zu verehren, wenn er nur ihre Ketten sprengen, ihre Kerker öffnen oder ihren Richtern Milde einflößen wolle; zahllos sind die Seeleute, die, an ihre zerbrochenen Masten und zerfetzten Segel geklammert, dem Heiligen ihr Gelöbnis entgegenschreien, wenn er nur den Sturm besänftigen möchte, die Wanderer, denen aus dem Unwetter ein Rudel Wölfe entgegenrennt, oder die Männer auf dem Schlachtfeld, zu Roß, zu Fuß, die sich plötzlich inmitten grimmiger Feinde allein finden.

Zum Beispiel Hugo von Pierrefont, Bischof von Lüttich. Er verspricht mitten im Kampf dem heiligen Jakobus einen Besuch an dessen Grab, falls er den Sieg davonzutragen hilft. Tatsächlich siegt Hugo, vergißt aber doch auch sein Versprechen nicht und macht sich im Dezember 1215, nach dem Abschluß des Vierten Laterankonzils, auf den Weg.[11]

Ein Notar aus Auch übernimmt auf seiner Durchreise im Jahre 1606 das Testament eines gewissen François de Vic, Herrn von Rieux. Dieser war 1594 aufgebrochen, »um seinem Glück nachzujagen«. Er wurde vor Wien von den Türken gefangengenommen und zunächst in die Türkei verkauft, wo er »genau wie die Ochsen« das Feld beackerte. Aufs neue verkauft, und zwar diesmal an den Admiral des Großtürken, wurde er »einer bestimmten Galeere zugewiesen, auf welcher er neun Jahre auf See verbrachte. Am Ende dieser Zeit schenkte ihm Gott die Gnade der Befreiung. Zum Dank dafür gelobte er, noch vor seiner Heimkehr zum heiligen Herrn Jakobus von Compostela zu pilgern.«[12]

Der Alltag selbst beordert seine Gesandtschaften auf die Pilgerreise. Jene etwa, die erfleht haben (und erhört wurden!), daß der Hagel etwas weiter weg herunterschlage, das Wildwasser die Brücke nicht davontrage, der Brand vor ihrem Strohdach haltmache, ihre Frau einen Sohn gebäre, ihre Kuh nicht verende ... So jener Jacques Lemesre, Sohn eines Juweliers aus Lille, der gelobt, nach Compostela zu pilgern, wenn seine Mutter gesund wird; im Jahre 1685 schifft er sich in Dünkirchen nach La Coruña ein – wir werden ihm wieder begegnen.[13]

Natürlich schließen sich die Kranken dem Zug an, sei es, daß sie auf ein Gelübde hin gesund wurden, sei es, daß sie die Heilung an Ort und Stelle suchen. Reisepässe geben davon Zeugnis; so wird 1560 in Zabern im Elsaß einem von der Sankt-Marcellus-Krankheit (Wundbrand) befallenen Mann ein Paß ausgehändigt,[14] und 1518 erhält im gleichfalls elsässischen Schlettstadt der Kürschner Paulus Sybenburger, der an Fallsucht leidet, einen Paß, worin er allen Herbergen und Behörden auf dem Weg empfohlen wird.[15]

Unter die Büßer mischen sich auch Sonderlinge, Geistesgestörte, Tobsüchtige – im 13. Jahrhundert erkennt man die Letztgenannten an ihrem verzerrten Lachen, ihrem Zähneknirschen und bei der Untersuchung »an ihrem hämmernden Puls und ihrem hellen Urin«.[16] Man darf sie nicht mit den Opfern dämonischer Besessenheit verwechseln, die zuweilen das gleiche Verhalten an den Tag legen.

Die von der menschlichen Gemeinschaft gemiedenen Aussätzigen leben abgesondert, sogar auf dem Pilgerweg, wo ihnen eigene Raststätten zur Verfügung stehen. Die Pest, die im 14. Jahrhundert im Abendland mindestens jeden vierten Mann und jede vierte Frau dahinrafft, führt jedoch viel zu rasch zum Tod, als daß man beim Auftreten der ersten Anzeichen der Krankheit noch hoffen könnte, die großen Heiligtümer zu erreichen. Es ist übrigens wahrscheinlich, daß diese Kranken abgewiesen würden, so groß ist das Entsetzen, das der Schwarze Tod einflößt.

Die Kranken machen es sich zur Gewohnheit, einen besonderen Heiligen anzurufen: Die Lepra- und Blatternkranken stellen sich unter den Schutz des heiligen Lazarus und der heiligen Magdalena; die an Mutterkornvergiftung – einem durch Roggenbrand verursachten Fieber – Leidenden beten zum heiligen Antonius dem Einsiedler, nach dem die Krankheit dann auch benannt wird, nämlich Antoniusfeuer, desgleichen jene, die sich der Pflege der daran Erkrankten widmen, die Antoniter.

Die Hinkenden, die Buckligen, die Kropfigen, die Krummbeinigen, die Abstoßenden beten unterwegs mit noch mehr Inbrunst als die anderen Pilger. Abends am Rastort stärken sie sich an den Berichten von Heilungen ebenso wie an Brot und Wein.

Da wird zum Beispiel erzählt, daß ein gewisser Guibert seit vierzehn Jahren an einer so jähen Gliederschrumpfung leidet, daß er bald keinen Schritt mehr machen kann. In Begleitung seiner Frau und seiner Dienerschaft macht er sich mit zwei Pferden auf den Weg nach Santiago. Gleich nach seiner Ankunft begibt er sich zum Gebet. Nach kurzer Zeit will man ihn zur Pflege ins Spital bringen. Er weigert sich mitzukommen: Ein Traum hat ihn angewiesen, so lange im Gebet zu verharren, bis der heilige Jakobus komme und seine Glieder löse. Als der Mann seine dritte Nacht wachend und betend in der Kirche zubringt, kommt einer daher, nimmt ihn bei der Hand, stellt ihn auf die Füße und gibt sich zu erkennen: »Ich bin Jakobus, der Apostel Gottes!«

Im Jahre 1456 begegnet William Rey in La Coruña, dem Anlegeplatz der zu Schiff reisenden Pilger, einem englischen Landsmann, der ihm seine Geschichte erzählt. Der Mann hatte sich entschlossen gehabt, nach Compostela zu pilgern, um seine Heilung zu erflehen. In Plymouth angekommen, erfaßt ihn beim Einschiffen Angst; er kehrt nach Hause zurück. Und da findet er seine Gesundheit wieder – macht aufs neue kehrt und reist ab nach Compostela, um dem heiligen Jakobus Dank zu sagen.

Immer findet sich jemand, der einen wunderbar Geheilten gesehen hat oder bestätigen kann, daß etwa eine »ganz zusammengekrümmte« Frau sich plötzlich aufrichtete, eine andere, seit zwanzig Jahren Gelähmte auf einmal wieder gehen konnte, wie jene Erbarmungswürdige, die nur auf ihrem Gesäß fortrutschen konnte und dann mit einem Male aufstand.

Da ist ein Franzose, der sich nicht dareinfügen mag, kinderlos zu bleiben; er nimmt Zuflucht zum heiligen Jakobus und begibt sich auf den weiten Weg nach Compostela.[17] Sicher ist dieser Fall nicht selten und auch das darauf folgende Wunder nicht, denn ein spanisches Lied, Las gracias de Santiago, spielt darauf an:

Quand il revient de Compostelle
Le mari qui n'a point d'enfant
Pour peu qu'il soit resté longtemps
En trouve deux en arrivant
O grand saint Jacques, guerissez-moi!

Wenn der kinderlose Gatte
Von Compostela zurückkehrt
Und lange genug ausgeblieben ist,
Findet er daheim zwei Kinder vor.
O großer Sankt Jakob, heile mich!

Und das Lied zeigt auch nicht mehr Respekt vor der Heilung eines Tauben und eines Stummen:

Ils revenaient de Compostelle
Un sourd, un muet de compagnie
Le muet jasait comme une pie
Le sourd pensait: ô bon grand saint
Rebouche-moi les deux oreilles!
O grand saint Jacques, guérissez-moi![18]

Sie kamen gemeinsam aus Compostela zurück,
Ein Tauber und ein Stummer.
Der Stumme schwatzte wie eine Elster,
Der Taube dachte: O großer gütiger Heiliger,
Stopf mir die Ohren wieder zu!
O großer Sankt Jakob, heile mich!

Der *Liber Sancti Jacobi* bestimmt geflissentlich, daß bei den berichteten Heilungen keine Anwendung von Latwergen, Abführmitteln, Brechmitteln oder Zugpflastern vorgekommen sein darf, auch nicht das Verabreichen von Gegengiften oder Arzneigemischen wie Sirup, Heiltränken und medizinischen Lösungen durch die Ärzte. Jedoch kann sich die Macht des Heiligen vermittels eines geweihten Gegenstandes offenbaren, wie etwa bei der folgenden Geschichte: »Im Jahre tausendeinhundertsechs nach Christi Menschwerdung blähte sich der Hals eines Soldaten aus Apulien auf wie ein Schlauch. Da kein Arzt ihn heilen konnte, empfahl er sein Leiden dem gottseligen Jakobus: ›Wenn ich eines jener kleinen Kreuze fände‹, so sagte er sich, ›die die Pilger gewöhnlich bei ihrer Rückkehr aus Santiago tragen, und damit den kranken Hals berührte, wäre ich sofort erleichtert.‹ Man treibt ein solches Kreuz bei einem Nachbarn auf, berührt damit den Hals, und der Soldat ist auf der Stelle gesund. Er macht sich unverzüglich auf den Weg zum gottseligen Jakobus von Galicien.«[19]

Neben diesen traditionellen Wallfahrtsmotiven – Gelöbnis, Buße oder Bitte um Heilung beziehungsweise Dank dafür – wird auch zum Vorwand oder zur Zerstreuung gepilgert.

Als der sehr fromme König Ludwig VII. – »mehr Mönch als König«, wie seine später von ihm geschiedene Gemahlin Eleonore von Aquitanien bedauernd feststellte – sich 1154 nach Compostela begibt, tut er dies nach Meinung von Don Rodrigo Ximénez de Rada, dem Erzbischof von Toledo, weniger aus dem Verlangen, zum Apostel zu beten, als vielmehr in der Absicht, dem Gerücht nachzugehen, seine derzeitige Frau, Königin Konstanze, sei nur die natürliche Tochter König Alfons' von Kastilien;[20] vielleicht darf man aber der Anklage des spanischen Chronisten nicht unbedacht trauen. Auf jeden Fall betrachtet sich Ludwig VII. bei seiner Rückkehr als Pilger im vollen Sinn des Wortes.

Auch der damals berühmteste Pariser Buchhändler, Nicolas Flamel, pilgert 1378 sicher nicht bloß in frommer Absicht nach Compostela. Tatsächlich sucht er in Spanien, wo so zahlreiche arabische und jüdische Gelehrte weilen, einen Mann, der ihm ein geheimnisvolles Buch entziffern kann, das ihm in die Hände gefallen ist; sein Verfasser ist ein Jude namens Abraham. Gelangt Nicolas Flamel nach Santiago? Jedenfalls verbringt er dort eine kürzere Zeit als in León bei einem Meister der Kabbala.[21]

Hugo, der Erzbischof von Lyon, pilgert im April 1095 nach Compostela; seine Reise fällt in die Zeit einer Konzilsversammlung, an der er lieber nicht teilnehmen möchte. Auf diesem Konzil soll nämlich die Exkommunikation, mit der Hugo König Philipp I. und dessen Gemahlin belegt hat, aufgehoben werden; die Entscheidung des Erzbischofs ist recht undiplomatisch gewesen und hat ihm die Enthebung von seinem Amt als Legat durch Papst Urban II. eingebracht. So würde es sich erklären, warum Hugo das Konzil schwänzt – es sei denn, seine Wallfahrt wäre im Gegenteil eine durch den Heiligen Vater auferlegte Buße.[22]

Sogar Guillaume Manier, der Schneider aus der Pikardie, der uns bis nach Compostela begleiten wird, arrangiert seine Geschäfte mit Hilfe einer Wallfahrt. Während seiner Militärzeit ist er bei seinem Hauptmann in Schulden geraten und zum gegenwärtigen Zeitpunkt nicht in der Lage, sie zurückzubezahlen.[23] Seine Abwesenheit enthebt ihn einer schwer zu erstellenden Erklärung, und sein Ausnahmezustand als Pilger bringt überdies seine Familie vor eventuellen gerichtlichen Schritten in Sicherheit.

Auch der kleine Bonnecaze hat nicht nur das Gebet zum heiligen Jakobus im Sinn. Er besteht gegen den Willen seiner Eltern deswegen so hartnäckig darauf, nach Compostela abzureisen, weil er »den Entschluß gefaßt [hat], in Spanien zu studieren«; Sankt Jakob ist nach seinem eigenen Geständnis nur ein »Vorwand«.[24]

Der Pilger Johann Othinger gibt 1417 als Rechtfertigung seiner Bitte um einen Passierschein an, »andere Heiligtümer besuchen, Länder, Leute und Sitten kennenlernen« zu wollen.

Forald von Mansfeld läßt sich unterwegs eine Empfehlung an den König von Granada aushändigen, »um die Synagogen zu besuchen«.[25]

Diese Neugierde, dieses Verlangen nach Sehen, nach Wissen, nach Verstehen, dieses Bedürfnis, Natur und Übernatur zu vereinen, anderswohin aufzubrechen – all dies ist zweifellos ein notwendiger Ausgleich für die Abgeschlossenheit der Dorfbewohner, für die langen schmutzigen Winter, während derer die hinter ihren Mauern zusammengepferchten Städter im Schlamm herumstapfen. Der Nomade der damaligen Zeit ist und bleibt vom Jenseits fasziniert – vom Jenseits des nahen Horizontes, vom Jenseits des Todes. Mindestens ebenso stark wie die ihn zum Aufbruch drängende Unbeständigkeit fühlt er dunkel, daß die Seuchen, die Kriege und die Hungersnöte ihn weniger leicht einholen können, wenn er voranschreitet. Alle Prediger kennen den Verweis des heiligen Augustinus auswendig: »Am Tage, da du sprichst: Das genügt! bist du schon tot. Immer dazu, immer voran, immer weiter. Bleib nicht auf dem Wege stehen, geh nicht zurück, verlasse nicht die Bahn. Wer nicht weitergeht, tritt auf der Stelle.«

Der Pilger kann mit bestem Gewissen dem geheimen inneren Drang folgen, der ihn hinaustreibt auf den Weg. Alle kommen hier auf ihre Rechnung: Gott, die Kirche, die menschliche Gemeinschaft und er selber, der da am Ende der Wallfahrt sein Heil findet.

Dieser Heilsgedanke wie auch die Achtung vor dem Eid, auf die sich die gesamte gesellschaftliche Ordnung gründet, ist so bedeutsam, daß ein Wallfahrtsgelübde unter allen Umständen eingehalten werden muß, und sei es (im Falle der Verhinderung) durch einen anderen. So verfügt Bernard Ezi II., Herr von Albret, im Jahre 1341 in einem Testament:

»Ich, Bernardet, Herr von Albret, [...] empfehle meinen Leib und meine Seele Gott und Unserer Lieben Frau, der heiligen Maria, und dem ganzen himmlischen Hof. [...] Da ich gehalten bin, fünf Wallfahrten zu machen, eine nach Santiago, eine nach Saint-Mathurin, eine andere nach Saint-Maur, eine andere nach Saint-Louis von Marseille und eine andere nach Notre-Dame von Valvert, so ordne ich an, daß diese Wallfahrten durch meine Söhne erfüllt werden; ein jeder mache die seine, wenn nicht einer alle fünf erfüllen kann. Und da ich gelegentlich der Krankheit meiner Frau Martha versprochen habe, zum Heiligen Grab zu pilgern, sobald der Friede hergestellt oder ein langdauernder Waffenstillstand eingetreten ist, so will ich, daß einer meiner Söhne die genannte Wallfahrt unternehme, wenn ich selbst dazu nicht imstande sein sollte.«

Bernard von Albret hat sieben Söhne und fünf Töchter, als er dieses Testament erläßt. Siebzehn Jahre später, 1358 also, macht er ein neues Testament; die Wallfahrten bleiben weiterhin abzuleisten, und nur noch neun Kinder sind am Leben.[26]

Es kommt vor, daß das Versprechen von Erbe zu Erbe zwar weitergegeben, aber nie erfüllt wird. In diesem Fall kann man versuchen, sich durch eine Ersatzleistung davon zu befreien. Als Herzog Franz II. von Bretagne in solchem Sinne vorstellig wird, gewährt ihm 1476 Papst Sixtus IV. die Erleichterung, sich einen Beichtvater zu wählen, der ihn dieses Gelöbnisses entheben und ihm ein frommes Ersatzwerk angeben könne.[27] Papst Leo X. gestattet durch Breve vom 21. August 1517 dem Bischof von Basel, alle Gläubigen, die der Erhebung des Leibes der heiligen Huna in der Kirche von Hunaweier (Oberelsaß) beiwohnen, von Gelübden wie etwa von einer Wallfahrt nach Compostela zu entbinden.[28]

Die Witwe von Jean Désangles aus Vic-Fezensac, Gaillarde Mormes, legt am 25. Juli, dem Fest des heiligen Jakobus, im Jubiläumsjahr 1417 testamentarisch fest, daß vierzehn französische Goldgulden für eine Wallfahrt nach Compostela ausgegeben werden sollen; das Versprechen muß in den kommenden zwei Jahren durch ihre Erben oder jemand von diesen Bestimmten erfüllt werden.[29]

Raymond von Les Baux hat die vorgesehene Reise nach Santiago nicht ausführen können; er bestimmt durch Testament am 21. August 1367: »Die Wallfahrt werde durch eine gewissenhafte Person gemacht, und es sollen während dieser Pilgerreise 200 Goldgulden an die Armen ausgeteilt werden.«[30]

Zehn Livres vermacht am 10. Februar 1257 ein Bischof namens Zoen Tencarari einem armen Mann, der für ihn die Wallfahrt übernimmt.[31] Am 1. März 1395 diktiert Pierre Dorenge, ein Kanonikus aus Nantes: »Ich will und ordne an, [...] daß ein Armer in meinem Namen und auf meine Kosten nach Santiago in Galicien wallfahre und dort einen Goldfranken als Opferspende niederlege.«[32] Jean de Thimongies aus Tournai erklärt am 24. September 1362 testamentarisch, er habe gewünscht, »dem heiligen Herrn Jakob persönlich einen Besuch abzustatten, sein Alter habe es ihm aber nicht erlaubt«. So will er, daß man an seiner Statt einen oder mehrere berittene Pilger abordne und dazu soviel Geld aufwende, wie er selber ausgegeben hätte.[33] Im Jahre 1414 betritt ein kretischer Wallfahrer Compostela; er kommt im Auftrag von Seeleuten, die sich in Lebensgefahr befunden hatten. Ein gewisser William Newland bittet 1425 Thomas Brown, mit einer ihm in zwei Behältern hinterlassenen Geldsumme die Reise eines Mannes nach Rom und Jerusalem und eines anderen nach Canterbury, und zwar barfuß, sowie eines dritten nach Santiago in Galicien zu bezahlen.[34]

Natürlich sind solche Wallfahrten durch Bevollmächtigung durchaus verständlich in bestimmten Verhinderungsfällen; sie werden indes für Leute, die die Mittel besitzen, zu einer bequemen Art der Frömmigkeit. Meisterin scheint in solcher Hinsicht die Gräfin Mahaut von Artois gewesen zu sein:

– Am 19. Februar 1312 befiehlt sie dem Schatzmeister des Artois, Jean de Courcelles, neunzehn Livres und vier Sous auszuzahlen; sie sind für zwei Pilger bestimmt, die sie nach Santiago sendet.[35]

– Unter den Ausgaben anläßlich des Begräbnisses ihres ältesten Sohnes Robert (1317) werden die Kosten angeführt, die zwei Pilger für die Fahrt nach Galicien benötigen.[36]

– Am 1. Mai 1321 bezeugt der Schatzmeister der Kirche von Compostela, daß ein gewisser Yves Lebreton seine Wallfahrt im Namen der Gräfin von Artois rechtmäßig erfüllt und ein Almosen von vier Sous Sterling auf den Altar gelegt hat.[37]

– Am 17. März 1326 bescheinigt die Vogtei von Paris Laurent le Vaillant, daß er die Rechnung für eine Reise nach Galicien, wohin ihn die Gräfin schickt, bezahlt hat.[38]

– Am 3. April 1327 erhält Galerin le Boudenier neun Livres, um Madame Mahaut in Compostela zu vertreten, und sechzehn Sous für ein Almosen in ihrem Namen.[39]

– Schwere Sorgen um ihre Gesundheit drängen Mahaut im Jahre 1328, Jean le Bourguignon nach Santiago zu senden, um für sie zu beten[40] – sie stirbt im Jahr darauf.

Zuweilen beauftragen auch Pfarreien oder Marktgemeinden Pilger zu einem Gang nach Compostela, etwa »wegen der großen Dürre und des verbrannten Weizens« oder, wie die Stadt Perpignan im Jahre 1482, »um das Erlöschen der Pest zu erflehen«; am 17. August entsendet die Stadt nach einer Bußliturgie zwei Männer nach Galicien. Zweifellos mit Erfolg, denn am 22. September 1561 schickt Perpignan noch einmal nach Santiago, wobei man freilich einen Pilger einspart.[41]

So wird das Wallfahren für einige zu einem regelrechten Beruf. Für Meister Jean d'Acre zum Beispiel, der in der Pariser Steuerrolle von 1313 unter der Berufsbezeichnung »Vergebungserbitter« *(quéreur de pardons)* aufgeführt wird.[42] Das gilt in unserer Zeit auch für Madeleine Fouchet; sie wallfahrtete jahrelang für andere, mit Empfehlungsschreiben der kirchlichen Stellen ausgestattet; die Berufung dazu kam ihr im zweiundzwanzigsten Lebensjahr. Es erwies sich als gefährliche Berufung: Madeleine Fouchet fand 1968 den Tod, als sie bei Lyon die Nationalstraße 6 überquerte.

Eine andere Form ist die Bußwallfahrt, als kanonische oder zivilrechtliche Strafe verhängt. Hier wird das Pilgern als höchster Ausdruck der Verbannung und der Sühne Strafe und Buße in einem. Der von einem Bischof begangene Mord zum Beispiel, der Vatermord, die Ausschweifung, der Diebstahl von Kirchengütern werden mit Pflichtwallfahrten bestraft, deren Länge und Schwierigkeit der Schwere des Vergehens entsprechen.

Das Konzil von Clermont (1150) sieht für Brandstifter eine Wallfahrt nach Jerusalem oder Compostela vor, wo sie ein Jahr verbleiben müssen.[43] Diese Strafe einer Wallfahrt nach Compostela wird für Brandstifter aufs neue in Kraft gesetzt durch Friedrich Barbarossa im Jahre 1186. Denn das Verbrechen ist schwer: Die Häuser sind in den meisten Fällen aus Holz gebaut und mit Stroh gedeckt; sie stehen in dem zu engen Raum der befestigten Städte dicht aneinandergedrängt – es genügt, daß eines brennt, und schon brennen alle mitsamt Brücken und Kirchen.

Nach der Ermordung des Abts von Neuburg (Unterelsaß) am 19. November 1334 durch Leute aus den Nachbarorten Uhlweiler und Altdorf werden zwei der Schuldigen dazu verurteilt, zuerst nach Rom und im folgenden Jahr nach Compostela zu pilgern.[44]

Am 10. Februar 1328 verurteilen die Räte der schon erwähnten Gräfin Mahaut von Artois – eine offensichtlich ganz große Pilgerlieferantin – den Mittäter eines Anschlags gegen den Vogt von Aire zu einer Wallfahrt nach Santiago. Ein anderer Mitschuldiger begibt sich am 28. Juli 1329 ebenfalls auf den Pilgerweg.[45]

Ein Vertrag zwischen Conrad Probus, dem Bischof von Toul, und den Bürgern der Stadt verurteilt im Mai 1285 einige an den Tätlichkeiten gegen die Kathedrale Mitverantwortliche zur Wallfahrt nach Compostela und zum Verbleib dortselbst für ein Jahr.[46] Im nördlichen Frankreich und in den Niederlanden wird die Wallfahrt von den Behörden ebenfalls oft als Strafe verhängt. Der Große Rat von Mecheln wählt dazu je nach der Schwere des Verbrechens ein mehr oder weniger entferntes Heiligtum. Am 27. März 1391 verpflichtet der private Rat des Grafen von Flandern jene, die den Burgfrieden gebrochen haben, der Reihe nach zur Pilgerfahrt. Auch die Stadt Ypern benutzt »diese heilsame Umwandlung des Banns«, um gegen Gotteslästerung, Hexerei, religiöse Abständigkeit und Prostitution zu kämpfen. Sogar als Strafe für die Übertretung von Polizeivorschriften konnte die Wallfahrt nach Santiago dienen, etwa wenn jemand in den Stadtteichen badete oder am Fuß des Glockenturms Blumen verkaufte – Blumen zu schenken galt als Vorwand für unsittliche Annäherung.[47]

Manche Pilger werden dazu verurteilt, kettenbeschwert zu wandern; das soll ihrer Buße Nachdruck verleihen. Im Falle von Tötung wird die Kette oft wenigstens zum Teil mit der Mordwaffe zusammengeschmiedet. Ketten, Ringe, Kugeln, Halseisen – sie sind zuweilen so lange zu tragen, bis das Metall durch Schweiß oder Rost zerfressen bricht und den Büßer freigibt. Man hält dann dafür, daß die Schuld gesühnt ist.

Guillaume de Nogaret, der rechte Arm Philipps des Schönen und geschworener Feind der Templer, wird 1303 exkommuniziert, weil er Papst Bonifaz VIII. in Anagni übel behandelt hat. Dessen Nachfolger Klemens V. ist damit einverstanden, die Exkommunikation aufzuheben, und zwar unter folgenden Bedingungen: Guillaume muß zuerst am nächsten Kreuzzug teilnehmen, anschließend hat er nach Notre-Dame von Valvert, Notre-Dame von Rocamadour, Notre-Dame von Le Puy, Notre-Dame von Boulogne-sur-Mer, Notre-Dame von Chartres, Saint-Gilles-du-Gard, Saint-Pierre von Montmajour und endlich nach Santiago de Compostela zu pilgern.

Solche Strafen tilgen die Schuld des Verurteilten, weil Verbrechen und Sünde eine Einheit bilden. Die Wallfahrt besitzt heiligende Kraft nicht nur durch die Fürbitte des heiligen Schutzpatrons, sondern fast ebensosehr wegen der mit ihr verbundenen Schwierigkeiten. Aus diesem Grund setzt die Inquisition die Wallfahrt zu den heiligen Stätten der Christenheit nachhaltig gegen die »Häretiker« des 12. und des 13. Jahrhunderts, die Katharer und die Waldenser, ein, namentlich zum Jakobusgrab in Compostela, nach Sankt Peter in Rom, zum Grab des heiligen Thomas von Canterbury und zum Schrein der Heiligen Drei Könige in Köln. Ein Häretiker wird im Jahre 1241 dazu verurteilt, nach Compostela, nach Rom, nach Le Puy, nach Saint-Gilles und nach Toulouse zu wallfahrten. 1244 verurteilt P. Cella einen Mann zur Wallfahrt nach Compostela, der angeklagt wurde, auf einem Schiff Waldenser gesehen und mit ihnen gesprochen zu haben, obwohl bewiesen ist, daß er sich zurückzog, sobald er sie ihre häretischen Lehren bekennen hörte.[48] Unter den 930 Verurteilungen, die der Inquisitor Bernard Gui innerhalb von fünfzehn Jahren fällte, gab es 139 Freisprüche, 132 kanonische Bußen oder Auflagen zur Teilnahme an Kreuzzügen, 152 Pflichtwallfahrten, 307 Verurteilungen zu Gefängnis und 42 Übergaben an den weltlichen Arm.[49]

Es kommt schließlich auch vor, daß ein Staatsvertrag der Wallfahrt zugrunde liegt. Im Juni 1305 behält sich König Philipp nach dem Sieg über die Flamen das Recht vor, dreihundert Bürger von Brügge auf Pilgerfahrt zu schicken, hundert per Schiff und zweihundert auf dem Landweg. Sein dritter Sohn, Karl der Schöne, wird dieses Recht in Anspruch nehmen und am 19. April 1326 bestimmen, daß hundert Männer aus Kortrijk nach Compostela aufzubrechen haben.

Ein anderer, 1316 in Paris unterzeichneter französisch-flämischer Friedensvertrag – ein mit fünfundzwanzig Siegeln versehenes Pergament – sieht unter anderem vor, daß der Sohn des Grafen von Flandern, Robert, mehrere Wallfahrten erfüllen müsse und hundert Einwohner von Brügge und Cambrai nach Compostela, hundert andere nach Saint-Gilles-du-Gard und wieder hundert nach Rocamadour zu pilgern hätten. Die Vogtei von Paris stellt 1321 fest, daß alle diese Wallfahrten wirklich ausgeführt wurden.[50]

So ist es also schwierig zu wissen, wer einen auf dem Weg nach Santiago begleitet. Um so mehr, als sich unter die Menge der Pilger noch andere Leute mischen: falsche Pilger, Straßenräuber, Schwarzhändler mit gefälschten Dispensen, eingeschleuste Häretiker; die einen vergreifen sich an den Geldbeuteln, die anderen an den Seelen. Der Gang nach Santiago ist ein gefährliches Unternehmen. Wer seine Familie und seine Freunde verläßt, verläßt sie vielleicht für immer. Es ist daher gut, sich vorzubereiten.

ZWEITES KAPITEL

AUFBRUCH

Ausweise jeglicher Sorte – Manier verkauft sein Grundstück – Sombreros und Pelerinen – Der Stab der Hoffnung – Macht es euch leichter! – Der Mann mit der Muschel – Reisesegen – E ultreïa!

Zum Hochgefühl der ersten Pilger, die alles verließen und der einzigen, mächtigen Notwendigkeit gehorchten, ohne zu rechnen, in reinem Vertrauen auf die Gnade Gottes, gesellte sich recht bald das Bedürfnis, einige Vorsichtsmaßregeln zu treffen: Die geschäftlichen Angelegenheiten werden in Ordnung gebracht, es wird gebeichtet, man sucht Geld für die Reise, für die Ausrüstung, läßt Pilgerstab und Brotbeutel segnen.

Priester und Bischöfe stellen den Pilgern Bescheinigungen aus. Wie zum Beispiel den Ausweis für Michel Marie aus der Pfarrei Cherisy, kurz vor seinem Aufbruch nach Santiago im Jahre 1764: »Ich, Pierre Moinet, Pfarrer von Cherisy in der Diözese Chartres, bestätige allen und jedem, der dieses Schriftstück einsieht, daß mein Pfarrkind Michel Marie mit keiner kirchlichen Strafe und keiner Irrlehre oder Häresie behaftet ist; daß er die katholische, apostolische und römische Religion aufrichtig bekennt und aufgrund seines guten Rufes und der Ehrenhaftigkeit seines Namens allen empfohlen werden kann.« Die Unterschrift des Pfarrers wird rechtskräftig durch die des Verantwortlichen der Zivil- und Kriminalbehörde, Pierre-Claude-Mathurin Leprince, der noch sein rotes Wachssiegel unter den Text setzt.[1]

Die Empfehlung ist nicht unnütz, wenn der Pilger Schwierigkeiten hat, eine Unterkunft zu finden. Sie hilft aber wenig gegen die Gefahren der Straße. Es ist besser, man macht sich auf das Schlimmste gefaßt.

Im Jahre 1614 verfaßt Jehan Monguonoilhe, Priester in Laguenne (Corrèze), ein Testament: »Gesund an Leib und Geist und danach verlangend, ins spanische Königreich und an andere Orte außerhalb der jetzigen Heimat, des Limousin, zu pilgern, auch bewußt, daß nichts gewisser ist als der Tod und die Stunde desselben, mache ich, Jehan Monguonoilhe, mein Testament und bekunde meinen letzten Willen.«[2] Antoine Beysseyrège, »Sohn des verstorbenen Antoine, wohnhaft in der Pfarrei Ladinhac und im Begriff, ins spanische Königreich zu reisen, will in der Kirche jenes Ortes begraben werden, in dem er stirbt.«[3] Ebenso Gaillard Fillol, Schmied in Vic-Fezensac, im Jahre 1458.[4] Noch vorsichtiger ist jener jugendliche Pilger, der »sich auf die Reise zum heiligen Herrn Jakob in Galicien macht und von seiner Rückkehr nur weiß, daß sie in Gottes Hand liegt«; sollte er unterwegs sterben, so möchte er »im Friedhof der anderen Pilger seines Landes begraben werden, und was die Auslagen für die Beerdigung betrifft, so sollen sie nach dem Gutdünken seiner Begleiter geschehen, denen er je zwei Taler vermacht, die ihnen zu übergeben sind, wenn sie das Attest seines Todes vorweisen«.[5]

Raymond Sabatier alias Mazelier erläßt am 26. März 1373 seine letzte Verfügung. Dabei denkt er nicht nur an seine Seele. Er überläßt seiner Frau verschiedene bestellte und zu liefernde Gegenstände und Waren im Lager.[6] Léonard Vauzanges, seines Zeichens Tuchhändler in Tulle, »in der Furcht, auf dem Hin- oder Rückweg vom Tod überrascht zu werden, und um den Seinen einen Prozeß zu ersparen«, diktiert am 4. März 1651 ein ausführliches Testament.[7] Vor seinem Aufbruch zur letzten Wallfahrt gibt Herzog Wilhelm von Aquitanien seinem Oberherrn Ludwig VII. seine Tochter Eleonore testamentarisch zur Frau – das ist der Anfang dessen, was Georges Bordonove den »sechshundertjährigen Krieg« zwischen den Franzosen und den

Engländern nennt. (Es finden sich Hunderte von Pilgertestamenten in Frankreich; sie stellen eine unersetzliche, aber noch wenig ausgeschöpfte Fundgrube für jeden dar, den die Geschichte der Menschen interessiert; alles, was dem Menschen zutiefst am Herzen liegt, kommt hier zur Sprache.)

Die Satzungen der Berufsstände ermutigen durch Privilegien zur Reise nach Santiago. Die Messerschmiede, Ringschmiede, Bernsteinschnitzer (Rosenkränze!), Kristallschleifer, Tuchfabrikanten, Feinmöbelschreiner – alle sichern sich statutenrechtlich die Möglichkeit, bei ihrer Abreise die Lehrlinge einem anderen abzutreten. Die Flußfischhändler können den Laden ihrer Frau, einem ihrer Kinder oder sogar jeder anderen Person nach Wahl überlassen, wenn sie »auf dem Weg [...] des heiligen Herrn Jakobus« sind; dieses Privileg wird ihnen zu normaler Zeit verweigert. Die Ausrufer sind von der vorgeschriebenen Abgabe eines Pfennigs pro Tag während der Zeit ihrer Wallfahrt befreit, falls sie vor ihrem Aufbruch nach Santiago die Gemeindebehörde benachrichtigt haben. »Wenn sie nach Santiago oder nach Übersee reisen«, so heißt es in den Statuten, »sollen sie im Sprechzimmer von den Bürgern Abschied nehmen.«[8]

Andere müssen ihre Abreise nicht nur anmelden, sondern auch um Erlaubnis bitten. Das ist etwa der Fall bei einem bedeutenden Vasallen, der zu den Waffen gerufen werden kann, wie Henri, dem Grafen von Rodez. Ihm wird im Jahre 1292 durch Philipp den Schönen die Erlaubnis erteilt, sich auf den Weg zu machen.[9] Die Chorherren können ihren Sitz verlassen, aber die Dauer der Abwesenheit ist im allgemeinen beschränkt; die Statuten des Kapitels von Eymoutiers (im Limousin) bewilligen im Jahre 1295 denen, die nach Compostela pilgern, zwei Monate. 1351 gestattet die Satzung der Kathedrale von Metz nur einmal im Jahr die Wallfahrt nach Santiago, und die Abwesenheit der Kanoniker begrenzt sich auf sechs Wochen, was bei der Entfernung den Fußmarsch verbietet – im allgemeinen reisen die Geistlichen auf einem Maultierrücken.[10]

So sind Sie also jetzt mit den zuständigen Behörden im reinen, und der Pfarrer hat Ihnen ein Empfehlungsschreiben ausgestellt. Das Testament ist gemacht. Nun heißt es noch Geld auftreiben, sich zur Wallfahrt einkleiden, beichten und Abschied nehmen.

Zuerst das Geld. Falls man nicht ausschließlich auf die Nächstenliebe angewiesen sein möchte, was ja gewagt und verdienstlich ist, müssen die Ausgaben für Ausrüstung, Unterkunft und Wegzölle vorgesehen werden, nicht zu vergessen die Almosen beim Besuch der Heiligtümer. Aymeri Picaud zählt in seinem Führer des 12. Jahrhunderts in raschem Überblick die am Pilgerweg liegenden Städte auf, »damit die Pilger, die nach Santiago aufbrechen, darüber unterrichtet sind, welche Ausgaben ihre Reise erfordern wird«.[11]

Humbert, der Sohn des Bürgers Jacquemin du Puy aus der Stadt Lyon, macht sich am 30. März 1342 zu Pferd auf den Weg mit einem Diener und fünfzig Livres Taschengeld. Er ist prächtig ausgerüstet; für fünfzig Sous Tournois (zweieinhalb Livres) hat er einen Sattel erstanden, für die gleiche Summe ein Paar Stiefel und zwei Paar Sandalen, und fünfundzwanzig Sous hat er dem Schneider für die Bekleidung bezahlt.[12]

Unter unseren Weggefährten begegnen wir dem ziemlich wohlhabenden flämischen Kaufmann Jean de Tournai, der das Geld gewiß nicht zu zählen braucht, aber auch dem kleinen Bonnecaze, der im ganzen nur drei Livres besitzt, und am 5. August 1726 dem Schneider aus der Pikardie, Guillaume Manier, der an einen Schäfer aus Carlepont für fünfundsiebzig Livres (die nicht mehr zu vergleichen sind mit den Livres vom Jahre 1342) Land verkauft.[13]

Den Lehnsherren stehen für die Ausgaben die Steuern zur Verfügung oder auch der Verkauf einiger Rechte. Die anderen setzen alle Hebel in Bewegung, um das nötige Geld aufzutreiben. Einige betteln so lange, bis sie die Summe beisammen haben, andere verkaufen oder leihen, was sie können. So bestätigt Jean Léonard Bauvoir aus Tulle am 8. August 1645, von seinem Bruder Geld empfangen zu haben; er überläßt ihm für den Fall, daß er unterwegs stürbe, einige seiner Rechte. Der königliche Notar von Tulle registriert: »Jean Léonard Bauvoir möchte nach Santiago in Galicien wallfahren; da er aber wegen der Länge der Reise befürchtet, von Krankheit überrascht zu werden, und da er außerdem der von seinem Bruder Jean Bauvoir empfangenen Wohltaten eingedenk ist, von dem er allhier zur Deckung der Reisekosten die Summe von zwanzig Livres geliehen bekam, hat er dem genannten und hier gegenwärtigen Bruder Jean Bauvoir durch Schenkung im Todesfall alle Rechte gegeben und gibt jene Rechte, die ihm, Jean Léonard, über die Güter seiner verstorbenen Nichte Léonarde Malaret zukommen, so daß der oben genannte Bruder im erwähnten Todesfalle darüber verfügen könne.«[14]

In den Archiven von Zabern befindet sich ein Vertrag aus dem Jahre 1609; darin verkauft ein Bürger der Stadt alle seine Güter, um nach Santiago pilgern zu können. Und manchmal ist ein Wallfahrer unterwegs gezwungen, seine restliche Habe in Geld umzumünzen. 1522 muß ein Soldat aus Leipzig bei der Ankunft in Santiago seine Rüstung verkaufen, um die Schulden bei den Reisegefährten bezahlen zu können; der Gemeinderat von Santiago zeichnet als Empfänger von neunzig Gros – für ein Gros konnte man damals ein Pfund Reis, ein Pfund Speck oder dreißig Eier erstehen.[15] Ein anderes Mal – wir befinden uns im beginnenden 15. Jahrhundert – werden Jean de Montbrison und seine Frau unterwegs festgenommen, weil sie ohne Erlaubnis ärztlich tätig waren; sie rechtfertigen sich damit, daß sie auf diese Weise ihre Reisekosten begleichen wollten.[16]

Die Adeligen und Begüterten erweisen dem Apostel auf ihre Weise Ehre: Sie brechen mit großem Gefolge auf, um ja ihren Rang nicht einzubüßen. Nahrung und Unterkunft ihrer Leute gehen dann auf Kosten dieser Herrschaften. Im Jahre 1537 wallfahrtet die Markgräfin von Pescara mit einer Begleitung von sechzehn Personen. Auf der königlichen Kanzlei von Aragonien wird ein Jacques de Vienne gemeldet, der mit sechzig Dienern pilgert.[17] Der Infant Don Carlos von Navarra liegt in Frankreich gefangen; er wird von Karl VI. bei dessen Thronbesteigung freigelassen und begibt sich 1381, neunzehn Jahre alt, mit hundert Gefolgsleuten, die zuweilen ihr je eigenes Gefolge besitzen, nach Santiago. Pamplona veranstaltet zu Ehren des königlichen Prinzen an Weihnachten Festlichkeiten; sie nötigen die Cortes, einen außergewöhnlichen Zuschuß von zehntausend Livres zu genehmigen. Das Gefolge leistet sich beim Verlassen von Estella noch überdies pelzgefütterte Überhänge gegen die Kälte. Durch den Schatzmeister der Expedition erfahren wir noch, daß das Silbergeschirr auf dem Weg verlorenging und dann im Bach von Sérignan wiedergefunden wurde.[18]

Während der Wallfahrt des Erzbischofs von Arles im November 1361 bietet sich auf der kurzen Strecke von Saint-Palais nach Ostabat Gelegenheit, ein Inventar der üppigen bischöflichen Lebensführung aufzustellen: ein Troß von vierundzwanzig Mauleseln und Maultieren, dreißig Pferden und Pferdeknechten, achtzig Bewaffneten und mit zweitausend Goldstücken. Doch sind solche Herren selten, außerdem verteilen manche von ihnen ihren Reichtum unterwegs zum Wohl der Armen, die ihnen folgen, sichtbare Zeichen wahrer Bruderliebe.

Ganz anders der gewöhnliche Pilger. Er läuft sich in den Wagenspuren die Füße wund und hungert auch zuweilen; in seinem herkömmlichen Pilgergewand, an dem er die Abzeichen trägt, die ihn kenntlich machen und zugleich beschützen, verliert er sich bewußt im Namenlosen.

Er trägt die Bekleidung des armen Fußwanderers: ein langes, an der Hüfte gegürtetes Gewand und einen zwecks besseren Gehens vorn aufgeschlitzten Überhang (surcot). Männer und Frauen sind ungefähr gleich gekleidet, die Kopfbedeckung ausgenommen: Die Frauen tragen einen Schleier, die Männer einen Hut; sein Rand ist über den Kragen heruntergeschlagen.

Im 15. Jahrhundert wird das Gewand der Männer kürzer, der Mantelkragen verbreitert sich und bedeckt jetzt die Schultern – der Pilgermantel formt sich heraus; er wird allmählich noch breiter und bildet einen Umhang, der gegen Wind und Regen schützen soll. Aus diesem Gewand wird unsere Pelerine.

Zu gleicher Zeit ändert sich die Hutform; zahllose Pilgerdarstellungen haben uns mit dem *sombrero bello* vertraut gemacht. Er ähnelt einem großen, vorn über der Stirn hochgerückten Rad, mit gebietsbedingten Unterschieden. So groß ist die Bedeutung dieser Kopfbedeckung, daß die Hutmacher, wenigstens jene von Saint-Maixent und Avignon, den heiligen Jakobus zu ihrem Standespatron wählen.[19]

An den Füßen trägt der Wallfahrer kräftige Schnürstiefel oder Sandalen. Einige Pilger haben die Auflage, barfuß zu gehen, jedoch ist das wohl eine Ausnahme. Wir wissen, daß der heilige Wilhelm von Vercelli mit fünfzehn Jahren freiwillig barfuß bis nach Compostela pilgert, aber gerade deswegen ist er ja bekannt, und Leistungen solcher Art begründeten seine Heiligsprechung.

Nur ein Gelübde der Abtötung, eine Verurteilung zur Buße oder Armut können dazu bewegen, barfuß über Steine, durch Dornengestrüpp und Schnee zu gehen. Als der kleine Bonnecaze seinen Jugendstreich vorbereitet, kommt ihm nicht in den Sinn, daß seine Schuhe schon in Pamplona das Zeitliche segnen werden. »Von da an«, so erzählt er, »ging ich mindestens hundertachtzig Meilen mit bloßen Füßen.«[20]

Wir werden sehen, wie sich der Pilger ganz besonders seiner Füße annimmt, dieser schmerzenden Werkzeuge seiner Erlösung, die deswegen höchste Aufmerksamkeit verdienen; hier der Ratschlag im »Galicienlied«:

Quien quiera ser peregrino	Wer Pilger sein will,
Peregrino de Santiago	Santiagopilger,
Necesita los zapatos	Muß schöne
Bellos de los peregrinos	Pilgerschuhe haben,
Que Santiago tenía	Wie sie der heilige Jakobus trug,
Cuando a Galicia iba.[21]	Als er nach Galicien ging.

Die wahren Kennzeichen des Compostelapilgers waren jedoch Pilgertasche und Wanderstab.

Die Pilgertasche (besace), in den Manuskripten pera genannt – so bereits zu Anfang des 12. Jahrhunderts im Sakramentar von Laon[22] –, wird um den Hals gehängt getragen und enthält den Proviant, die Pässe und die anderen Ausweise des Wanderers. Ursprünglich war es eine Art lederner Brotbeutel. Wie Aymeri Picaud angibt, findet man auf dem Domplatz von Santiago solche aus Hirschleder, zusammen »mit Weinschläuchen, Schuhen, Geldbeuteln und Riemen«.[23]

Im 18. Jahrhundert verwandelt sich diese Tasche in eine kleine Schachtel oder Büchse, ein Holz- oder Metallkästchen, das an einem Schulterband getragen wird:

Des choses nécessaires	Mit nötigen Dingen
Il faut être garni	Soll man nach Art der Väter
A l'exemple des Pères	Ausgerüstet sein:
N'être pas défourni	Pilgerstab und Reisetasche
De bourdon, de mallette	Dürfen nicht fehlen,
Aussi d'un grand chapeau	Dazu ein großer Hut
Et contre la tempête	Und gegen Unwetter
Avoir un grand manteau.[24]	Ein weiter Mantel.

Beim Pilgerstab (bourdon) handelt es sich um eine starke Holzstange von fast zwei Meter Länge mit einer Eisenspitze am Ende. Auch darüber wurden Reime geschmiedet (im Lied von den Pilgerpflichten):

Le bâton d'espérance	Der Stab der Hoffnung,
Ferré de charité	Beschlagen mit Nächstenliebe,
Revêtu de constance	Bekleidet mit Beständigkeit,
D'amour et chasteté.[24]	Mit Liebe und Keuschheit.

Dieses »geistliche Schwert« hilft auch auf dem Marsch und dient »zur Verteidigung gegen Wolf und Hund«,[25] das ist zwar weniger erbaulich, doch ungemein nützlich.

Mit dem Geld, das sich Guillaume Manier durch den Landverkauf an den Schäfer von Carlepont verschafft hat, bestellt er zehn Tage vor seinem Aufbruch nach Santiago bei dem Schreiner Firmin Ceuilly einen Pilgerstab.[26] Der Stock durchwandert Frankreich, überquert die Pyrenäen, beendet aber seine Laufbahn in Burgos: Guillaume zerschlägt ihn am Ende eines heftigen Streits auf dem Rücken von Jean Hermand, einem seiner Gefährten.

Am 24. August 1772 nimmt die Polizeibrigade von Vierzon einen gewissen Clément Barset, einundsechzig Jahre alt, fest und wirft ihn zu Bourges ins Gefängnis. Der Mann behauptet, in Rom geboren zu sein und sich auf der Wallfahrt nach Compostela zu befinden. Man findet bei ihm zehn Stück Brot, achtzehn Sols und in einer kleinen Pergamenttasche eine Menge von kleinen Stäbchen, die er nach eigener Erklärung gegen seine Kopfschmerzen anwendet. Er trägt auch eine Bescheinigung bei sich, daß er gebeichtet und kommuniziert hat. Das Verhaftungsprotokoll fügt hinzu, daß der »Vagabund einen sechs Fuß langen Stab mit einer Eisenspitze von vier bis fünf Zoll«[27] besitze; eine Waffe könnte man nicht besser beschreiben.

Gewöhnlich hat der Pilgerstab über dem Griff eine oder zwei Ausbuchtungen, an denen die Kürbisflasche festgemacht wird; nach Trocknen und Aushöhlen dient die Kürbisfrucht als einfachste und billigste Feldflasche für etwas Wasser oder Wein auf dem Weg:

Ma calebasse ma compagne
Mon bourdon mon compagnon
La taverne m'y gouverne
L'hôpital c'est ma maison.[28]

Meine Kürbisflasche ist
meine Gefährtin,
Mein Pilgerstab mein Begleiter.
Der Gasthof zieht mich an,
Die Herberge ist mein Haus.

Tasche und Stab würden genügen, um den Pilger zu kennzeichnen; so singt etwa der *Roman de la Rose:*

Tantost comme bons pèlerins
Hastis, fervents et enterins
Et port o moi par grant effort
Escherpe et bourdon grant et fort.[29]

So wie rechte Pilger,
Hurtig, inbrünstig und unverdrossen,
Trag ich mit großer Mühe
Tasche und Pilgerstab.

Und die *Chronique de Du Guesclin:*

A loi de pèlerin de corps et de façon
L'escharpe avait au col, en la main le bourdon.[30]

Nach Gesetz und Brauch des Pilgers hatte er
Um den Hals den Beutel, in der Hand den Stab.

Pilgertasche und Pilgerstab beschränken in ihrer vollkommenen Anpassung an ihre Aufgabe die »Ausrüstung« des Wanderers auf das Wesentliche, denn alles wird beim Gehen zur Last:

Vous qui allez à Saint-Jacques
Au moins en temps d'été
Ne prenez point grand charge
Allez sur le léger
Car de peu l'on se fasche
Je parle à gens de pied.[31]

Ihr, die ihr nach Santiago geht,
Nehmt wenigstens im Sommer
keine große Bürde mit.
So geht ihr leicht.
Denn man ermüdet (schon) von wenigem;
Ich spreche zu Leuten, die zu Fuß gehen.

Schließlich bleibt noch eines zu tun: an den Umhang, auf die Tasche, an den Hut das Zeichen aller Zeichen, das gar keine unmittelbar nützliche Funktion ausübt, zu heften: die unvergängliche Jakobsmuschel.

Der heilige Jakobus d. Ä.
Federzeichnung von Jan van Eyck (15. Jahrhundert)

Man erzählt, ein Ritter von hoher Geburt sei an der galicischen Küste entlanggeritten, als sein Pferd plötzlich scheute und sich mit ihm ins Meer stürzte. Der Ritter rief den heiligen Jakobus an. Das Pferd konnte sich über Wasser halten und ans Ufer zurückschwimmen – als es aus dem Wasser stieg, war es über und über mit Muscheln bedeckt.

Stets kommt die Legende der Geschichte zu Hilfe, verwirrt sie aber auch. In Wirklichkeit dienten diese Kammuschelschalen wegen ihrer Form und ihrer Farbe lange Zeit als eine Art Nadeletui oder Schminkkästchen; sie gehörten zum Grabschmuck antiker Frauengräber. Schon im 4. Jahrhundert versinnbilden sie die Wallfahrt im allgemeinen und werden dann von den Santiagopilgern übernommen; diese sammeln sie an den Stränden Galiciens als Beweisstücke dafür, daß sie die Reise wirklich unternommen haben.[32]

Im *Liber Sancti Jacobi* ist zu lesen: »So, wie jene, die aus Jerusalem zurückkommen, den Palmzweig tragen, so haben die aus Compostela die Muschel.« In der großen Zeit der Wallfahrt nach Santiago ist sie das ausschließliche Privileg der Jakobuspilger. Es ist nicht einmal mehr notwendig, sie unten am Strand bei Padrón zu sammeln, dort also, wo die Barke mit dem Leib des heiligen Jakobus angelegt hat. Aymeri Picaud berichtet uns, daß auf dem Domplatz von Santiago an die Wallfahrer »kleine Fischmuscheln als Insignien des heiligen Jakobus« verkauft werden.[33] Übrigens gewähren die Päpste Alexander III., Gregor IX. und Klemens X. einer nach dem anderen dem Erzbischof von Compostela das Recht zur Exkommunikation derer, die anderswo als in der Stadt des Apostels solche Muscheln feilbieten.[34]

Die Muschel verwandelt sich allmählich aus einem allgemeinen Pilgersymbol in das Zeichen der Erfüllung des Gelöbnisses, nach Santiago zu ziehen; ja sie wird sogar zum Sinnbild einer besonderen Verehrung des heiligen Jakobus. Bald trägt man sie bereits beim Aufbruch nach Compostela. Sie wird eines Tages ihrem Sinn entfremdet durch die falschen Santiagopilger – die *coquillards* (Muschelbrüder) – und durch die »Liebespilger« (vgl. hierzu das 10. Kapitel).

Das Testament ist also gemacht. Von Ihrem Pfarrer oder Bischof haben Sie ein Empfehlungsschreiben eingeholt. Auch das Geld ist da. Sie haben sich Ihrer üblichen Kleidung entledigt und das Gewand des großen Weges angelegt. Der Tag des Aufbruchs naht. Nun bleiben Ihnen noch zwei Dinge zu tun: beichten und Ihre Seele auch durch ein beispielhaftes Almosen reinigen; es stempelt Sie sinnbildlich zu einem jener Armen, denen das himmlische Jerusalem verheißen ist.

Jean Taillefier, Schreiber am Schöffenamt in Namur, notiert in dem Buch, das er im Amt zu führen hat, seine eigene Abreise nach Santiago: »Im Jahre 1434, am achtzehnten Tag des März, einem Donnerstag, hörte dieser Taillefier in der Kapelle des Jakobsspitals die Messe [...]; dann rief er seinen Vater Noël [...] und sagte ihm, daß man bei der Abreise wohl wisse, wohin es gehe, nicht aber, wie es mit der Rückkehr stehe.«[35]

Devant me mettre en voyage
Je fis comme un homme sage
M'étant dûment confessé
Je reçus pour témoignage
Un écrit de mon curé

Bevor ich mich auf die Reise mache,
Tue ich wie ein weiser Mann:
Ich beichte gebührend
Und erhalte als Beweis
Ein Schreiben meines Pfarrers.

So erzählt das Lied von Valenciennes. Am 2. Februar 1431 macht die Witwe eines Zimmermanns aus Melun vor ihrem Aufbruch dem Jakobsspital eine Schenkung. Im Jahre 1170 erfährt die Abtei L'Absie die Freigebigkeit des Herrn von Parthenay, Guillaume IV. Larchevêque.[36] Um 1200 vermacht Jean de Salines der Abtei Saint-Nicolas-des-Prés hundertfünf Sols und vierundzwanzig Deniers jährlicher Abgaben, dazu jedes Jahr sechs Kapaune und ein volles Maß Hafer.[37]

Die letzte Zeremonie ist die Segnung von Beutel und Stab. Sie knien und beten: »Demütig und ergeben bitten wir, diesen Beutel und diesen Stab zu segnen.«

Der Pfarrer segnet Sie: »Empfang diesen Beutel als Zeichen deiner Pilgerschaft, damit du durch deine Buße dein Heil verdienest und an das Ziel deines Pilgergelübdes gelangest. Empfange diesen Stab; er verleihe dir, die Schlingen des bösen Feindes zu überwinden und das Ziel zu erreichen.«[38]

Ihre Gefährten sind genauso ergriffen wie Sie selbst. Ihre Familie steht da und wiederholt die rituellen Gebete. Vielleicht sehen Sie sie niemals wieder.

Quand nous partîmes de France en grand désir
Nous avons quitté père et mère tristes et marris.[39]

Als wir aus Frankreich aufbrachen mit großer Sehnsucht,
Haben wir Vater und Mutter verlassen, traurig und betrübt.

So sangen die Pilger aus Frankreich. Und die aus Aurillac:

Avem layssatz nostre parents
Nostras molher et nostras gens.[40]

Wir haben unsere Eltern verlassen,
Unsere Frauen und unsere Leute.

Oder die Basken:

Adio ene aita eta ama
Adio ene adiskide maitiac
Quitatcen cutiet oray oro
Banoua Saint-Jacqueserat.[41]

Leb wohl, Vater, leb wohl, Mutter,
Lebt wohl, meine lieben Freunde.
Nun verlasse ich euch alle,
Ich gehe nach Santiago.

Die große Schar betet mit Ihnen gemeinsam:

> »O Gott, du hast Abraham aus seinem Land herausgeführt und ihn auf allen seinen Wegen behütet. Gewähre auch deinen Kindern diese Gnade und diesen Schutz. Stärke uns in Gefahr, behüte unseren Schritt. Sei uns kühler Schatten gegen den Brand der Sonne, schützender Mantel gegen Regen und Frost. Trag uns in Ermüdung und verteidige uns in jeder Not. Sei uns ein fester Stab gegen den Sturz und ein Hafen, der die Schiffbrüchigen aufnimmt. Laß uns unter deiner Führung mit Sicherheit unser Ziel erreichen und gesund und heil wieder nach Hause kehren.«[42]

Sie reißen sich los von den Ihren, deren Hände, deren Rufe Sie festhalten und zugleich vorantreiben. Sie sind dabei, ein anderer Mensch zu werden. Bis zu Ihrer Rückkehr sind Sie nun Pilger. »Betet für uns!« flehen jene, die zurückbleiben. »Betet für uns in Compostela!«

Sie verlassen den Kirchplatz, gehen an der Kirchhofmauer entlang, schließen sich der Gruppe der Hoffenden an – soeben ist auch der kleine Bonnecaze herbeigelaufen; er hat mitten in der Nacht heimlich sein Elternhaus verlassen, am Rand des Gartens seinen Pilgerbeutel geschnappt und steht nun da, ohne Geld oder fast ohne Geld, ohne Segen, ohne Bescheinigung: »Ich übergab mich gänzlich der Vorsehung.«[43]

Sie erkennen Aymeri Picaud, Jean de Tournai, Domenico Laffi, Guillaume Manier und seine drei Gefährten; im letzten Augenblick hat sich auch Antoine Baudry La Couture entschlossen mitzugehen.

Schon jubelt einer vorn den Sammelruf, den »Schlachtruf« aller Pilger:

> *E ultreïa! E sus eïa! Deus aïa nos!*
>
> Los! Auf geht's! Gott steh uns bei!

DRITTES KAPITEL

BRÜCKEN UND WEGE

Höhenwege und Talwege – Domingo der Wegarbeiter – Unsere Liebe Frau vom Wegweiser – Große Wasser – Die fratres pontifices – Geht ihr voraus! – Pater Martin überquert den Lot – Verdammte Fährleute! – Die enge Pforte – Jean Taccouen verfehlt Spanien – Ego sum via

Zwischen Morgen und Abend zieht sich der Weg dahin. Mal ist er erdig, mal felsig, mal mit Steinplatten befestigt, mal bedeckt mit verdorrten Blättern, mit Schlamm, Sand oder Schotter. Er klettert baumlose Hügel hinauf, schleicht träge auf der Sohle fruchtbarer Ebenen dahin oder schneidet ganze Landschaften in zwei Stücke. Der Weg ist das übliche Tagewerk des Pilgers. Voraus liegt das Unbekannte, drohend und verheißend zugleich. Nach hinten – wie oft haben Sie sich nicht umgedreht am ersten Tag Ihrer Wanderung! Sicher deswegen, weil Sie Ihr Vorankommen abschätzen wollten, aber auch, weil Sie dieser Weg, den Sie unter die Füße nahmen, noch wie eine Nabelschnur an Ihre Angehörigen, an Ihre Gewohnheiten, an Ihre Richtpunkte bindet – an den, der Sie waren. Und so Gott will, werden Sie auf diesem Weg zu sich zurückkehren.

Manche Wege sind sozusagen natürliche Wege, durch die Topographie festgelegt; in den meisten Fällen ein Höhenkamm, aber auch ein Talgrund, ein Durchbruch, eine Geländefalte. Die Rue Saint-Jacques in Paris zum Beispiel; man sagt, die Mammuts hätten sie auf ihrem Weg zur Tränke an der Seine ausgetrampelt; Cäsar zog hier seine große Nord-Süd-Achse durch; tausend Jahre später bleibt diese Straße immer noch der königliche Weg nach Orléans.

Für gewöhnlich kümmerten sich die Römer beim Bau ihrer Straßen nicht um die Launen der Landschaften, die zu durchqueren waren. Sie bauten Erobererstraßen, geradlinig, durchschlagend wie ein Schwerthieb, immer direkt, ohne schlaffes Schlängeln, ohne Umschweife. Sie verstanden es, die zu steilen Hänge zu vermeiden und beim Fehlen einer Brücke die beste Furt aufzufinden. Als strategische Mittel der *pax romana* waren die Römerstraßen dazu bestimmt, Soldaten und Beamten bei der Ausbreitung des Reiches zu dienen.

Straßen, die keiner ursprünglichen Trasse und keinem ehemaligen Wasserlauf folgten, wurden auf tiefem Unterbau angelegt und sorgfältig mit Steinen, ja sogar mit Platten belegt; sie haben den Schlendrian der Niedergangszeit nach der Herrschaft Roms im allgemeinen gut überstanden. Das auf Lyon, die Hauptstadt Galliens, zugerichtete römische Straßennetz bewältigt aber schlecht oder höchstens zufälligerweise die große Völkerwanderung der Santiagopilger nach dem Südwesten. Sie marschieren auf den Römerstraßen von Tours nach Poitiers, von Limoges nach Périgueux, am linken Rhôneufer entlang, von Arles nach Béziers über Montpellier oder bleiben ihnen doch sehr nahe. Die Italiener, die die provenzalische Küste entlangwandern, folgen der Via Aurelia, die Fréjus, Le Thoronet und Saint-Maximin durchquert; weiter im Norden steht ihnen die Via Domitiana zur Verfügung, die über Tarascon und Nîmes verläuft; die Via Traiana von Bordeaux nach Astorga wird für viele Compostela-Pilger zum Weg über die Pyrenäen.

Freilich, die Bedürfnisse eines Pilgers sind nicht die der römischen Zivilisatoren. Der Wanderer auf Gottes Wegen pilgert von einer Reliquie zu einem Heiligtum nicht nur in gerader Linie, dies um so weniger, als er seine Zeit nicht zählt. Der unstete, impulsive Mensch des Mittelalters paßt sich allen Um- und Irrwegen an.

Die Pilgerpfade ziehen sich dahin, als wären sie sich selbst überlassen. Quellen und Lichtungen, Steinbrüche und Holzwege, Rodungen, Furten und Brücken folgen einander, der Weg selbst bleibt unvorhersehbar in seinem Lauf. »Der Verkehr«, so schreibt Marc Bloch,

»wird nicht auf einigen Hauptstraßen fortgeschleust. Er verbreitet sich eigenwillig in eine Menge kleiner Rinnsale.«[1] Rings um die Schlösser, Abteien und befestigten Marktflecken flicht sich ein unentwirrbares Netz von Pfaden, ausgetrockneten Bachbetten, Durchgängen und Feldwegen; sie schmiegen sich an das Gelände an, benutzen den Rand der Äcker und die Spuren uralter Gewohnheit.

Die meistbegangenen Pfade werden zu Wegen. In ihnen zeichnen sich schon die großen Verbindungen ab, denn sie sind die bequemsten und zweifellos auch am besten mit Rastmöglichkeiten ausgestatteten. Wenn aber die Launen der Wasserläufe Furten verschieben oder die Mönche neue Brücken bauen, müssen sich dem auch die Wege wohl oder übel fügen.

Sie sind selten oder schlecht instandgehalten. Sobald es also regnet oder in der Nähe eine Baustelle entsteht, verwandeln sie sich im Nu in eine Schlammgrube; die schweren Rollwagen schaffen die zum Bau der Kirchen und Schlösser benötigten Steinblöcke und Balken heran, durchbrechen dabei den planlos hingeschütteten Straßenunterbau und graben tiefe, dauerhafte Furchen in die Wege. In der nordwestfranzösischen Landschaft Maine »sind die Wege fast alle unbenutzbar sowohl wegen des holprigen Geländes als auch wegen des klebrigen Schlamms, der sie bedeckt, weil sie fast nie trocknen, denn sie sind von Bäumen gesäumt und überdeckt und übrigens eng und tief ins Gelände geschnitten«.[2] Im Nivernais ist der Weggrund stets glitschig. In der Beauce mit ihrer Tonerde müssen sich die Gemeinden dazu entschließen, die gesamte Wegstrecke von Paris bis Orléans zu pflastern.

Erst 1715 wird ein Markgraf de Beringhen zum ersten Generaldirektor der *Ponts et Chaussées* (Brücken und Straßen) ernannt, mit einem Jahresgehalt von zehntausend Livres. Bis dahin obliegt die Instandhaltung der Straßen dem, der den Wegzoll einzieht, oder es übernehmen ihn örtliche Arbeitskommandos. Im Jahre 1203 überläßt die Witwe des Grafen von Champagne, Blanka von Navarra, dem Vogt von Sézanne sowie drei Unternehmern für sieben Jahre die Zolleinnahmen an einer im Bau befindlichen Straße, unter der Bedingung, daß diese Leute jedes Jahr den siebten Teil des Straßenbaus übernehmen – die Gräfin ihrerseits liefert das Holz für den Bau von zwei Brücken.[3] Aufgrund der ständigen Nöte des nicht enden wollenden Hundertjährigen Krieges zwischen Frankreich und England, des Durchzugs plündernder Söldnerbanden und der ständigen Übergriffe durch die Soldateska der »Grandes Compagnies« leeren sich die Straßen, die Zolleinnahmen schwinden, und die Instandhaltungsarbeiten werden unterbrochen.

Gewisse Anlieger schlagen daraus Gewinn,[4] »vor allem in Gegenden guter Böden«, um bei jedem Vorbeipflügen ein wenig vom Weg abzuzwacken und dadurch zum Schaden der Durchgangsstraße ein paar Fußbreit Erde zu gewinnen. Anderswo werfen die pflügenden Bauern die Steine und Wurzeln ihrer Felder auf die Straße: Sie »säubern ihr Erbe«. Kurz und gut, die gewöhnlichen Wege sind selten angenehm zu begehen; dazu kommt noch, daß die Fußgänger den Wagen Platz machen müssen und die berittenen Soldaten sie rücksichtslos in die Äcker und Dornenhecken hineindrängen.

Der Straßenzustand ist so schlecht, daß sich sehr bald die Auffassung verbreitet, es sei ein frommes Werk, freiwillig an den Ausbesserungsarbeiten mitzuhelfen. Das berühmteste Beispiel am Weg nach Compostela ist jener Hirte Domingo (Dominikus), der in der Nähe von Nájera in Spanien sein Leben der Instandhaltung einer Straße, der *calzada de Santiago,* widmet. Er wurde nach seinem Tod heiliggesprochen. Über seinen sterblichen Resten hat man ein Heiligtum errichtet, eine Stadt wuchs ringsherum: Santo Domingo de la Calzada; der heilige Jakobus ehrte die Stätte mit einem seiner berühmtesten Wallfahrtswunder, das zu diesem Zweck vom heiligen Amandus ausgeliehen und aus Toulouse eingeführt wurde (vgl. 8. Kapitel).

Da es überhaupt keine Karten gibt, muß sich der Pilger auf seine Führer verlassen, auf auswendig gelernte Anweisungen oder auch auf eine besondere Art Wegmarkierung, die *montjoies,* kleine Steinpyramiden, die den richtigen Weg kennzeichnen. Ein englischer Reiseführer aus dem Jahre 1425 beginnt so: »Here beginneth the way that is marked and made wit Mont Joiez from the land of Engelond unto Sent Jamez in Galis« (Hier beginnt der mit *montjoies* gekennzeichnete Weg von England nach Santiago in Galicien).[5] Jean de Tournai sucht in einer einförmig verschneiten Gegend seinen Weg: »Wir stießen unseren Stab oft tief in den Schnee, um zu wissen, ob da nicht irgendwo eine *montjoie* stehe, und wenn wir keine fanden, empfahlen wir uns Gott und gingen weiter, und wenn wir unseren Stab an etwas Hartes stoßen hörten, waren wir voller Freude, denn das hieß, eine *montjoie* steht da.«[6]

Der Begriff *montjoie* scheint vom altfränkischen *mundgawi* zu kommen, was Hügel bedeutete oder Beobachtungs- und Verteidigungsvorgebirge; allmählich wurde diese Bezeichnung auf jene primitiven Steinpyramiden angewendet, die der Mensch von jeher auf den Gipfeln errichtete, und schließlich auf die Steinpyramiden selbst, gleich, wo sie sich befanden – das im Mittelalter so häufige Spiel mit Worten läuft in diesem Fall über das Latein: *mundgawi, mons gaudii, mont de joie,* Freudenberg. *Montjoie* bezeichnet bei der gleichen Gelegenheit auch jene hervorragenden Aussichtspunkte, von wo aus die Wallfahrer zum erstenmal das Ziel ihrer Pilgerreise erblicken, Jerusalem oder Rom oder – wie Sie am Ende unseres Weges sehen werden – Compostela.

Diese Steinpyramiden sind an den unsicheren oder gefährlichen Wegen so wichtig, daß man sich um ihre Instandhaltung sorgfältig kümmert; noch im Jahre 1734 verpachtet das Spitalkapitel von Aubrac einem gewissen Augustin de Valette die Weide von Mailhebiau nur unter der ausdrücklichen Bedingung, daß er für die Überwachung und Instandhaltung der *montjoies* sorge.[7] Freilich ist diese einsame Gegend, in welcher der schreckliche Drac haust, eines jener Gebiete, wo man besser den Weg nicht verliert. Sollten Sie zufällig bemerken, daß eines dieser Wegzeichen eingestürzt ist, unterlassen Sie es nicht, die Steine wieder aufzuhäufen – vielleicht ersparen Sie dadurch einem armen Verirrten eine Schreckensnacht.

Wenn es in den Bergen von Aubrac schneit oder stürmt oder nebelt, läuten die Mönche aus Nächstenliebe ununterbrochen oder in regelmäßigen Abständen die Glocke; nur ihre Stimme kann jene wieder zusammenrufen, die in dieser von Wölfen heimgesuchten Gegend herumirren. Das gleiche gute Werk wird in Gebirgshospizen wie Foncebadón, San Juan de Ortega in den Montes de Oca und vor allem in der Einsiedelei San Salvador am Ibañetapaß ausgeübt. Hier läutet der Eremit von Einbruch der Dunkelheit bis Mitternacht, »um den armen Verirrten die Richtung zu weisen«, wie das auch auf dem Mont-Saint-Michel üblich war.[8]

Wie oft zögern Sie nicht an einer Kreuzung, an einer Abzweigung, an einem Wegknotenpunkt! Soll man einen Hirten suchen, der einem raten kann? Sich nach der Sonne richten? Dem Bachbett folgen? Das Gras, das Moos an den Bäumen zur Orientierung nehmen? Beten? Man muß sich jedenfalls entschließen, noch bevor der Abend über alles seinen angstschweren Mantel breitet. Nur das nächste Dorf erreichen! Ein Kreuz, ein Bildstock, eine Wegkapelle, eine *montjoie* – wenigstens ist man nicht ganz verloren. Im Departement Creuse, etwa in La Souterraine, ist an den Kirchtürmen, die am Jakobsweg stehen, zuweilen ein weißer Stein eingelassen. Am Ortsausgang von Tulle im Departement Corrèze boten sich dem Santiagopilger zwei Varianten; in der Weggabel stand eine Kapelle (inzwischen in ein Wirtshaus umgewandelt) mit dem schönen Namen *Nostra-Dama-de-Monstra-Chami* (Unsere Liebe Frau vom Wegweiser).[9]

Alles kann einem unterwegs widerfahren. Eines der Hindernisse jedoch, denen man regelmäßig begegnet, die vorauszusehen sind, aber auch am gefährlichsten bleiben, ist das Überqueren der Flüsse. Dort, wo Brücken stehen, hat man mit teuren Zöllen zu rechnen; anderswo muß man an einer Furt durch das Wasser waten oder sich dem guten Willen der Fährleute überlassen.

Wenn man weiß, daß die Gironde bei La Réole von Juni bis November so seicht ist, daß sie zu Fuß durchquert werden kann, dann versteht man, wie wichtig es ist, im Frühling zur Wallfahrt aufzubrechen. Nicht nur kommen einem die längeren Tage zugute, sondern man vermeidet auch und vielleicht in erster Linie die Hochwasserzeiten.

Hören Sie Jean de Tournai. Ein Hochwasser schneidet ihm in Kastilien den Weg ab. Seine Führer lassen ihn im Stich. »Am Ortsausgang fragten wir nach dem Weg in Richtung León. Man erklärte uns, wir müßten durch dieses Wasser. Wir sahen einen Einheimischen daherkommen. Wir fragten ihn, wieviel er wolle, wenn er uns durch dieses Wasser auf die andere Seite bringe. Er zeigte auf seine bis zur Hüfte durchnäßten Kleider und erklärte, um kein Gold oder Silber der Welt würde er durch dieses Wasser gehen. Wir fanden niemand. Also empfahlen wir uns Gott, der Heiligen Jungfrau, dem heiligen Jakobus und allen guten Heiligen des Paradieses. Dann bekreuzigten wir uns und gingen in das Wasser hinein.« Die Dorfbewohner rufen ihnen nach: »He, Pilger! Zurück in die Herberge! Es ist schon spät! Wenn ihr die Furt nicht kennt, ertrinkt ihr!« Die Nacht bricht rasch herein an diesem 3. Februar 1489. Das »Schneewasser« vereist Jean de Tournai und seinen Gefährten die Füße. In der Ferne erkennen sie die Türme von León – gute zwei Meilen entfernt. Der erste vorn untersucht mit seinem Pilgerstock das schwarze Wasser; sobald er einen tieferen Graben bemerkt, folgt er ihm bis zur nächsten Furtstelle. »Wir wateten so lange, daß uns die Nacht einholte, und dann waren wir tief ergriffen, denn wir erblickten nichts mehr als Himmel und Wasser oder den Mond, der recht hell über uns stand.« Etwas später begegnen sie auf trockenem Boden zwei jungen Burschen, die mit Erstaunen zu dieser Stunde noch Pilger auf dem Wege sehen. »Hört«, so sagen sie, »ihr seid nicht mehr auf dem rechten Weg, aber wir begleiten euch.« Sie müssen noch einen anderen Bach durchqueren, an einer Furt, trotz der reißenden Strömung. »Sie nahmen uns in ihre Mitte«, erzählt der flämische Bürgersohn, »erfaßten uns bei der Hand und sagten, wir sollten uns gut aneinander halten und die Füße nicht heben, sondern sie unten am Bachbett entlangschleifen. Wir taten so und gelangten auf diese Weise hinüber [...], und so kamen wir ganz gut bis zur Stadt León; es war wohl neun Uhr in der Nacht oder noch später.«[10]

Man begreift, daß der Bau von Brücken als ein »für die kommenden Geschlechter nützliches und folglich auch Gott angenehmes Werk« galt. Diese Erklärung findet sich in einer Urkunde in Tours aus dem Jahre 1031,[11] in Tours überquerte nämlich der große Pilgerstrom aus dem Norden und aus Paris die Loire in der Nähe der Insel Saint-Jacques; hier stand auch eine Jakobuskapelle.[12]

Ein Brückenbau auf dem Weg nach Compostela ist ein frommes Werk par excellence. Ein Jünger des heiligen Domingo de la Calzada erbaute mehrere Brücken, darunter die von Logroño, und erwarb sich so seine Heiligsprechung. Eine der großen Pilgerstationen, Puente la Reina, hat ihren Namen von der im 11. Jahrhundert über den Río Arga errichteten Brücke – gewölbter Brückenweg auf fünf Rundbögen über Pfeilern mit Eisbrechern. Die Brücke wurde den Wallfahrern von einer Königin gestiftet, vielleicht der Doña Estefanía, der Frau des García von Nájera oder auch der Braut Sanchos des Großen.[13] Wie um zu zeigen, daß diese Gabe Gott wohlgefällig sei, fliegt von Zeit zu Zeit ein kleiner Vogel in den Fluß hinein, benetzt sich die Flügel und fliegt dann wieder hinauf zur Statue der Heiligen Jungfrau am höchsten Punkt der Brücke, um sie, die Statue nämlich, zu waschen.[14] Übrigens ist die Stelle bemerkenswert: Hier vereinigen sich die beiden großen Pilgerwege, um von nun an gemeinsam als *camino de Santiago* weiterzuführen.

Aymeri Picaud bestätigt den Ruhm eines anderen frommen Brückenbauers, eines französischen Pilgers namens Pierre, der 1125 eine Brücke über den Río Miño bei Puertomarín errichtete. Er nennt ihn mit einigen anderen wegen ihrer Mitwirkung am Ausbau des Pilgerweges: »Die Seelen dieser Männer und die ihrer Mitarbeiter mögen im ewigen Frieden ruhen.«[15] An einem anderen Ort wurde eine Bruderschaft gegründet, die sich dem Bau von Brücken widmete und den Heiligen Geist zum Schutzpatron erwählte; diese Bruderschaft errichtete von 1265 bis 1307 die berühmte Heiliggeistbrücke über die Rhône, ein von den Deutschen häufig benutzter Flußübergang in der bis heute Pont-Saint-Esprit genannten Stadt. In der gleichen Gegend erbauten die *fratres pontifices,* die »Brückenbaubrüder«, die Brücken von Bonpas, Lourmarin, Mallemort und Mirabeau.[16] Ein Pilger aus Florenz (wir kennen seinen Namen nicht) beschreibt im Jahre 1477 »die schöne Steinbrücke von zwölfhundert Schritt Länge und vierundzwanzig Bögen«, an deren Ende eine Kirche stehe, in der weißgekleidete Mönche leben.[17]

Die Brücken sind so selten, daß man in Paris zum Beispiel auf den Bau des Pont-Neuf – heute Pont-Saint-Michel – bis 1378 warten muß; die »Neue Brücke« zu Paris überspannt als zweite, mit dem Petit-Pont, die Seine von der Cité zum linken Ufer hin. Der Petit-Pont besteht lange Zeit aus Holz und brennt oft nieder. Im 11. Jahrhundert stehen stets schmale, baufällige Häuser darauf, doch ruht er fortan auf Steinpfeilern. Schon das geringste Hochwasser bringt ihn zum Einsturz. Im Jahre 1206 bricht er unmittelbar nach dem Übergang einer Prozession zusammen. Jedesmal wenn diese Brücke, so 1281 und 1296, ins Wasser fällt, stürzen etwa dreißig Häuser mit in die Fluten. Im Jahre 1325 bringt das Treibeis der Seine sie zum Einstürzen. Sie wird 1369 neu erbaut, ebenso 1394 und 1407. In dem letztgenannten Jahr ist das Treibeis so mächtig, daß es auch den Pont-Neuf davonträgt; man kann nur noch mit einer Fähre aufs andere Ufer übersetzen. Der Petit-Pont brennt 1718 noch einmal.[18]

Unser anonymer Pilger aus Florenz beschreibt in einem Reisebericht alle Brücken zwischen der Toskana und Galicien, etwa die von Romans, »eine Steinbrücke mit einem schönen kleinen Schloß mitten darauf«, 1651 vom Hochwasser der Isère davongeschwemmt; oder etwa die Jakobusbrücke am Ausgang von Toulouse, »eine Holzbrücke mit einem Dache, sehr lang und groß, über einen breiten und mächtigen Fluß«.[19] Auch die Brücke von Saint-Jean-Pied-de-Port ist überdacht, zweifellos, um gegen den Schneedruck zu schützen.

Ein anderer Wallfahrer, Arnold von Harff, ein zwanzigjähriger Deutscher, stellt im Jahre 1496 ebenfalls eine Liste der Brücken auf, beschränkt sich jedoch auf Steinkonstruktionen,[20] wie sie noch heute an ihrem hochgewölbten Rücken, ihrem groben Pflaster und ihren Ausbuchtungen zu erkennen sind, in die sich die Fußgänger bei der Durchfahrt der Pferdegespanne flüchteten.

Die Brücken sind als unvermeidliche Übergangsstellen Orte zusammenströmender Menge, Plätze der Begegnung und des Austausches. Sie sind gebaut, um zu verbinden, um zu vereinen, lebenswichtige Nahtstellen. 1188 wird in Oloron ein neuer Übergang von der Provinz Béarn nach Navarra eröffnet – die Wallfahrer sind beileibe nicht die letzten, die ihn nehmen. »Es sei allen kundgemacht«, so erklärt die Urkunde, »daß unser wohledler Herr Gaston erachtet, die Ehre und der Gewinn aus dem Markt von Navarrenx kämen ihm und seinem Landsitz zu. Er will, daß zu Navarrenx eine Steinbrücke errichtet und jeden zweiten Mittwoch ein Markt abgehalten werde. Die Marktgrenzen liegen zwischen dem Gave und dem Bach, der am Schloß von Navarrenx vorbeifließt, und enden einerseits am Dorf und andererseits am Weg nach Navarra, der nach Meritin führt, wo das Kreuz als Wegweiser dient. In diesen Grenzen erfreut sich jedermann des Rechtsschutzes, außer er habe einen aus dem Begareau oder anderswo getötet oder gefangengenommen oder verletzt [...]. Doch auch in diesem Fall geschieht ihm nichts zuleide, falls er sich ausgesöhnt hat.«[21]

Die Brücke – eine Rettung, zweifellos, öfters aber ein Ort des Schauderns, dann etwa, wenn sie über einen Abgrund führt. In allen Santiagopilgerliedern ist die Rede von einer berüchtigten Brücke über den Río Eo, nahe der Hafenstadt Ribadeo:

Quand nous fûmes au pont qui tremble
Bien étonnés
De nous voir une troupe ensemble
Fort exposés
Voyant les ondes de la mer
Dans leur furie

Dont le choc nous faisait trembler
Et craindre pour la vie
Nous priions la Vierge Marie.[22]

Als wir auf der schwankenden Brücke standen,
Waren wir sehr betroffen,
Unsere ganze Gruppe
So gefährdet zu sehen.
Wir sahen die Meereswellen
In ihrer Wut.
Ihr Anprall ließ uns zittern
Und ums Leben fürchten.
Wir riefen die Jungfrau Maria an.

So singt das »Große Wallfahrtslied«. Und die Pilger aus Aurillac:

Quand fuguerem sus lo pontet
Qual tremo al pas qu'om fa!
Crediam morir! A patz, a patz
Salva los pelgrins, San Jacm.[23]

Als wir auf der kleinen Brücke waren,
Welches Beben bei jedem unserer Schritte!
Wir glaubten zu sterben. Ruhe! Ruhe!
Rette die Pilger, Sankt Jakob!

Oder auch so:

Quand nous vînmes au pont qui tremble
Nous étions bien trente ensemble
Tant de Wallons que d'Allemands
Et nous disions, s'il vous semble
Compagnon, marchez devant![24]

Als wir auf die schwankende Brücke kamen,
Waren wir wohl unser dreißig,
Teils Wallonen, teils Deutsche.
Und wir sagten: Wenn es dir beliebt,
Gefährte, geh voran!

In seinem Buch *L'homme, ce pèlerin* beschreibt der Schriftsteller Georges Blond äußerst lebendig eine solche Flußüberquerung durch eine Gruppe von Pilgern aus Le Puy zur Zeit des Hochwassers; es handelt sich um den Lot bei Coursavy in der Nähe von Conques:

»Pilger, die schon einige Zeit vor der Gruppe des Pater Martin das Kloster verlassen hatten, waren bereits am Fluß und dabei, ihn zu überqueren. Unter ihnen befanden sich Leute zu Fuß und zu Pferd. Das Wasser ging an den Enden der Brücke bereits über die Ufer wie bei Estaing, nur sehr viel höher. Von der Brücke bis zu dem noch nicht überschwemmten Land war eine Kette gespannt. In deren Mitte hatte man eine zweite Kette befestigt, die am anderen Ende ein aus Baumstämmen gefertigtes Floß hielt; es wurde mit Hilfe dicker Seile zum Ufer hinübergezogen, so daß es einen Halbkreis beschrieb. Am anderen Ende der Brücke war dasselbe Notfährsystem in Betrieb. Die ganze Anlage schien zuverlässig, die Überfahrt war aber keineswegs gemütlich. Die Reiter bestiegen das Floß, indem sie ihre vom Brausen und Wogen des Wassers erschreckt scheuenden Pferde zogen oder stießen. Die Laienbrüder, die am Ufer standen, gaben das Floß allmählich frei, indem sie die um Baumstümpfe gewickelten Seile ruckweise nachließen; die Strömung riß den Behelfsnachen gewaltsam flußabwärts; das Wasser wirbelte wild um das Floß und überschwemmte es teilweise; die Pferde wieherten vor Schrecken, und auch die Männer, die kniend sich an das Floß klammerten und die Tiere nur unter Schwierigkeiten festhalten konnten, schienen kaum ruhiger zu sein. Man sah, wie die weit flußabwärts hinausgespannte Floßkette zitterte. Sofort begannen die auf der Brücke stehenden Brüder, mit aller Kraft die Zugseile einzuholen, und langsam kam das Floß zu ihnen heran; Männer und Pferde stiegen aus. Dasselbe Manöver setzte sodann ein, um auf das andere Ufer überzusetzen. [...] Natürlich konnte man es nicht verhindern, daß einen in dem Augenblick, da das Floß halb überschwemmt in der reißenden Strömung an der aufs äußerste gespannten Kette zerrte, die Angst packte; alles blickte dann auf die gedrungenen, barhäuptigen Ordensbrüder, die mit bis zu den Schenkeln hochgeschürzten Kutten dastanden und an den Seilen zogen – wahre Retter in der Not –, und man hatte den Eindruck, daß die Steinbrücke nur allzu langsam näher kam.«[25]

Abends in der Herberge erzählen die erfahrenen Pilger Wunderberichte; das Göttliche, das darin zum Ausdruck kommt, stärkt die unerfahrenen Gefährten und flößt ihnen Vertrauen ein. Hier ein paar solcher Geschichten:

Eines Tages macht ein starkes Hochwasser einen Flußübergang besonders gefährlich. Etwa tausend italienische Pilger und Pilgerinnen bleiben am Ufer stehen. Niemand unter ihnen wagt sich auf den zerbrechlichen Brückensteg. Da hebt Bona aus Pisa, eine zukünftige Heilige, die unter ihnen weilt, die Arme flehend zum Himmel und tritt als erste auf die Brücke. Sie geht hinüber und alle hinter ihr her. Auf ihrer Heimkehr bezeugen sie mit Begeisterung, die Heiligen hätten den Steg gestützt, während Bona betete.[26] (Es ist für Bona weder die erste noch die letzte Reise nach Compostela; sie hat gelobt, auf diese Weise die Pilgergruppen zu begleiten; später wird sie Schutzpatronin der Stewardessen.)

Am Ausgang der Schluchten des Hérault muß man eine gefahrvolle Furt durchqueren, um nach Saint-Guilhem-le-Désert hinüberzugelangen. Kein Mensch war je in der Lage, über diese stürmischen Fluten eine Brücke zu schlagen, kein Mensch – nur der Teufel. Mit ihm also paktiert Wilhelm von Gellone, der künftige heilige Wilhelm,

Feldherr und Gefährte Karls des Großen; er gründet hier eine Abtei. Das Verhandeln mit dem Teufel erweist sich als schwierig. Trotzdem kommt es zu einem Vertragsabschluß. Wilhelm verspricht, dem Satan die Seele dessen zu überlassen, der als erster die Brücke überschrei-

Der heilige Jakobus
Kupferstich von Israhel van Meckenem

tet. Der Teufel erbaut daraufhin eine prachtvolle Brücke aus Stein und lauert auf sein Opfer. Doch Wilhelm jagt seinen Hund hinüber; er überquert als erster die Brücke des Teufels. Als der Satan sich gefoppt sieht, versucht er mit allen Kräften, sein Bauwerk zum Einsturz zu bringen. Vergebens. Noch heute trägt es den Namen Teufelsbrücke.[27]

Der Anonymus von Florenz beschreibt das kleine Bollwerk, das mitten auf der vielbesungenen Brücke von Avignon den Weg versperrt und »von dreißig Mannen des Königs von Frankreich besetzt ist«; er beschreibt auch die neunzehn Brückenbögen, die in die Papststadt führen. Die es wissen, erklären, daß diese Brücke von einem provenzalischen Hirten namens Benezet auf Eingebung Gottes erbaut worden ist; um die nötigen Mittel zusammenzubringen, hatte er sein ganzes Leben lang gebettelt und gepredigt. Als die Brücke im Jahre 1226 an ihren beiden Enden zerstört wird, übernehmen die Brüder während der Ausbesserungsarbeiten den Fährdienst.[28]

An jenen Flüssen aber, über die weder Heilige noch Teufel, noch Menschen schon eine Brücke geschlagen haben, muß man sich dazu bequemen, mit einer Fähre überzusetzen, wie etwa an der Creuze zwischen Tours und Châtellerault, falls man nicht den Umweg über La Haye-Descartes oder die Insel Bouchard vorzieht. Die Fährleute zählen zu den Feinden der Wallfahrer, wenigstens für Aymeri Picaud: »[Beim Verlassen der Gascogne] führt der Weg nach Santiago über zwei Flüsse, die nahe bei dem Dorf Saint-Jean-de-Sorde vorbeifließen, der eine rechts, der andere links; der eine heißt Gave [Gießbach], der andere Fleuve [Fluß]; unmöglich, anders hinüberzukommen als auf einer Fähre. Verfluchtes Volk, diese Fährleute! Obwohl diese Flüsse doch gar nicht breit sind, haben diese Männer die schlimme Gewohnheit, von jedem, der auf die andere Seite will, ob arm oder ob reich, ein Geldstück abzufordern, und für ein Pferd erzwingen sie von einem mit Gewalt ganz unwürdigerweise sogar vier Münzen.«

Der Mann aus dem Poitou verfehlt keine Gelegenheit, den Pilger zu warnen: »Ihr Boot ist klein, aus einem einzigen Baumstamm herausgehauen, kaum daß es die Pferde tragen kann; wenn man hineinsteigt, muß man aufpassen, nicht ins Wasser zu fallen. Du tust gut daran, dein Roß im Wasser hinter dir am Zügel mitzuziehen und es nur dann mit ins Boot hereinzunehmen, wenn wenige Leute mitfahren; denn wenn das Boot überladen ist, kippt es sofort um. Oft geschieht es auch, daß die Fährleute, nachdem sie das Geld eingezogen haben, eine solche Menge Pilger in das Boot steigen lassen, daß es kentert und die Wallfahrer ertrinken; dann freuen sich die Fährleute boshaft, wenn sie die Toten aus dem Wasser ziehen.«[29]

Am Übergang von Béhobie über die Bidassoa muß Manier, der Schneider aus der Pikardie, die schlechte Laune der Fährleute ertragen: »Als wir zur Fähre kamen, verweigerte der Fährmann die Überfahrt. In unserer Verzweiflung beschlossen wir, die Nacht abzuwarten, um auf Bündeln aus Türkenstroh überzusetzen.« Ein aus Spanien kommender Prämonstratensermönch rettet sie auf dem anderen Ufer aus diesem ungewissen Experiment: »Als er bemerkte, daß wir in Schwierigkeiten waren, rief er dem Fährmann zu, er solle uns herüberbringen; das tat er denn auch um einen Sou pro Mann.«[30]

Die Dordogne ist das Jagdgebiet der Fährleute mit den großen flachen Booten. Doch die berühmteste Fähre ist jene bei Blaye. Die Santiagopilger aus Tours und Paris, die durch das Poitou und die Saintonge heranziehen, müssen sie nehmen. Ein im Jahre 1690 für die Wallfahrer von Senlis herausgegebener Reiseführer erklärt: »Nach verrichtetem Gebet schifft man sich auf einem Meeresarm ein, und der ›Aal‹, eine gewisse kleine oder große Fähre, treibt bei Flut und entsprechend dem Wind sieben Meilen bis nach Bordeaux hinauf.«[31] Die Art und Weise dieser Überfahrt mit solchen Booten läßt Aymeri Picaud die Anrufung des heiligen Romanus anempfehlen; er ist einer der Reisepatrone und – so erklärte Gregor von Tours – beschützt jene, die inmitten der Fluten zu ihm flehen.

Jean de Tournai nimmt diese Fähre in Süd-Nord-Richtung; er ist also auf dem Heimweg: »Am Donnerstag, dem 19. Februar [1489] verließen wir nach einer kräftigen Mahlzeit die genannte Stadt Bordeaux und bestiegen ein Boot, das man in dieser Gegend *anguille* [Aal] nennt; wir fuhren ab. […] Das Meer wurde auf dem Flußarm so mächtig, daß wir nur wie durch ein Wunder nicht ertranken, denn auf halbem Wege erhob sich ein erschreckend starker Sturm, und dabei wollte der Schiffer auf keinen Fall das Segel streichen.«

Der Bootsmann möchte sich gern »eines armen Pilgers, der aus Jerusalem, Rom oder Santiago heimkehrt«, erbarmen, wenn man ihn kniefällig bittet; nicht weniger hartnäckig widersteht er aber auch »dem Wind und dem Wasser«. Schließlich ist er doch gezwungen, »die Segeltaue zu kappen und kurzerhand umzukehren, sonst wären wir alle ertrunken«. Das Abenteuer endet in Blaye so, wie Jean de Tournai nach schweren Erlebnissen auf dem Weg es liebt: vor »einem bereitstehenden Abendessen mit prächtigen gebratenen Kapaunen«.[32]

Die Pilger aus Aurillac überqueren die Garonne weiter flußaufwärts; doch ist auch diese Überfahrt eine Liedstrophe wert:

Quand fuguerem proch en Bordaiga
Calg aventurar subre mai d'aiga.
Jés, pecaire que devendrem
Sé san Guiral non noi defend?[33]

Als wir nah bei Bordeaux waren,
Mußten wir uns auf ein großes Wasser wagen.
Jesus, wir Armen, was soll aus uns werden,
Wenn Sankt Gerald uns nicht schützt?

Manche Wallfahrer ziehen es vor, die in gewissem Sinne natürlichen Gefahren der Flüsse auf sich zu nehmen, anstatt sich auf die großen, von Banditen umlagerten Wege zu wagen. Man kann so den Rhein hinauf- und dann die Rhône hinunterfahren; man kann sich in Bordeaux einschiffen und die Garonne flußaufwärts segeln, um nicht die Landes durchqueren zu müssen und bei Bazas den Weg von Vézelay und Limoges zu erreichen. Der Reiseweg der Pilger aus Senlis kennt eine andere Variante: »Man schifft sich in Bordeaux auf der Garonne ein, dann geht es an Podensac und Cadillac (die sich gegenüberliegen) vorbei nach Saint-Machaire gegenüber Langon; am anderen Ufer liegt Bazas.«[34] Im 18. Jahrhundert kann man von Lyon auf einem durch zwei Pferde von der Uferböschung aus gezogenen Boot in zwei Tagen Avignon erreichen.[35]

Ob die Wallfahrer aber nun auf Flüssen oder Straßen daherkommen, auf jeden Fall müssen alle über die Pyrenäen. Das ist die enge Pforte der Wallfahrt.

Für den Priester Domenico Laffi aus Bologna und seinen Freund, den Maler, ist das Gebirge nichts Neues; sie haben ja schon den Mont-Cenis-Paß überschritten. Die Überquerung des Aubracgebirges wird für die Pilger aus Le Puy zuweilen zu einer regelrechten Hochgebirgsetappe. In Spanien kann der Paß von El Cebrero, westlich von León, große Schwierigkeiten bereithalten; hier war es, wo Jean de Tournai die heftigsten Schneestürme des Winters 1489 erlebte – es stimmt allerdings, daß er nicht auf die bessere Jahreszeit hatte warten wollen: »Wir gerieten bis zu den Knien in den Schnee. Manchmal steckten wir sogar bis zu den Hüften darin. Wir faßten einander an den Pilgerstäben, so gut wir konnten, und halfen uns so durch.«[36] Auf der spanischen Seite von Roncesvalles droht dem kleinen Bonnecaze die zwangsweise Einziehung in die Armee; also flieht er wieder einmal, diesmal »durch den Schnee bis zu den Knien«, und er muß mehrere Nächte unter freiem Himmel verbringen.[37]

Die Pilger der Südroute überqueren die Pyrenäen am Somportpaß, die der anderen drei Pilgerwege am Ibañetapaß oder am Cizepaß. Gerade hier ist der Pilger dem Willen Gottes ausgesetzt. Maßlosigkeit der Natur und Maßlosigkeit der Wallfahrt selbst entsprechen sich in dieser wilden Gegend: »Der Weg nach Santiago verläuft über einen ragenden Berg, Port-de-Cize genannt. [...] Man muß achttausend Fuß hinauf- und ebenso viele wieder hinuntersteigen. Tatsächlich ist dieser Berg so hoch, daß es scheint, er berühre den Himmel; wer hinaufsteigt, könnte meinen, den Himmel mit der Hand zu betasten.« Wer hat nicht schon davon geträumt, den Himmel zu berühren?

»Auf dem Gipfel dieses Berges«, so erzählt Aymeri Picaud weiter, »errichtete Karl der Große auf seinem Weg nach Spanien symbolisch das Kreuz des Herrn, dann beugte er die Knie und betete gen Spanien gewandt zu Gott und zum heiligen Jakobus. Daher haben die Wallfahrer an dieser Stelle die Gewohnheit, niederzuknien und zum Land des heiligen Jakobus hin zu beten; jeder steckt dann sein Kreuz wie eine Standarte in den Boden.«[38]

Eine gewisse Kategorie von Wallfahrern umgeht diesen berühmten Paß. Es sind jene, die den Seeweg nehmen. Sie haben nicht unbedingt den besseren Teil gewählt, denn die Schiffe sind recht notdürftig ausgestattet. Im 12. Jahrhundert kennt man das Kielruder noch nicht; faktisch wird nur mit Rückenwind gesegelt; zum Navigieren benutzt man einen kleinen Wasserkessel, auf dem ein mit einer Nadel versehener Strohhalm schwimmt; die Nadel wurde zuvor an einem Magnetstein gerieben.

Das Lied der englischen Wallfahrer läßt keinen Zweifel daran, daß den Pilger vor dem Einschiffen nach Spanien Befürchtungen befallen:

Il ne faut plus penser à rire
Quand on s'embarque pour Saint-Jacques
Pour beaucoup c'est une douleur
De commencer à naviguer.

Dès que l'on monte à bord
A Sandwich, à Winchelsea
A Bristol, ou partout où l'on peut
Le cœur commence à faiblir.

Amène vite le canot, matelot
Que nos pèlerins puissent s'y amuser un peu
Car quelques-uns gémiront
Avant qu'il ne soit tout à fait minuit.[39]

Man braucht nicht mehr ans Lachen zu denken,
Wenn man sich nach Santiago einschifft.
Für viele ist die Seefahrt eine Qual.

Sobald man in Sandwich, in Winchelsea, in Bristol
Oder wo man sonst kann, an Bord geht,
Wird das Herz wankend.

Bootsmann, bring rasch den Kahn her,
Damit unsere Pilger sich ein bißchen ergötzen können,
Denn einige seufzen schon, bevor es Mitternacht ist.

Am 18. März 1512 schifft sich in Nieuport der Flame Jean Taccouen, Herr von Zielbeke und Großvogt von Comines, auf einem Schiff von sechzig Tonnen nach Spanien ein. Er gestattet sich den Luxus einer Kabine. »Ich rate niemandem«, so meint er, »ein kleines Schiff zu nehmen, ohne zugleich eine Kabine für zwei Personen zu reservieren und sich mit einem Vorrat an Brot, Butter und Käse sowie Getränk zu versehen [...], denn man wird oft schlecht bedient.«

Die weniger gut situierten Wallfahrer müssen sich mit einer Art Holzrahmen begnügen, die man auf dem Oberdeck installiert, allen Wettern ausgesetzt. Jeder Rahmen entspricht ungefähr den Ausmaßen eines liegenden Mannes; bei großem Zulauf muß man sich damit abfinden, sich zu zweit Kopf bei Fuß wie die Heringe in diesen Rahmen zu zwängen. Was das Übrige angeht ... In gewissen Ländern sind die Bootsbesitzer verpflichtet, die restliche Nahrung über Bord zu werfen; nur so kann man sicher sein, daß sie sich nicht an den Rationen der Passagiere bereichert haben.

Das flämische Schiff lichtet am Montag, dem 25. März, die Anker, macht halt in Portsmouth und segelt dann nach Galicien. Auf der Höhe der kantabrischen Küste jedoch werden sie vom Wind »so weit hinausgedrängt«, daß sie La Coruña nicht erreichen können. Eines der drei Schiffe des Geleitzuges erleidet Schiffbruch; die beiden anderen werden weit von ihrem Ziel entfernt nach Lissabon hinuntergetrieben, wo sie sich endlich im Hafen in Sicherheit bringen.

Der Umweg ist nicht uninteressant für einen Wallfahrer, der die Welt sehen möchte: Jean Taccouen bekommt zum erstenmal in seinem Leben Elefanten zu Gesicht und, was ihn noch mehr interessiert, einen Sklavenmarkt von »Mauren aller Schattierungen«. »Ich sah, wie gut dreihundert völlig nackte Sklaven vom Schiff heruntergetrieben wurden; sie bekamen zu essen und zu trinken. Man gab ihnen gleich am Strand in der Sonne ganz weichen Grießbrei in Becken, die sie dann auswuschen und die man wieder mit Wasser füllte; die Sklaven knieten sich nieder und tranken wie das Vieh.« Nach Abschluß des Verkaufs »läßt ihnen der neue Besitzer [...] um das Gesäß und vorn ein Tuch anlegen und führt sie in sein Haus. Ich habe gesehen, daß man für jeden acht- bis neuntausend Reales zahlte.« (Jean Taccouen notiert unterwegs sorgfältig auf flämisch die Ereignisse und Zwischenfälle; erst nach seiner Rückkehr macht er sich an eine schwierige Übersetzung: »Ich habe aus dem Flämischen ins Französische übersetzt, eine rechte Plage, ein wahres Kopfzerbrechen.«)

Schließlich erreicht der Vogt von Comines am Karfreitag, dem 9. April, Compostela; er bricht am Ostermontag wieder auf, gelangt zu Pferd an einem Tag zum Hafen von La Coruña, schifft sich ein – und muß acht Tage warten, bis sich ein Wind erhebt. Er erhebt sich auch wirklich: »Wir hatten so guten Wind, daß wir schon in zehn Tagen in Nieuport waren und am anderen Tag gesund im Gasthof. Gott sei gelobt!«[40]

Es waren also für Hin- und Rückweg kaum mehr als vierzig Tage nötig, trotz des unfreiwilligen Abstechers nach Lissabon und der Windflaute – ein Rekord in diesen Zeiten unsicherer Seefahrt, da die Pilger zusammengepfercht, schlecht ernährt, seekrank und ihrer gewohnten Wegmarken beraubt sind und nur sogenannte »trockene, heiße« Messen anhören können: Man konsekriert an Bord keine Hostien, um dem Leib Christi einen eventuellen Schiffbruch zu ersparen, oder auch, damit nicht etwa ein seekranker Kommunikant die Hostie erbricht.

An der französischen Küste geht man in Seehäfen wie Dieppe, Nantes, La Rochelle oder kleineren Flußhäfen wie La Roche-Bernard und Redon an der Mündung der Vilaine an Bord, alles recht rege Häfen vom 13. bis zum 15. Jahrhundert.[41] Im Departement Morbihan scheint der Hafen Saint-Jacques in der Nähe der Pointe Saint-Jacques zum Einschiffen nach Compostela bestimmt gewesen zu sein. Englische Wallfahrer gehen bei Soulac an Land und setzen ihren Weg zu Fuß fort.

Sie haben es also vorgezogen, zu Fuß zu gehen, denn Sie sind der Auffassung, eine Wallfahrt müsse eine Prüfung sein, und man handle dem Geist des Pilgerns zuwider und betrüge sich selbst um den Sinn der Vergebung, wenn nicht jeder Schritt etwas kostet. Nicht als zögen die zufälligen Begebnisse und die Gefahren Sie besonders an. Aber Sie wissen sehr wohl, was Christus gesagt hat: »Wenn jemand zu mir kommt und nicht Vater und Mutter, Frau und Kinder, Brüder und Schwestern, ja sogar sein Leben gering achtet, dann kann er nicht mein Jünger sein« (Lk 14,26). Leiden, demütig leiden, an seinen Fersen, an seinen vor Müdigkeit und Kälte verkrampften Muskeln, das heißt arm sein. Das Leiden ist eine Entblößung.

»Ich bin der Weg und die Wahrheit und das Leben« (Joh 14,6), auch das hat Christus gesagt. Dieser Weg nimmt einen ganz in Anspruch. Er krallt sich an baumlose Hänge, schlängelt sich zwischen Feldern, schneidet die Landschaft in Stücke. Doch ist nicht dies das Eigentliche. Wichtig ist, daß er zum heiligen Jakobus führt und Sie bei diesem Heiligen etwas mehr über sich selbst erfahren läßt. Es ist, als ob sich der alte Mensch, der Sie waren, im selben Maße wie Ihre Füße in den Fahrspuren abnutzte.

Am Ende des Weges gereinigt, losgekauft, ein anderer geworden – aber wer werden Sie sein?

Zwischen Morgen und Abend, über Erde oder Fels, Pflastersteine, verdorrte Blätter, Schlamm, Sand oder Schotter läuft der Weg. Ihn gilt es zuerst zu gehen.

VIERTES KAPITEL

DIE REISE DER VIER WEGE

Folgen Sie dem Führer! – Von Brügge bis Nischnij Nowgorod – Madeleine – Der Rosmarin von Vitoria – Ein Weg, ein Heiligtum – Der camino francés – Bernardo gegen Roland – Die concheros begehren auf – Alle zum Ausgraben – Im Dschungel der Währungen

»Vier Wege«, so erklärt Aymeri Picaud in seinem Reiseführer aus dem 12. Jahrhundert, »führen nach Santiago; sie vereinigen sich auf spanischem Boden in Puente la Reina zu einem einzigen. Der erste verläuft über Saint-Gilles im Rhônedelta, dann über Montpellier, Toulouse und den Somportpaß; der zweite über Notre-Dame in Le Puy, Sainte-Foy in Conques und Saint-Pierre in Moissac; der dritte über Sainte-Marie-Madeleine in Vézelay, Saint-Léonard im Limousin und die Stadt Périgueux; der vierte schließlich geht über Saint-Martin in Tours, Saint-Hilaire in Poitiers, Saint-Jean in Angély, Saint-Eutrope in Saintes und die Stadt Bordeaux. Die über Sainte-Foy, Saint-Léonard und Saint-Martin führenden Straßen vereinigen sich in Ostabat, überqueren den Cizepaß und treffen in Puente la Reina mit der über den Somport laufenden Strecke zusammen; von hier aus führt ein einziger Weg nach Santiago.«[1]

Nach diesem ersten Überblick beschreibt Aymeri Picaud die Reisewege in ihren Einzelheiten – eine ganze Liste von Ortsnamen, zuweilen unterbrochen durch einige genauere Hinweise wie: Hier finden Sie Thermen mit »stets warmem Wasser«, dort liegt eine Stadt

(Carrión), »geschäftig und blühend, reich an Brot, Wein, Fleisch und allen möglichen Dingen«. Auch Legenden führt er gelegentlich an (in Sahagún »ist eine Wiese, wo nach der Überlieferung die blinkenen Siegerlanzen, die hier zur Ehre Gottes in den Boden gesteckt wurden, manchmal zu grünen beginnen«), aber auch Bräuche (bei Triacastela »lädt man den Pilgern einen Stein auf, den sie bis Castañeda mit sich tragen; dort macht man daraus Kalk, der beim Bau der apostolischen Basilika verwendet wird«).

Carrión, Sahagún, Triacastela ... ein Schritt hatte genügt, um Sie Ihrer Heimat zu entreißen. Sehr schnell, schneller als erwartet, haben Sie die wohlvertrauten Grenzen Ihres Landes überschritten. Unbekanntes öffnet sich Ihnen nun an jeder Wegbiegung. An jeder Kreuzung weitet sich Ihnen die Welt, bietet Ihnen Möglichkeiten, nennt Ihnen klingende oder beunruhigende Namen – was würden Sie nicht alles dafür geben, könnten Sie nach mancherlei Ermüdung, vor manchen menschenleeren Gegenden erfahren, wo Sie sich befinden ...

Darum haben die Pilger nach ihrer Rückkehr sorgfältig ihren eigenen Weg aufgeschrieben; sie wollten damit kein literarisches Kunstwerk schaffen, sondern einen praktischen Bericht verfassen, der beim Fehlen jeglicher Karte dazu dienen konnte, auf dem rechten Weg zu bleiben.

So besitzen wir aus dem ausgehenden 14. Jahrhundert den 1625 durch Samuel Purchas veröffentlichten Reisebericht eines unbekannten Engländers, der sich in Plymouth auf der *Trade of Brittany* einschifft, in Bordeaux an Land geht, bei Roncesvalles die Pyrenäen überschreitet und durch Spanien den Weg des Aymeri Picaud einschlägt, freilich mit einem Umweg über Oviedo, denn die Hauptstadt Asturiens besitzt eine der attraktivsten Reliquiensammlungen auf dem Weg nach Santiago; unter anderen wunderbaren Dingen gibt es dort Milch von der Jungfrau Maria, Manna von Mose und Wein von der Hochzeit zu Kana (vgl. 9. Kapitel). Er macht auch einen Abstecher über Lugo, um den schwierigen Paß von El Cebrero zu umgehen.

Titelseite des Pilgerführers von Herman Künig von Vach

Wir haben auch die Reiseberichte des Arnold von Harff, jenes jungen deutschen Pilgers, der zu Anfang des 15. Jahrhunderts alle Steinbrücken aufzählt, und eines anderen Deutschen, eines Mönchs mit Namen Herman Künig, der in der gleichen Epoche seine Wegetappen folgendermaßen einleitet:

Ich Hermannus künig von Vach
Mit gottes hulff wil mach
Eyn kleynes buchelyn
Das sal sant Jacobs straß genant syn.[2]

Von der Schweiz aus bis Compostela folgt Künig der von ihm so genannten Oberstraße über Bern, Genf, Chambéry, Valence; hinter Nîmes kommt er auf den von Aymeri Picaud beschriebenen Weg aus Arles, überquert aber die Pyrenäen bei Saint-Jean und nicht am Somportpaß. Auch er schlägt vor, den harten Aufstieg nach El Cebrero zu meiden:

Wiltü den Allefaber nicht anstygen
So laß in uff die lyncken hant lyggen.[3]

Auf seiner Rückkehr verläßt Künig bei Burgos den Hauptweg und zieht über Vitoria und Hendaye nach Bayonne zurück. Von da an, so empfiehlt er, solle man den Weg durch die große »heyden« (les Grandes Landes) nehmen anstatt durch »die kleyn heyden«. Zwar sei die Strecke weniger angenehm, aber doch an den Endpunkten besser mit Herbergen versorgt, und die Leute der Nachbardörfer zeigten sich hilfsbereiter.

Im Jahre 1417 beginnt Nompart de Caumont seine Wallfahrt in Roquefort-des-Landes; er folgt getreu dem von Aymeri Picaud angegebenen Weg, bemüht sich jedoch, dessen Etappen genau in Meilenabständen anzugeben. Aus den letzten Jahren des 15. Jahrhunderts stammen zweifellos die *Itinéraires de Bruges,* die sowohl reine Handelsstraßen beschreiben – eine von ihnen führt bis Moskau und Nischnij Nowgorod – als auch Wallfahrtswege, darunter jenen, der von Paris nach Santiago über Bonneval, Vendôme und Tours führt, Orléans also vermeidet; diese Brüggener Streckenbeschreibungen geben auch die Länge der Etappen an.[4] Das gleiche gilt für die Pilgerwegbeschreibung *Le Chemin de Paris à Compostelle et combien il y a de lieues de ville en ville* (Der Weg von Paris nach Compostela und wie viele Meilen es sind von Stadt zu Stadt). *La Guide des Chemins* und dann *La Nouvelle Guide,* durch Nicolas Bonfons zwischen 1552 und 1583 in Paris herausgegeben, drucken die von Aymeri Picaud vier Jahrhunderte zuvor beschriebenen Reisewege ab, außer daß der Übertritt nach Spanien jetzt eher über Bayonne und Irún führt und weniger über Roncesvalles.

Bekannt ist noch ein Reiseführer von Angers nach Compostela sowie ein 1603 »für die frommen Pilger aus Rouen« verfaßter Führer, »der nur wohlgesinnten Leuten zuliebe geschrieben worden ist und nicht für Nörgler und Verleumder, von denen es heutzutage in dieser elenden Zeit viel zu viele gibt«; untersagt ist dieser Führer auch »euch, ihr Häretiker, Lutheraner und Kalvinisten [...], die ihr uns der Götzendienerei bezichtigt, weil wir den Heiligen Ehre erweisen«. Es ist wahr, wir befinden uns hier in einer Zeit, da in Rouen ein Franziskaner von der Kanzel herunter erklärt: »Das göttliche Gebot: Du sollst deinen Nächsten lieben wie dich selbst, erstreckt sich nicht auf die Häretiker; der Einfluß dieser Leute, denen nichts erspart werden darf, muß unterbunden werden.«[5]

Von Rouen geht der Weg über Elbeuf, Dreux, Chartres und Châteaudun nach Tours. Der handschriftliche Führer vom Jahre 1690 für die Wallfahrer aus Senlis beschreibt den klassischen Weg von Paris nach Tours über Orléans und Blois, erwähnt aber auch eine Variante über Chartres und Châteaudun – eine Anwohnerin dieses Santiagopilgerweges mit Namen Madeleine Paulmier erfindet 1846 einen Leckerbissen; Marcel Proust schildert ihn als »gedrungenes, fettes Gebäck, das man *petites madeleines* nennt und das anscheinend mit der gerillten Klappe der Jakobsmuschel geformt wird«.[6]

Im wesentlichen stimmen die Fremdenführer also miteinander überein. Die mehr oder weniger häufige Benutzung von Umleitungen und Abkürzungen erklärt sich im allgemeinen aus Modeerscheinungen und Umständen der Wirtschaftslage. Wenn bestimmte Reliquien oder vergangene Heldentaten in Vergessenheit geraten, kann das einen berühmten Wallfahrtsort einschlafen lassen, und ein Krieg wie etwa jener, der Ende des 16. Jahrhunderts Navarra überzog, mag vorläufige Umwege aufnötigen. In den ersten Zeiten der Santiagowallfahrt verlief der Anschluß an die Wegstrecke Bayonne-Bidassoa der kantabrischen Küste entlang, wurde aber im Verlauf der Reconquista allmählich zugunsten des großen Pilgerweges Pamplona-Burgos-León, einer sehr viel leichter begehbaren Strecke, aufgegeben. Umgekehrt machte die häufige Benutzung ebendieses Weges die Schaffung des »Zubringers« Bayonne-Vitoria-Burgos notwendig; er wurde im 17. und im 18. Jahrhundert sehr oft begangen, wie es die Wallfahrtslieder beweisen:

Près de la ville de Victoire
Ah! quel bonheur
De rappeler dans ma mémoire
La bonne odeur
Que nous donnaient le romarin
Et la lavande
Depuis le soir jusqu'au matin
Nous chantâmes louanges.[7]

Bei der Stadt Vitoria,
O welches Glück,
Sich zu erinnern
An den lieblichen Duft,
Den uns Rosmarin
Und Lavendel boten.
Vom Abend bis zum Morgen
Sangen wir Loblieder.

Auch die Wallfahrer aus Aurillac erinnern sich gern an dieses schöne Land:

Quand fuguerem en Vitoria
Vederem las verdors florias
Del joi feçam lavanda, tim
En un deves, e romarin.[8]

Als wir in Vitoria waren,
Sahen wir blühendes Grün.
Freudig pflückten wir Lavendel, Thymian
In einem Brachfeld, und Rosmarin.

Zwischen Valdefuentes und Burgos bieten sich zwei Wege an: der über San Juan de Ortega und der über Zalduendo. Künig meldet an der einen Straße ein Gasthaus, an der anderen eine Schenke. Von Harff und Guillaume Manier gehen über Zalduendo, im Unterschied zu Laffi und den meisten Pilgern, die im Kloster San Juan um Almosen bitten.[9] Und es ist doch ein wilder Ort, wo nach dem Testament des Heiligen »Tag und Nacht Räuber den Santiagopilger erwarten, um ihn niederzustechen«.

Viele umgehen schließlich wie Künig über Lugo den mühsamen Aufstieg nach El Cebrero. Nur für die Leute aus Aurillac ist der Ort auf der Paßhöhe eine unausweichliche Etappe: Das Pilgerhospiz gehört der Abtei Saint-Géraud in Aurillac. Hier oben, in einer Gegend und einem Klima, die an das heimatliche Cantal erinnern, treffen diese Pilger ihre Landsleute; man plaudert über die Heimat und gibt guten Rat:

Preguem per Monsenhor l'Abat
Que nos a tot reconfortat
En la maison sur la montanha
De pan, de vin et de manghonha.[10]

Wir beten für den Vater Abt,
Der uns im Haus im Gebirge
Gut gestärkt hat
Mit Brot, Wein und Fleisch.

Auch der flämische Kaufmann Jean de Tournai wird über den Paß von El Cebrero steigen, freilich erst auf der Heimreise, als bereits Schnee liegt. Er macht sich von Valenciennes aus auf den Weg, um zuerst nach

Jerusalem zu pilgern; anschließend bricht er nach Rom auf und überschreitet die Alpen am Mont-Genevre-Paß. Unterwegs verläßt er seinen Bruder und seine »verschiedenen Gefährten«, die direkt nach Valenciennes zurückkehren. Ein Priester, ein gewisser Sire Guillaume, bleibt mit ihm auf dem Weg. Am 6. Dezember 1488 begegnen wir Jean de Tournai in Sisteron, wo er bei dem Bischof übernachtet. Über Saint-Maximin, Montélimar, Nîmes und Béziers erreicht er Toulouse. Am 1. Januar 1489 ist er in Auch, und am 6. kommt er durch Roncesvalles. Er folgt bis nach Ponferrada dem Weg des Aymeri Picaud, macht dann einen Abstecher nach Oviedo und Ribadeo, um von dort schließlich hinunter nach Compostela zu gelangen.

Domenico Laffi und sein Malerfreund überqueren am Mont-Cenis die Alpen und erreichen über Briançon, Carpentras, Avignon, Nîmes und – ein kleiner Umweg – Aigues-Mortes den Paß bei Roncesvalles.

Guillaume Manier und seine Gefährten durchqueren Paris, Orléans, Tours, Poitiers, Saintes, Bordeaux, die »Große Heide«, Bayonne und Hendaye und erreichen den großen Weg nach Burgos bei Santo Domingo de la Calzada, einem berühmten Ort, der einen Umweg lohnt.

Bonnecaze aus dem Béarn endlich muß nicht weit gehen, um nach Saint-Jean-Pied-de-Port zu gelangen. Zwischen den Pyrenäen und Compostela wählt er den kürzesten Weg, ohne sich aufzuhalten oder Umwege zu machen; er ist sehr arm, schlecht ausgerüstet, immer kränklich und denkt nur an sein Ziel. Insofern unterscheidet er sich sehr deutlich von jenen Pilgern des Mittelalters, die stets darauf aus sind, eine neue Reliquie aufzuspüren, ein Wirtshaus, eine Legende, eine Neuigkeit, denn ihre Bildung wächst nur aus dem, was sie sehen und hören; man macht einen Umweg und kehrt wieder zur Hauptpilgerstraße zurück.

In allen Berichten unserer Santiagowallfahrer kommen immer wieder dieselben Namen vor. Zunächst deshalb, weil der Reiz eines Weges jahrhundertelang dessen Verlauf bestimmt: Von Karl dem Großen bis zur Französischen Revolution hat eigentlich nur die Erfindung des Schubkarrens die Straßenbauarbeiten beeinflußt. Man muß bis zur Zeit der topographischen Aufnahmen und der Bulldozer warten, damit beim Ausbau einer Straßenstrecke die Sorge um eine gute technische Leistung über alles »Sentimentale« die Oberhand gewinnt.

Von Technik ist zur Zeit, da sich allmählich das Netz der Pilgerstraßen in den Boden gräbt, noch keine Rede, und keiner der Reisenden ist in der Lage, eine das ganze Land umfassende Karte aufzustellen. Sieht man sich jedoch heute die Organisation und die Logik dieses Straßennetzes genauer an, so begreift man, daß seine Quelle ebenso im politischen Willen der religiösen und weltlichen Mächte wie in der seit unvordenklichen Zeiten üblichen Benutzung zu suchen ist.

Tours, Vézelay, Le Puy und Arles – diese vier Knotenpunkte zum Aufbruch nach Compostela sind gleichmäßig auf den französischen Boden verteilt; es sind dies bedeutende Heiligtümer, selber Mittelpunkte großer Wallfahrten, eine Art Hauptstädte der Frömmigkeit, die gewaltige Massen anziehen und damit auch die wirtschaftliche und kulturelle Aktivität ihres Gebietes fördern. Die im Jahre 1003 begonnene Kathedrale Saint-Martin in Tours ist die erste Kirche neuer, den Bedürfnissen einer Wallfahrtskirche entsprechender Bauart: weiträumig, mit Chorumgang, damit die Wallfahrer um die heiligen Reliquien herumziehen können.

Der Soldat Martin, der im 4. Jahrhundert seinen Mantel mit einem armen, frierenden Menschen teilte und später Bischof von Tours wurde, war lange Zeit Gegenstand unermeßlicher Verehrung. Und dieser Weg, der von Tours nach Spanien führt, ist auch und vielleicht vorerst der Weg, auf dem die spanischen Pilger nach Tours zogen. »Die Kranken kommen hierher«, versichert Aymeri Picaud, »und finden Heilung, die Besessenen werden befreit, die Blinden sehen wieder, die Hinkenden richten sich auf, und alle Arten von Krankheit werden geheilt; und jeder, der Gnade erbittet, erlangt eine vollkommene Stärkung.«[11]

In Vézelay werden im Namen der heiligen Maria Magdalena, »die den sehr geliebt hat, der alle Menschen liebt [...], den Sündern durch die Liebe der Heiligen von Gott die Sünden vergeben [...], und unzählige Wohltaten werden vielen Gläubigen zuteil.«[12] Desgleichen in Le Puy, desgleichen in Saint-Gilles-du-Gard.

Die Menschen erwachen aus den apokalyptischen Schrecken der Jahrtausendwende. Sie heben erstaunt den Kopf und wagen sich wieder in die Welt. Das 11. und das 12. Jahrhundert sind Jahrhunderte der Wiedergeburt. »Fast alle Welt«, so schreibt 1047 der Mönch Raoul Glaber in einem der berühmtesten mittelalterlichen Texte, »erneuerte ihre Basiliken, ihre Kirchen. Und doch waren die meisten in gutem Zustand und bedurften keiner Renovierung. Aber jede Gegend der Christenheit wetteiferte mit der anderen, um die schönste Kirche zu besitzen. Es war, als ob die Welt selbst sich streckte und schüttelte, um das Veraltete abzuwerfen und sich mit einem Kranz von prachtvollen Kirchen zu schmücken.«[13]

Das christliche Abendland geht unter dem Druck einer neuen Lebenskraft aus allen Fugen. Es ist eine Vitalität, die zum Aufbruch drängt. Ein Weg, ein Heiligtum – die ganze Epoche ist in diesen beiden Worten eingefangen, in der Wallfahrt und ihrem höchsten Ausdruck, dem Kreuzzug.

Von der Kirche zum Marktflecken, vom Dorf zur Reliquie, von einer neuen Stadt zum Dombauplatz graben sich nach und nach die Wege in den Boden, über Stock und Stein, schweifen immer wieder von den großen Straßen ab. Aus lauter Sonderverbindungen, die auf verborgenen Notwendigkeiten beruhen, die den Launen des Windes ebenso wie gelegentlichen Umständen gehorchen, entsteht so ein weitverzweigtes Wegenetz.

Man wundert sich da zum Beispiel, daß so viele Italiener, die von Pisa oder Florenz herkommen, den schwierigen Alpenpaß am Großen Sankt Bernhard nehmen, anstatt auf dem kürzesten Weg längs der Küste über Genua nach Nizza zu reisen und von dort dann durch die Provence. Das hat seinen Grund darin, daß durch das Eindringen der Barbaren am Ende des römischen Kaiserreiches die alte Via Aurelia, die doch die Hauptverkehrsstraße zwischen Rom und Gallien gewesen war, unbenutzbar geworden ist; ein anderer Grund sind die überraschenden Landungen und Überfälle sarazenischer Piraten, die die ganze Riviera unsicher machen. So zeichnet sich schon die *voie francigène* (der fränkische Weg) ab, über Turin und den Mont-Cenis oder den Mont-Genèvre, ein längerer, ein gewiß schwierigerer Weg, doch bedeutend sicherer. Französische Pilger nehmen diesen Weg in umgekehrter Richtung, um nach Sankt Peter in Rom zu gelangen.

Was nun den spanischen Weg angeht – er gleicht dem Stiel eines Blattes, das von vier Hauptnerven und einem unentwirrbaren Gewebe von Verzweigungen durchlaufen ist; sein Verlauf selbst erweist sich vor allem als das Ergebnis politischen Willens.

Im beginnenden 11. Jahrhundert zögern die Galicien-Pilger, wie Godescalc im Jahre 951 den Weg durch das Landesinnere einzuschlagen, denn er ist ständig der Bedrohung durch die Mauren ausgesetzt. Sie ziehen den Weg an der kantabrischen Küste vor. Das ist allerdings eine schwierige und gefahrvolle Strecke. Die Berge fallen oft senkrecht zum Meer ab, Seeräuber machen die Küsten unsicher, und die noch heidnischen Basken sind auch nicht gerade die gastfreundlichsten Leute.

Im Jahre 997 plündern die Mannen des gefürchteten Almansor aus Córdoba die Stadt Compostela und machen die Kirche dem Erdboden gleich. Fünf Jahre später wird der Emir in der Schlacht von Calatañazor besiegt – und getötet. Von da an beginnt die langwierige Reconquista, gewollt von den Päpsten, den Königen, den Äbten von Cluny, die eine Expedition nach der anderen auf die Beine bringen: Herzog Wilhelm von Aquitanien, Hugo I. von Burgund, Aymeri I. von Narbonne, Raimund von Saint-Gilles – einer nach dem anderen überqueren sie die Pyrenäen. König Sancho der Große von Navarra erobert die Rioja zurück und lädt die Franken ein, sich hier niederzulassen. Gaston IV. stürmt am 15. Mai 1118 mit seinen Leuten aus dem Béarn nach Ayerbe und Almudévar hinunter, um Saragossa in seine Gewalt zu bringen. Alle Mauren werden mit dem Schwert erschlagen, »damit die anderen Angst bekommen«.[14] Saragossa fällt am 18. Dezember, und im darauffolgenden Jahr wird das Hospiz Santa Cristina – nach Aymeri

Picaud »eine der drei guten Raststätten dieser Welt« – wieder instand gesetzt. Der große Weg nach Compostela über Burgos und León ist wieder frei; er wird allmählich ausgebessert und mit Herbergen, Gasthäusern und Kirchen versehen.

Die Achse Pyrenäen-Compostela an den Grenzen der Christenheit ist fortan eine gesicherte strategische Position. Wie nie zuvor sind Religion und Politik eine Einheit geworden, und der heilige Jakobus ist nicht mehr nur der bevorzugte Fürsprecher der Pilger. Bei der Schlacht von Clavijo im Jahre 844 war er in Gestalt eines herrlichen Ritters erschienen, der auf seiten der Christen gegen die Ungläubigen losstürmte. Ein Apostel in Rüstung – so wird der heilige Jakobus mit dem Beinamen Matamoros (Maurentöter) unversehens zum kriegerischen Patron Spaniens, das den von Cervantes erwähnten Schlachtruf wählt: »Santiago y cierre España!«

Jakobus als Maurentöter
Kupferstich von Martin Schongauer (15. Jahrhundert)

In Navarra, in Kastilien, in León und in Galicien liegt der Weg von nun an im wesentlichen fest.[15] Zwei Jahrhunderte, das 12. und das 13., erleben einen bisher unbekannten Zulauf an Wallfahrern aller Nationalitäten; sie kommen durch Frankreich zu den Pyrenäen und bevölkern mit ihren erregten Scharen den *camino francés*.

Es ist die Zeit, da der aus Loudun gebürtige Mönch Aleaume im Kloster La Chaise-Dieu durch Königin Konstanze von Burgund nach Kastilien gerufen wird, wo er am Tor von Burgos ein Pilgerhospiz errichtet; es ist die Zeit, da Domingo in dem später nach ihm benannten Ort Santo Domingo de la Calzada eine Brücke über den Río Oja schlägt und Sancho von Navarra sich bemüht, den Übergang über den Somport sowie die Stadt Jaca auszubauen, in einer kurz zuvor wiedereroberten und noch darniederliegenden Gegend. Im damaligen Spanien ist der Boden weniger kostbar als die Menschen, die ihn aufwerten. Um Siedler im Land zu halten, gewährleisten Sonderrechte *(fueros)* den Franken privilegierte Siedlungs- und Handelsbedingungen in Navarra und in Kastilien. Nach den *fueros* von Jaca, die den Einwanderern bedeutende wirtschaftliche und rechtliche Garantien bieten, entstehen die *fueros* von Estella, Logroño, Pamplona und so weiter.

Die Franken können ungehindert Häuser erwerben und verkaufen. Man sichert ihnen den Frieden, gewährt ihnen eigene Märkte, selbständige Ortsviertel, man schützt sie gegen Maß- und Gewichtfälscher. Sie sind Messerschmiede, Metzger, Gerber, Kürschner. Das *Libro de fueros* meldet 1366 in Pamplona noch elf Straßen und vierhundertdreiundvierzig Familien von Franken im Stadtviertel San Saturnino und im Viertel San Nicolás ein Dutzend Straßen und dreihundertfünfzig Familien.[16] Diese fränkischen Siedler von Pamplona sind vom Militärdienst befreit und erfreuen sich eines wahren Handelsmonopols auf dem Markt von San Saturnino; sie allein haben die Erlaubnis, an die Santiagopilger zu verkaufen; jedem anderen ist es untersagt, sich in ihren Stadtvierteln niederzulassen; ihr Bürgermeister wird vom Bischof unter drei von den Bürgern vorgeschlagenen Kandidaten gewählt.[17]

Das im Jahre 1094 von König Sancho Ramírez gegründete Estella ist noch im 14. Jahrhundert so fränkisch, daß seine Verordnungen immer noch in provenzalischem Dialekt abgefaßt sind; seine aus der Normandie, der Touraine, dem Poitou, dem Limousin, aus Toulouse und der Provence stammenden Einwohner nennen sich Roger, Robert, Pons, Guilhem, Renaud, Stéphane; ihre Andacht gilt Sankt Martin, Unserer Lieben Frau von Le Puy, Unserer Lieben Frau von Rocamadour...[18]

Die neuentstandenen Marktflecken am *camino francés* zählen unter ihren Einwohnern auch Deutsche, Engländer, Katalanen und Lombarden; sie lassen sich als Kaufleute und Bürger nieder, was nicht immer ohne Verletzung der Interessen der örtlichen Einrichtungen abgeht. Als zum Beispiel König Sancho am *camino* ein neues Viertel anlegen will, um Estella zu vergrößern, erheben die Mönche von San Juan de la Peña Widerspruch. Sie wollen, daß sich die neue Siedlung auf ihrer Domäne von Zarapuz entwickelt, die weniger gut gelegen ist. Sancho lehnt ab, muß aber den Mönchen den Zehnten aller Einnahmen, die er von der neuen Bevölkerung bekommt, überlassen.

Die Spanier sind oft Soldaten oder Bauern geblieben und lieben die Franken gar nicht besonders; sie klagen sie an, geistlichen Handel und Warenhandel miteinander zu verwechseln. Feindliche, nationalistische Gedichte kursieren, sogar ein Lied im Anti-Roland-Stil, in dem ein neuer Held, Bernardo, als Sieger von Roncesvalles gefeiert wird.[19] Solche Lieder und Gedichte bezeichnen die Normannen als hochmütig, die Engländer als ängstlich, die Lombarden als geldgierig und die Deutschen als unbotmäßig.[20]

Eine recht verständliche Antipathie! Der neue Wind des Großhandels fegt plötzlich eine arme bäuerliche Wirtschaft hinweg, stürzt die örtlichen Gegebenheiten über den Haufen, bringt die Gebräuche durcheinander und verwirrt die Leute. Von nun an besitzen alle Städte am *camino* ihren Wochenmarkt. Die Pilgerstraße führt galicische Kaufleute bis zu den Märkten der Champagne hinauf; unterwegs verkaufen sie Wolle, Häute, Getreide aus Kastilien, Maultiere, Pferde aus berühmter Zucht und bringen Tuche mit nach Hause. Gewisse Wallfahrer beladen sich mit Fabrikationsmustern der Messerschmiede von Thiers oder der Tuchfabrikanten des Poitou;[21] sie sind richtige Handelsreisende.

Aber der »Rohstoff«, die anscheinend unerschöpfliche Fundgrube, bleibt die Wallfahrt. Die Klöster machen sich gegenseitig das Herbergsrecht hochstehender Pilger streitig, von denen sie reichliche fromme Gaben zu erlangen hoffen, schlagen sich aber ebenso darum, die Armen aufzunehmen: Die Einrichtung eines Pilgerhospizes oder eines Hospitals ist finanziell üppig gedeckt durch die Schenkungen, die sie anregt. Im Jahre 1118 protestieren die Mönche von Villafranca gegen eine benachbarte Herberge, die »ungerechterweise ihre eigenen Herbergsrechte an sich reißt«. In Sahagún streiten sich im Jahre 1227 Mönche und Bürger um die Verwaltung des Hospizes. Alfons IX. gewährt Santa María de Obona das ausschließliche Herbergsrecht für die Pilger auf dem Wegabschnitt, der in der Nähe des Pilgerhauses der Ortschaft vorbeiläuft.[22] Manchmal endet die Sache bös. In Frankreich führen die Bootsleute von Soulac und Taleys blutige Fehden um das Recht, die Pilger über die Gironde überzusetzen.[23]

Alles muß dazu herhalten, die Wallfahrer anzuziehen: Reliquien, Legenden und sogar Werbeslogans, wie man heute sagen würde, wie etwa der von Oviedo:

Quien va a Santiago	Wer nach Santiago geht
Y no a San Salvador	Und nicht zum Erlöser,
Scive al criado	Der besucht den Diener
Y deja al Señor.	Und läßt den Herrn im Stich.

Herbergswirte, Geldwechsler, Handwerker, Reiseführer, Priester, Mönche – ein ganzes Volk lebt von diesem »nahrhaften« Pilgerstrom. Der Verkauf von Muscheln zum Beispiel bedeutet ein so gutes Einkommen, daß der Erzbischof vom Compostela, Pedro Suárez de Deza, gegen Ende des 12. Jahrhunderts versucht, seiner Kirche das Verkaufsmonopol zu erhalten; die concheros aber begehren auf, und der Prälat muß verhandeln; die Kirche erhält von hundert Läden achtundzwanzig; die zweiundsiebzig übrigen verbleiben den *concheros* für dreißig Jahre, unter der Bedingung freilich, eine jährliche Abgabe von zwei Maravedís zu zahlen.[24]

Die Pilger sind auf ihrem ganzen Weg allen möglichen Neidern und Ausbeutern ausgesetzt. Grundsätzlich sind sie zwar durch Verordnungen wie etwa jene, die sie vom Wegzoll befreit, geschützt; in Wirklichkeit bietet sich den Zöllnern eine zu schöne Gelegenheit, die Leute zu erpressen. Aymeri Picaud wünscht sie wie die Fährleute zur Hölle:

> »In diesem [baskischen] Land gibt es üble Wegzöllner, nämlich an den Pässen von Cize, in dem Markflecken Ostabat, in Saint-Jean und in Saint-Michel-Pied-de-Port; man sollte sie ohne Umschweife zum Teufel jagen. Da gehen sie nämlich mit zwei oder drei Stöcken den Pilgern entgegen, um mit Gewalt eine ungerechte Abgabe zu erzwingen; und wenn sich einer weigert, ihrem Verlangen nachzugeben und das Geld zu zahlen, schlagen sie ihn und entreißen ihm die Gebühr, wobei sie ihn beschimpfen und sogar in seinen Hosen herumkramen. Es sind brutale Leute, und das Land, das sie bewohnen, ist unwirtlich, sowohl wegen seiner Wälder als auch wegen seiner Wildheit; das grimmige Aussehen der Bewohner und ihre barbarische Sprache entsetzen die Herzen derer, die sie sehen. Obwohl sie einen regelmäßigen Tribut nur von den Kaufleuten fordern dürfen, erpressen sie ungerechterweise von den Pilgern und allen Reisenden einen Zoll. Wenn es üblich ist, ihnen für irgendeinen Gegenstand eine Gebühr von vier oder sechs Sous zuzugestehen, nehmen sie einem acht oder zehn ab, also das Doppelte. Darum bitten wir inständig, daß diese Wegzöllner und auch der König von Aragonien und die anderen Reichen, denen sie dieses Geld abliefern, und ebenso alle anderen, die mit ihnen unter einer Decke stecken, [...] mit all

> ihrer Nachkommenschaft [...] sowie auch die Priester, die im Wissen um diese Ungerechtigkeiten für diese Zöllner die heilige Messe lesen, mit der Exkommunikation belegt werden. [...] Und sollte es vorkommen, daß ein Prälat, wer er auch sei, aus Wohlwollen oder Interesse ihnen verzeihen wollte, so soll er dem Bann verfallen.«[25]

Dreieinhalb Jahrhunderte später macht Jean de Tournai seinerseits die Erfahrung der Habgier dieser Wegzolleintreiber; es ist immer noch das gleiche. Er muß beim Verlassen der Grafschaft Foix für jede Goldmünze, die er bei sich hat, einen Ardi bezahlen, in Saint-Palais einen Jacquet pro Goldstück. Er kommt nach Saint-Jean-Pied-de-Port: »Es ist so: Dort, wo man für jede Goldmünze eine Steuer entrichten muß, erwarten am Ortseingang den Pilger und Durchreisenden junge Burschen, die ihn am Ärmel packen und in die Häuser derer zerren, die diese Steuer einziehen. Sie lassen die Pilger und auch die anderen Durchreisenden und Kaufleute bei ihrer Wallfahrt und ihrem Anteil am Paradies schwören anzugeben, wie viele Goldstücke sie bei sich tragen. Wenn man nur um ein Goldstück mogelt und dabei erwischt wird – denn sie haben durchaus die Absicht, einen durchsuchen zu lassen oder selbst zu durchsuchen –, dann ist alles Gold und Silber, das man bei sich hat, verloren. Wie oft wurde ich gedrängt zu schwören; ich habe nie geschworen, habe aber immer gegeben, was ich schuldete. [...] Das ist ein garstiges Vorgehen, denn auf diese Weise weiß man, ob jemand Geld hat oder nicht, und auch, wieviel.«[26]

Übrigens sind die Tarife zwischen der Reise des Anonymus aus Florenz im Jahre 1477 und der unseres Jean de Tournai im Jahre 1488 angestiegen. Zur Zeit des Italieners lag die Steuer bei zwei Ardis für drei Gulden und bei drei Ardis für die Tiere; der gleiche Tarif galt in Ostabat für die Personen, aber für das Pferd einen Ardi mehr – mit einer Gebührenfreiheit von vier Gulden. In Saint-Jean liegt die Steuer proportional bei einem halben Ardi für jeden Gulden, dazu zwei Ardis für jedes Reittier.[27]

In allen Führern wird Saint-Jean-Pied-de-Port genannt. Der anonyme Engländer schreibt in seinem von Purchas veröffentlichten Reisetagebuch über die erste Stadt in Navarra:

And there men schall make her trihett
For every pice of Gold trust me vell
Thou shalt swere upon the Evangile
Ant there jakkez ferst most thou hare
Ant thee lust thy gold to sare.[28]

Und hier bezahlen die Leute ihren Tribut;
Für jedes Stück Gold, glaubet mir,
Muß man aufs Evangelium schwören,
Und hier braucht man vor allem Jacquets,
Sowie den Wunsch, sein Gold zu behalten.

Auch Arnold von Harff – der gewiß nicht arm ist – hat das Gefühl, bestohlen zu werden: »Dai moiss du geuen vnder dijme geswoeren eyde, dat du bij dir haist, van drij stuck goltz tzwey ordijs ind dat peert vier ordijs zo zolle, dat allet dem koeninck van Nauarnien gegeuen wirt, as dat mich gar ongebuerlich doicht sijn, as ich der tzulle geynen in cristenheyt aeder machemeten landen funden haue.«[29]

Laffi schilt diese den Pilgern auf der Lauer liegenden Basken und Navarresen »richtige Banditen«. Sie haben, wie er meint, widerrechtlich einen Wegzoll auf den Straßen von Roncesvalles errichtet, »und wenn man sich weigert, wird man von ihnen hart geprügelt; sie schlagen einem mit Stöcken den Schädel wund und zögern nicht, einen zu töten und in den Wildbach hinunterzuwerfen«. Er schließt: »Man muß ihnen geben, was sie fordern.« Der Italiener berichtet von Pilgern aus Neapel und Parma, die auf die genannte Weise bei Perpignan angegriffen und erpreßt wurden, beruhigt aber die künftigen Wallfahrer: Die Schuldigen wurden festgenommen und gevierteilt, »und ihre Gliedmaßen wurden weggetragen an die Orte, an denen sie Böses vollbracht hatten.«[30]

Zu bemerken ist noch, daß es verschiedene Zölle gibt: In Tarascon müssen unter den Santiagoreisenden die Lombarden dreißig Deniers und die aus den anderen Provinzen einen Denier zahlen; nur die aus der Provence sind steuerfrei.[31] 1360 braucht Aymeri aus Narbonne in Ostabat für hundertachtzig Goldstücke, zehn Tiere und zehn Schwerter keinen Zoll zu entrichten.

Eine andere Art, die Wallfahrer auszubeuten, besteht darin, sie über den Wert der verschiedenen Währungen zu täuschen – die Dschungeldomäne der Wechsler. Der Anonymus aus Florenz zählt die Währungen auf, die er braucht: Gulden aus Florenz, aus Bologna, aus Ferrara, Münzen aus Mailand und Savoyen, Livres und Sous aus Frankreich, Ardis und Kronen aus Navarra, Maravedís und Reales.[32]

Eine Beschreibung des Wegs von Toulouse nach Santiago gibt den Kurs der Währungen an: »In Aubiet vor Auch treten die Ardis de l'épée in Gültigkeit; sie sind drei Deniers wert. Hinter Auch sind die kleinen Vaquettes aus dem Béarn je vier einen Liard wert. Hinter Saint-Jean-Pied-de-Port gelten die kleinen Vaquettes des Béarn nichts mehr. Die Kronen von Navarra gelten je vier einen Liard; zwei Kronen gelten einen Marbesi [Maravedí]; die Doppelnavarresken gelten acht Liards; die Reales aus Kastilien gelten achtzehn Liards; die Dukaten gelten elf kastilische Reales; die Ecus mit der Sonne gelten zehn Reales; die Festons aus Frankreich gelten zweieinhalb Reales; die Ardis de l'épée gelten nichts mehr.« Laffi bemerkt: »In Logroño, der ersten Stadt im Königreich Kastilien, gelten statt der Kronen von Navarra die Maravedís von Spanien.«

Auch der Anonymus aus England widmet einen Abschnitt seines Reiseführers dem Währungswechsel zwischen Navarra und Kastilien: »Sie betreten Spanien. Der Jacquet hat hier nur wenig Wert. Denn hier beginnt der Maravedí. Der Jacquet ist ganz aus Bronze, kein Silber darin. Das spanische Geld aber ist aus feinem Silber gemacht. Für eine Krone bekommen Sie achtzig Maravedís, vom Herrn wie vom Knecht.«

Zur Zeit Guillaume Maniers sind vier Maravedís einen halben französischen Sol wert. Der Schneider aus der Pikardie vertut sich ein wenig beim Geldwechsel: »[In Burgos] habe ich nach dem Essen einen französischen Kesselflicker darum angegangen, mir einen Louis von vierundzwanzig Livres Wert zu wechseln. Er hat es getan und mich um sechs Livres betrogen, da er mir den Louis in spanisches Geld umwechselte.«[33]

Die Moral von der Geschichte finden wir im Lied der Pilger von Aurillac:

Quand fuguerem lai en Beianha
Proch el paeis de las Espanhas
Calg cambiar bona penonha
Per moneda molt ronha.[34]

Als wir unten in Bayonne waren,
Ganz nah an der spanischen Grenze,
Mußten wir unser gutes Geld
Gegen sehr schlechte Münze eintauschen.

Die schon in Texten aus dem 11. Jahrhundert verurteilte »Schur« der Pilger muß recht einträglich gewesen sein. 1345 bittet der Dekan der Kirche von Lugo um eine Ermäßigung seiner Steuer, falls der Krieg zwischen Frankreich und Spanien wieder aufflammen sollte, weil dann die Wege gefährlich werden und der Strom der Santiagopilger versiegt und damit auch die Einnahmen.

»Alle fremden Völker«, schreibt Aymeri Picaud, »aus allen Teilen der Welt kommen in Mengen hierher [nach Compostela] und bringen dem Herrn ihre Opfergaben.«[35] Drei Jahrhunderte später bemerkt der in den Diensten von König Karl VII. stehende Gilles le Bouvier, Berry genannt, daß »dort, wo man den heiligen Jakobus verehren will, [...] ein Erzbischof lebt, der sehr reich ist wegen der großen Beiträge der Pilger, die aus allen christlichen Königreichen hierherkommen«.[36]

Während dieser drei Jahrhunderte, zwischen 1100 und 1400 also, entwickelte sich Compostela, ein mächtiger Anziehungspunkt, um seine riesige Kathedrale herum zu einer bedeutenden und blühenden Stadt. Im Jahre 1095 hatte der Cluniazenser-Bischof Dalmatius die Erlaubnis erwirkt, den Bischofssitz von Iria hierher zu verlegen. Nach ihm beruft sich Diego Gelmírez, ein anderer Cluniazenser, auf den Zulauf an Pilgern, um vom Papst den Titel eines Erzbischofs zu erlangen; in kluger Voraussicht fördert er die Verehrung des Apostels Jakobus und wird mächtig genug, um auf eigene Kosten die erste spanische Flotte gegen die Moslems ausrüsten zu können; als Haupt der Kirche von Compostela ist er auch der erste Vasall des Königs von Kastilien und ein erfahrener Verwalter zahlreicher Schenkungen an Land und Geld seitens der Pilger. Die Bedeutung, die er Compostela zu geben vermag, trägt dazu bei, diesem Grab am Rande der Welt eine unvorstellbare Ausstrahlung zu verleihen. Auch die Errichtung von Klöstern, Hospizen, Wirtshäusern und die Anlage von Marktflecken am *camino francés* gehen auf seine Initiative zurück.

FÜNFTES KAPITEL

PILGERALLTAG

Bonnecaze kommt knapp davon – Schlaflos vor Schmerzen – Wer wandert, betet – Jesus, den ich liebe – Lachen beim Requiem – Aymeri Picaud liebt die Navarresen nicht – »Eyn Schloß heist Fritz« – Kleine Toilette – Muschelbrüder und falsche Pilger – In den Händen der Barbaresken – Streitereien

Der kleine Béarnese Bonnecaze hat in Navarrenx für zwölf Sols seine Baskenmütze verschachert und einen Hut für dreißig Sols gekauft. Er überquert die Pyrenäen, erreicht Roncesvalles, wo der Schnee ihn und seine drei Freunde Gomer, Laplace und Pétrique in der Herberge festhält. Er besichtigt »die Sporen und den Säbel Rolands« und stärkt sich gerade, als er sich plötzlich umstellt sieht: »Ein kleiner Trupp Soldaten kam daher [...], um zu sehen, ob sich kein Franzose fände, den man zum Militärdienst einziehen könnte. Und da ich ihre Sprache nicht verstand, beredeten sie sich untereinander und erwogen die Mittel, mich zu verpflichten, denn sie meinten, ich sei jung und kühn für den Dienst und anscheinend recht gesund. Sie fragten mich, ob ich schreiben könne; ich verneinte.«

Ein Pilger aus Auch übersetzt Bonnecaze die Unterhaltung der Soldaten und warnt ihn vor der drohenden Gefahr. Aber die Soldaten lassen von dem jungen Mann noch nicht ab. Sie schlagen ihm vor, seinen neuen Hut gegen einen der ihren umzutauschen, den sie ihm damit reichen; er solle ihn ruhig einmal versuchen. Bonnecaze weigert sich abermals und bittet seine Freunde, sich zur Flucht bereitzuhalten. Das tun sie auch. Sobald die Soldaten den Rücken kehren, um zum Essen zu gehen, suchen alle das Weite.

Der Schnee reicht ihnen bis zu den Knien. »Dieser Gewaltmarsch in Kälte und Schweiß machte mich krank; ich bekam Nasenbluten, und auch aus dem Mund kam mir das Blut.« Ein italienischer Pilger, dem sie begegnen, hilft ihm: »Er sagte zu mir, mein Pilgersack verursache dieses Bluten; er machte mir Riemen daran, damit ich ihn auf dem Rücken tragen könne, ohne daß mir das Band über die Brust liefe. Das Bluten hörte auf, und ich konnte leichter gehen. Trotzdem fühlte ich mich sehr geschwächt; ich konnte mich kaum aufrecht halten.« In Pamplona läßt ihn sein Schuhwerk im Stich. Er muß fortan barfuß weiter.[1]

Guillaume Manier aus der Pikardie hat Paris durchquert und zieht jetzt in Richtung Tours. Die Füße schmerzen ihn, und er kommt nur mit Mühe vorwärts. Seine Gefährten haben nicht mehr auf ihn gewartet. »Ich konnte nicht mehr gehen. Meine Kameraden waren mehr als zwei Meilen voraus. Ein Reiter holte mich ein. Da er nicht sehr schnell ritt und mich so müde sah, nannte er mir ein Heilmittel, womit ich meine Füße härten könne, nämlich Kerzenruß, mit Schnaps und Olivenöl vermischt; damit müsse man die Füße einreiben; die Wirkung sei großartig. Meine Kameraden erwarteten mich mit fünf anderen Pilgern am Ortseingang von Amboise.«[2]

Geschichten von Hüten, Schuhen, Nasenbluten: Es ist die Chronik des Weges, die verborgene Seite des Abenteuers, der gewöhnliche und schmerzende Anteil des Heldengedichtes. Das liegt zweifellos in der Natur der Sache. Der Ehrgeiz des Pilgers richtet sich auf das Jenseits, seine Methode jedoch ist denkbar irdisch. Es geht darum, einen Fuß vor den anderen zu setzen, noch einmal und noch einmal. Und so schreitet er weiter, stets neuen Horizonten entgegen, wo die Zeit schließlich gänzlich schwindet. Von der Natur verhöhnt, von Räubern bedroht, wehrlos wie ein Maikäfer auf glattem Fels, so schreitet unser Feldmesser der Ewigkeit seinen Weg mit winzigen Schritten ab. Und gerade darin überschreitet er alles, was ihm widerfährt. Diese tausend und abertausend Schritte, die nach Compostela führen, diese tausend- und abertausendmal wiederholten Schritte sind die Währung des Pilgers. Mit demütigenden Strapazen, mit unbeschreiblichem Heißhunger, mit banalen Verletzungen bezahlt er das Heil seiner Seele.

Auf der Rückkehr hat man Jean de Tournai in León ein Paar »große, feste und kräftige« Schuhe angeboten. Er muß sie aber noch am selben Tag zur Vesperzeit wieder ausziehen »wegen der Nähte und des Tuches, die rauh und hart waren«. Am nächsten Tag läßt er sich behandeln und macht sich wieder auf den Weg. Dieser Lebemann versteht zu leiden. Er erinnert sich schlicht: »Als mein Gefährte meine Füße sah, blieb ihm der Atem stehen. Diese Wunden trug ich von diesem Tag an bis zu meiner Rückkehr nach Valenciennes und noch danach.« In Bayonne sind die Schmerzen so groß, daß er nicht mehr schlafen kann. Also läßt er sich »ein Paar doppelsohlige Filzpantoffel fertigen und ein Paar ebenfalls doppelsohlige Schuhe mit Außennähten.«[3]

Manier kauft in Burgos für sechs Sols ein Paar Bastsandalen. Sie halten bis kurz vor León: »Sind nach Limosse gekommen. Hier war es, hier haben meine Sandalen das Zeitliche gesegnet [...]. Diese Sandalen sind so etwas wie Schuhe aus gedrehten Schnüren mit durchgeflochtener Sohle und einer Art geflochtenem Netz über dem Rist. Das trägt sich leicht und ist in diesem Land sehr in Gebrauch.« Er bestätigt, daß er damit »fast hundert Meilen gegangen« ist. In Sarria kauft er sich für umgerechnet 48 französische Sous ein Paar neue Schuhe, aber »aus schlechtem Leder«; einer seiner Gefährten treibt die gleichen Schuhe für nur 36 Sous auf.[4]

Herman Künig spricht in seinem Reisebericht von einem »stetlyn da macht man negel / Die die brüder jn die schuch schlan«.[5] Im Hospiz von Roncesvalles selbst arbeitet ein Bruder, der sich auf Leder versteht; er repariert den Wallfahrern ihre Schnürstiefel und Sandalen. Etwas weiter auf dem Weg stoßen wir auf die Satzungen der Sankt-Martins-Bruderschaft der Schuster von Astorga; sie bestimmen, daß die Mitglieder an Festtagen arbeiten können, ohne eine Strafe gewärtigen zu müssen, wenn sie es für die Pilger tun.[6]

Die Qualität der Schuhe wie auch die der Straßen beeinflußt natürlich die Länge der Tagesstrecken, weniger indes, als man meinen könnte. Bestimmend wirkt vor allem der dem Weg eigene Rhythmus, der Abstand zwischen den Raststätten, die unvorhersehbaren Zwischenfälle. Man kann annehmen, daß der Pilger täglich dreißig bis vierzig Kilometer wandert. Diejenigen, die einen genauen Führer hinterlassen haben, geben die Entfernungen in Wegstunden *(lieues)* an, ausnahmsweise auch in Meilen. In den zum Gebrauch der Pilger des 17. und des 18. Jahrhunderts veröffentlichten Führern ist die Wegstunde im Schnitt 4,5 Kilometer lang. Aber der Ungenannte aus Florenz stellt fest, daß die spanischen Wegstunden gleich drei Meilen sind, also 5,5 Kilometer, und zwar jenseits von Navarra.[7] Bonnault d'Houët, der Verleger des Reiseberichts von Manier, dehnt diese Schätzung auf ganz Spanien aus. Am 3. Januar 1489 wandern Jean de Tournai und seine Gefährten in den Landes »sieben *lieues,* die sehr wohl zehn sein können«; er erklärt, daß, »wenn man fragt, wie viele *lieues* es von hier oder dort seien, man statt *lieue leghe* sagt, und sieben von diesen sind sehr wohl zehn *lieues* in unserem Land«.[8] Eine andere fragwürdige Angabe: Ein Text aus der Auvergne aus dem 18. Jahrhundert bestimmt die *lieue* als die Entfernung, die »man mit dem Pferd in fünf Viertelstunden reitet«.[9]

Von Burgos bis León sind es ungefähr zweihundert Kilometer Wegs; der *Itinéraire des chansons* gibt 54 *lieues* an; *La Nouvelle Guide* spricht von 37 *lieues*; Nompart de Caumont rechnet 36 *lieues*, und Guillaume Manier mit seinen Sandalen an den Füßen zählt »fast hundert *lieues*«. Das kommt daher, daß die Wegstunde auch entsprechend der Verfassung des Wanderers, seiner Müdigkeit und den topographischen Gegebenheiten variiert. Jean de Tournai ist ein so tüchtiger Wanderer, daß bei León ein deutscher Gefährte darauf verzichtet, ihm zu folgen. Für gewöhnlich geht Jean seine sieben bis zehn Wegstunden am Tag; einmal schafft er elf, um Sarria zu erreichen; das war aber »ein zu schwerer Tag, und [...] wir waren völlig erledigt und genötigt, uns in einem Dorf ins erstbeste Haus zu begeben«. Auf seinem Rückweg will er so schnell wie möglich Paris erreichen; in zwei Tagen marschiert er von Cormery bis Blois und von Blois bis Orléans, das sind jedesmal siebzehn *lieues* (ungefähr siebzig Kilometer); »zu großer Tagesmarsch«, kommentiert er, übertreibt dabei freilich jedesmal um etwa zehn Kilometer. Die Wegstunde aber, die ihn am meisten beeindruckt hat, bleibt jene fünfte *lieue* beim Aufstieg hinter Saint-Jean-Pied-de-Port, so hart und steil, daß es zum Staunen ist.[10]

Bonnecaze und seine Freunde haben nach Verlassen ihres Dorfes am ersten Tag zwölf Wegstunden geschafft, das sind ungefähr fünfzig Kilometer. Guillaume Manier geht im Durchschnitt zwanzig bis dreißig Kilometer am Tag. Am wenigsten ist Domenico Laffi in Eile: zwölf bis fünfzehn Kilometer täglich, falls seine angegebenen drei Wegstunden gewöhnliche Wegstunden sind.

Aymeri Picaud gibt zwischen den Pyrenäen und Compostela dreizehn Tagesetappen an (»zwei davon muß man zu Pferd machen«, nämlich 74 beziehungsweise 89 Kilometer!); natürlich darf man seine Angaben nicht wörtlich nehmen. Pilger, die täglich fünfzig bis siebzig Kilometer marschieren können, sind selten, auch wenn sie gut eingeübt und abgehärtet sind.

Die normale Tagesstrecke für einen berittenen Boten sind sechzig Kilometer. Das ist auch annähernd die durchschnittliche Leistung einer berittenen Gruppe aus Lüttich, die Reliquien aus Compostela in die wallonische Heimat zurückbringt: 36 Tage im Sattel.

Hugo, jener uns schon bekannte Erzbischof von Lyon, der im Jahre 1095 unter Verdacht stand, auf Wallfahrt zu gehen, um dem Konzil auszuweichen, legt täglich etwa vierzig Kilometer zurück. Vier Jahrhunderte später hält Nompart de Caumont das gleiche Tempo vor.

Jean Rouède, ein wohlhabender Kaufmann aus Vic-Fezensac, schafft im Jahre 1451 den Hin- und Rückweg in weniger als zweieinhalb Monaten.[11] Ein Jahrhundert später bleibt ein gewisser François Morel, ein Notar aus Avignon, drei Monate unterwegs; auch er macht seine dreißig Kilometer täglich.[12] Erwähnt sei, daß man über das Marschtempo der auf Pferden oder Maultieren Reitenden so gut wie nichts weiß; es handelte sich meist um Männer der Kirche.

Der Großteil der Santiagopilger geht jedenfalls zu Fuß – zuweilen leiht ihnen ein berittener Pilger sein Pferd oder sein Maultier für eine Tagesstrecke oder einen Teil davon, wobei er dann selbst zum Zeichen der Buße daneben einhergeht. Ohne Zweifel entspricht das Gehen durch Schlamm und Straßenstaub, inmitten einer vertrauten Gruppe, etwa im Takt eines gemeinsam gesungenen Psalms oder eines Volksliedes, besser dem Gemeinschaftsgeist. Im Mittelalter schließen sich die Pilger nicht bloß aus Gründen der Sicherheit oder zur Abwechslung zusammen. Es scheint vielmehr, daß damals die Gemeinschaft stärker war als das Individuum. Man singt etwa:

Quand nous vînmes au pont qui tremble
Nous étions bien trente ensemble
Tant de Wallons que d'Allemands.[13]

Als wir auf die schwankende Brücke kamen,
Waren wir wohl unser dreißig,
Teils Wallonen, teils Deutsche.

Oder:

C'est de cinquante pèlerins	Es sind rund fünfzig Pilger
Qui s'en vont à Saint-Jacques.	Die nach Santiago ziehen.

Oder auch, wie die Wallfahrer aus den Landes:

Nous n'erem bin ou trente	Wir waren zwanzig oder dreißig,
De chacum soun pèis.	Jeder aus seiner Gegend.

Es kommt vor, daß die Gruppen sich beim Aufbruch bilden. So etwa die Pilger aus Aurillac oder jene, die alljährlich Anfang Februar Pistoia bei Florenz verlassen, um noch vor dem 25. Juli zurück zu sein und das Fest des heiligen Jakobus zu Hause feiern zu können. In den Archiven von Aragonien findet man Hinweise auf Geleitbriefe für eine Gruppe aus Senlis, für eine andere aus Italien.

Als die Straßen sicherer waren und besser mit Herbergen versorgt, zögerte man nicht mehr, allein zu pilgern. Jean de Tournai und Laffi haben keine Reisegefährten, Manier und Bonnecaze nur je drei. Da ist aber auch etwas Wesentliches von jener großen Volksbewegung verlorengegangen, von jenem heiligen Eifer der Armen Gottes, die nur als große Masse existierten; noch heute ist eine Gemeinschaft etwas ganz anderes als die Summe von einzelnen, aus denen sie sich zusammensetzt. Die Zeit ist aber vorbei, da sich der einzelne in erster Linie von der Gemeinschaft her verstand, zu der er gehörte.

Wie viele Pilger machen sich jährlich auf den Weg nach Compostela? Wir haben darüber nicht die kleinste sichere Angabe. Man kann nur versuchen, sich die vielfältige Schar der Pilgernden und Hoffenden vorzustellen, hier auf den Wegen nach Santiago, in Kleidern aus grober Wolle, zahlreich wie die Sterne oder der Sand am Meer; die Metaphern geben uns mangels genauer Statistiken ein Bild davon, aber eben nur ein Bild. Zwar enthalten die Herbergs- und Kanzleiregister detaillierte Angaben; es wäre aber gewagt, daraus allgemeingültige Schlußfolgerungen zu ziehen.

Jedoch kann man versuchen, das Alltagsleben des Pilgers lebendig werden zu lassen, wie er betet oder ißt, Wasser sucht oder Mädchen, Psalmen singt oder im Chor das Paternoster rezitiert.

Parmi les monts et prairie	Zwischen Bergen und Wiesen
Nous chantions la litanie.	Sangen wir die Litanei.

So heißt es im »Lied der Nachtigallen«. Die Litanei, von der es spricht, ist hier kein Gebet. Und doch ist es das Gebet, das die Wallfahrt von jeder anderen Art der Wanderung unterscheidet. Die Pilger lieben jene langen Nachtwachen, um die Reliquien in den Heiligtümern am Wege geschart, auf dem Stroh in der Kirche hockend; hier bringen die Müdigkeit des Tages, das Licht der Kerzen und der Duft des Weihrauchs das unaussprechliche Geheimnis Gottes in fast vertrauliche Nähe. Den Kopf voller Legenden und Wunder, die Reste der Heiligen aus nächster Nähe verehrend, ist der Pilger nicht mehr in dieser Welt. Er ist anderswo.

Die Fähigkeit, extreme Gefühle zu erleben und von einem Augenblick zum anderen die Stimmung zu wechseln, die heftige Glut des Glaubens, das selbstvergessene Verlangen nach Heil, das völlige Fehlen dessen, was wir geistige Schamhaftigkeit nennen würden – alles das macht die mystische Ekstase auch dem einfachen Gläubigen zugänglich. König Ludwig VII. hat sich in der Basilika von Saint-Denis in aller Öffentlichkeit mehr als einmal zu Boden geworfen. Und Sankt Bernhard, der strenge Abt von Clairvaux, betet in der Mitte des 12. Jahrhunderts: »Ich grüße dich, Jesus, den ich liebe. Du weißt, warum es mein Verlangen ist, mich an dein Kreuz zu hangen. Gib dich mir! Von diesem Kreuz herunter, an dem du da oben hängst, sieh auf mich, mein lieber Herr! Zieh mich ganz an dich und sage mir: ›Ich heile dich, ich vergebe dir!‹ In einem glühenden Aufschwung der Liebe umarme ich dich, ganz rot vor Scham!«[14]

Der Gang des Pilgers ist eine elementare und ursprüngliche Form der Buße, ein ständiges Beten, um so verdienstlicher, als es schmerzt. Einige verstärken übrigens diese Pein, indem sie wie Bona aus Pisa ein Büßerhemd anlegen und unter den Kleidern auf der Haut eine schwere Kette um die Hüften tragen. Die durch Blanzac in der Charente ziehenden Pilger versäumen es nicht, ihre Finger so lange an einem bestimmten rauhen Stein zu reiben, bis das rohe Fleisch bloßliegt: Mit der Haut der sündigen Hand gehen auch die Sünden weg.

Wir wissen nicht, ob Laffi seine tägliche heilige Messe hat lesen können; Jean de Tournai seinerseits wohnt ihr jeden Tag bei, denn sein Gefährte, Sire Guillaume, ist Priester. Jean spricht fast jeden Sonntag davon, zögert auch nicht, bei der Messe zu dienen, wandert jedoch an diesem Tag genauso wie die anderen weiter.

Maniers Frömmigkeit ist verdächtig. Er wundert sich über die wilde Frömmigkeit der Spanier: »Wenn in diesem Land der Angelus geläutet wird, muß man sich hinknien, wo immer man sich auch befindet. Sie zwingen auch die Fremden dazu, mit Gewalt, wenn es sein muß.«[15] Die Zänkereien, die Neugierde und das wilde Gelächter der Leute aus der Pikardie erinnern zuweilen eher an beschwipste Rekruten als an Pilger. Eines Tages sind sie in Spanien Zeuge einer Segnung von »Totenbroten«. »Der Priester weiht Wasser«, so erzählt Manier, »dann segnet er für jede dieser Frauen Brot; sie tragen es nach Hause und verteilen es an die Armen. Die Männer singen gemeinsam, auf eine Weise, die zum Lachen reizt; man meint, einem Hexensabbat beizuwohnen. Und wenn bei der Wandlung die Hostie hochgehoben wird, schlagen sich alle mit der Faust auf den Bauch, so daß es klingt, als rührte eine ganze Armee die Trommeln. Kurz und gut, wir waren eines Tages wieder in einem Dorf. [...] Man sang ein Requiem. Der Priester stieg nach der Opferung auf die Kanzel und predigte solcherart, daß meine Kameraden und ich schallend lachen mußten. Ich bemerkte den Zorn einiger Dorfbewohner. Sie stürmten zu mehreren hinter uns her aus der Kirche. Hätten wir uns nicht geschickt den Leuten entzogen, wir hätten unsere Verwegenheit teuer bezahlt – wir hatten wegen der Grimassen und Verrenkungen des Predigermönches wirklich lachen müssen!«[16]

Eine andere Form religiöser Praxis ist die kämpferische Armut, freiwillig oder auch nicht, und ihre Folge, sein Brot erbetteln zu müssen. »Als wir in Viana angekommen waren, verteilten wir uns, jeder in ein anderes Viertel, um Almosen zu erbitten.« Später heißt es: »Drei Tage lang ging ich in dem Ort [Silheiro] herum, um Brot zu sammeln; hernach bat man mich, weiterzugehen.«[17] In Bayonne ist Manier eine Weile allein; er macht Bekanntschaft mit einem Blinden, den sein flämischer Gefährte in einer Schenke allein gelassen hat; sie gehen zusammen betteln: »Nachdem ich mit dem Blinden in der Stadt herumgestanden hatte, der mit seiner Geige gute fünfzig Sols erbettelte [...].«[18]

Es ist üblich, daß die Pilger in Gruppen Handwerks- oder Heimatlieder singen, bevor sie die Hand hinhalten. So etwa die aus Aurillac:

En la vila de León	In der Stadt León
Credèrèm una cançon	Sangen wir ein Lied.
E las donas per abundança	Und die vornehmen Damen
Vaun auzir los filhs de França.[19]	kamen in großer Zahl,
	Um den Söhnen Frankreichs
	zuzuhören.

Eine andere Version:

Les hommes, femmes et filles	Männer, Frauen und Mädchen
De toutes parts nous suivaient	Folgten uns von überall,
Pour entendre la mélodie	Um das Lied der guten
De ces bons pèlerins français.	Französischen Pilger zu hören.

Cervantes läßt Don Quijote sprechen von »sechs Pilgern mit ihren Stäben [...], die unter Singen Almosen erbitten«.[20] Eine nicht immer geschätzte Musik, was auch die Auvergnaten sagen mögen. Pedro Telonario schreibt:

En Asia, en Jerusalén	In Jerusalem in Asien
Y a Santiago, en España	Und im spanischen Santiago
Vuestra vil música engaña	Täuscht eure schlechte Musik,
Para que limosna os den.[21]	Damit man euch Barmherzigkeit
	erweist.

Andere Pilger verdienen sich ein wenig Geld mit dem Verkauf kleiner Gegenstände oder dem Erweis kleiner Dienste. Laffi trifft einen Deutschen, der Bilder verkauft; wir sind auch schon dem Ehepaar begegnet, das sich ärztlich betätigt. Der Schneider Manier bringt seine Fachkenntnisse an den Mann: »In diesem Marktflecken Quatre-Souris [Castrogeriz] haben mich die Frauen massenhaft um Nadeln gebeten; ich glaube, sie sind verrückt.«[22] Da Sire Guillaume eine heilige Messe gelesen hat, bei der Jean de Tournai diente, überläßt ihnen der Ortspfarrer das Opfergeld.

Gelegentlich bleiben einige Pilger an Ort und Stelle, um ein paar Tage oder Wochen zu arbeiten. So zum Beispiel Manier; er muß auf einen seiner Gefährten warten, also hilft er bei der Weinlese in der Gegend von Bordeaux: »Und da sich einer der Unsrigen unwohl fühlte, nachdem man ihn vor der Einschiffung in Blaye zur Ader gelassen hatte, brachten wir ihn ins Krankenhaus der Jesuiten, wo er gut gebettet und gepflegt wurde; wir übrigen drei mischten uns für acht Sols pro Tag und Verpflegung unter die Menge der Weinleser.«[23] In Montpellier verliert Laffi beinahe seinen Freund, den Kunstmaler Codici: »Es gibt in der Kathedrale mehrere Kapellen, darunter eine, die ein ausgezeichneter Bologneser Maler auszumalen begonnen hatte; wegen seines Todes aber war die Kapelle unvollendet geblieben; nun wollte man, daß mein Kamerad hier bleibe, um weiterzumalen.«[24]

Wer es nicht nötig hat, unterwegs zu arbeiten oder zu betteln, ist dagegen verpflichtet, unterwegs Schenkungen zu machen und Almosen zu spenden. Dies um so mehr, als es manchmal wirklich notwendig ist. Als Laffi zwischen Hospital de Orbigo und Astorga vorbeikommt, »erweisen sich die Bewohner als derart arm, daß man ihnen unbedingt zu Hilfe kommen muß«.[25] Eine andere Form tätiger Nächstenliebe besteht darin, beim Bau von Brücken, bei der Instandhaltung von Straßen, der Errichtung von Kirchen, Kapellen oder Schutzhütten mitzuarbeiten. Auf dem Weg nach Compostela herrscht auch folgender Brauch: Die Pilger, die durch Triacastela kommen, laden sich einen Kalkstein auf, um ihn am Ende einer langen Strecke bei den Kalköfen von Castañeda niederzulegen; es fehlt in Galicien nämlich an Kalk. Aymeri Picaud bescheinigt, daß die *viatores* André, Roger, Avit, Fort, Arnaud und Pierre »aus frommer Liebe zu Gott und dem Apostel den Weg von Santiago de Rabanal bis zur Brücke über den Miño noch einmal machten«.[26]

Frömmigkeitsübungen und Nächstenliebe sind natürlich nicht die einzigen Beschäftigungen des Pilgers; er muß auch daran denken, sich zu verpflegen und Unterkunft zu finden (vgl. 6. und 7. Kapitel); auch muß er sich schützen gegen alle Gefahren, die ihm auflauern, und mit offenen Augen die Welt betrachten, dieses Schauspiel, das da vor ihm abrollt.

Am 29. August 1726 machen Manier und seine Gefährten an den Toren von Paris beim Markt Saint-Laurent halt: »Wir haben eine Löwin gesehen, die mit ihrem Schwanz das Bein eines Ochsen brach, einen Bären, zwei andere Löwen, Männchen und Weibchen, und zwei prächtige Tiger. Sie hatten Krallen wie Katzen und schrien auch so.«

Alles ist wert, daß man es sieht. Derselbe Manier findet in Blois alle Galgen »besetzt«: »Wir sahen mehrere gehenkte und geräderte Leichen; einer hing, weil er eine Kutsche gestohlen, ein anderer, weil er mit einer Kuh Unzucht getrieben hatte.« Bezüglich dieses letztgenannten Verbrechens fügt er mit Abscheu hinzu: »Das Monstrum kam zur Welt, und man hat es zusammen mit diesem Elenden verbrannt.« Hinter Saintes eine weitere Hinrichtung: »Wir haben einen geräderten Mann namens Bride-les-Bœufs [Ochsenzähmer] in feinem Hemd aus der Bande eines gewissen Cartouche gesehen und seinen Gehilfen namens Bride-les-Vaches [Kuhzähmer].«[27] Cartouche selber war fünf Jahre zuvor, nämlich 1721, gerädert worden. Von Harff sieht in Spanien einen mit Pfeilen durchbohrten Mann und eine gehenkte Frau.[28]

Das achte Kapitel des Reiseführers von Aymeri Picaud trägt den Titel »Namen der Gegenden, durch die der Weg nach Santiago führt, und die Eigenschaften ihrer Bewohner«. Neben praktischen Hinweisen und Beschreibungen des Brauchtums findet man hier eine reichlich willkürliche volkskundliche Übersicht; nichts ist vor dem bündigen Urteil des Pilgers aus dem Poitou sicher. Trotzdem ist sein Zeugnis wertvoll, weil es aus dem Blickwinkel des 12. Jahrhunderts geschrieben ist.

Die Landes zum Beispiel: »Das ist ein gottverlassenes Gebiet, wo einem alles mangelt. Es gibt weder Brot noch Wein, weder Fleisch noch Fisch, weder Wasser noch Quellen; die Dörfer sind selten in dieser sandigen Ebene, die indes reich ist an Honig, Hirse und Schweinen. Solltest du die Landes zufällig im Sommer durchqueren, dann achte darauf, dein Gesicht gegen die riesigen Fliegen zu schützen, die dort überall herumschwirren und die man Wespen oder Bremsen nennt; und wenn du nicht auf deine Füße achtest, wirst du bald bis zu den Knien im Meeressand stecken, der dort überall hereindringt.«

Aymeri Picaud entdeckt beim Verlassen dieser endlosen Wüste – »man braucht drei Tagesmärsche, und dabei ist man schon vorher müde« – die Gascogne: Bäche, reine Quellen, Wälder und Wiesen, Weißbrot und Rotwein. »Die Gascogner«, so erklärt er entschieden, »nehmen das Wort nicht ernst, sie sind Schwätzer, Spötter, Lüstlinge, Säufer, Schlemmer, in Lumpen gekleidet und ohne Geld; trotzdem sind sie doch tapfere Soldaten und bemerkenswert in ihrer Gastlichkeit gegenüber den Armen. Wenn sie ums Feuer sitzen, essen sie für gewöhnlich ohne Tisch und trinken alle aus demselben Becher. Sie essen viel, trinken tüchtig und sind schlecht gekleidet; sie scheuen sich nicht, gemeinsam auf einem dünnen, verfaulten Strohsack zu schlafen, Knechte mit Herr und Herrin zusammen.«

Die baskischen Fährleute und Straßenzöllner bringen Aymeri Picaud in Zorn; er wünscht sie zum Teufel und überhäuft sie mit Schimpfwörtern. Die Navarresen müssen dafür büßen – trotz des Versuchs einer unparteiischen Beschreibung.

»Die Leute in Navarra«, so beginnt er, »tragen schwarze und kurze, bis zu den Knien reichende Kleidung nach der Art der Schotten; sie haben Schuhe, die sie *lavarcas* nennen, aus ungegerbtem Leder, an dem noch das Fell hängt, und binden sie um ihre Füße mit Bändern; doch nur die Fußsohle ist bedeckt, der Rist bleibt frei. Sie tragen einen

Mantel aus dunkelfarbiger Wolle, der bis zum Ellbogen herabfällt und wie eine Kapuze gesäumt ist; sie nennen ihn *saie*. Diese Leute sind schlecht gekleidet und essen und trinken schlecht; bei den Bewohnern von Navarra essen alle Hausbewohner, Herr und Knecht, Herrin und Magd, aus demselben Topf, und zwar mit den Händen ohne Löffel, und alle trinken aus demselben Becher.«

Kleidung, Essen und Trinken – die Art und Weise, den Fremden zu entdecken, hat sich kaum geändert, und dieser kalte, hochnäsige Blick ist heute noch unter vielen Touristen verbreitet, die nicht, wie Picaud, die Entschuldigung haben, wirklich zivilisierte Menschen zu sein. Unser Pilger sitzt mit dem ruhigsten Gewissen mit den Navarresen bei Tisch: »Wenn man sie beim Essen betrachtet, hat man den Eindruck, Hunden oder Schweinen zuzusehen, wie sie gierig ihren Fraß verschlingen.« Überdies ist ihm ihre Sprache unverständlich: »Man könnte glauben, bellende Hunde zu hören.«

Über die Leute von Navarra wird nicht viel Freundliches gesagt – sie sind so »anders«. Immerhin räumt Aymeri Picaud ein, sie seien gute Krieger, wenn auch nicht »beim Erstürmen von Festungen«; auch seien sie tüchtige Speerjäger und pünktliche Steuerzahler. Man muß also vermuten, daß unserem Reiseführer bei ihnen einige Überraschungen zuteil wurden, denn plötzlich wird er aggressiv:

»Es ist ein barbarisches Volk. Es unterscheidet sich von allen anderen Völkern durch seine Bräuche und seine Rasse, voller Bosheit, von dunkler Hautfarbe, häßlich, ausschweifend, verdorben, falsch, treulos, verkommen; sie sind Lüstlinge und Säufer, in jeder Art Gewalttätigkeit erfahren, wild und unbarmherzig, ehrlos und verlogen, gottlos und von rauhen Sitten, gewaltsam und streitsüchtig, unfähig zu jeglichem guten Gefühl, auf alle Laster und Schlechtigkeiten aus. Dieses Volk gleicht den Zigeunern und den Sarazenen durch seine Schläue und ist auf jeden Fall der geschworene Feind unseres fränkischen Volkes. Der Baske und der Navarrese tötet, wenn er kann, für einen einzigen Sou einen Franken.«

Und als bewege sich sein Opfer noch, gibt ihm Aymeri den Todesstoß mit der Bemerkung: »Wenn in gewissen Gebieten ihres Landes, im Baskischen und in Álava, die Navarresen sich wärmen, entblößt der Mann vor der Frau und die Frau vor dem Mann das, was sie verbergen sollten. Die Navarresen treiben schamlos Unzucht mit den Tieren; man erzählt, daß der Mann aus Navarra seinem Maultier und seiner Stute einen Verschluß anlegt, um zu verhindern, daß ein anderer als er mit ihnen seine Lust habe. Die Frau wie das Maultier sind seinen Ausschweifungen ausgeliefert.«

Schlußfolgerung: »Darum verwerfen kluge Leute die Navarresen.« Welch ein Unterschied zum Poitou! »Das ist ein Land voller Fruchtbarkeit, hervorragend in allem und wahrhaft glücklich.« Nach Aymeris Auffassung sind die Menschen des Poitou kräftige Leute und gute Soldaten, geschickt in der Handhabung des Bogens, der Pfeile und der Lanze im Krieg, mutig an der Front, sehr gute Läufer; sie kleiden sich mit Eleganz, ihr Gesicht ist ebenmäßig, geradezu schön, sie sind offen für Geistiges, sehr hochherzig, großmütig in der Gastfreundschaft.«[29] Aymeri Picaud weiß, wovon er spricht; er ist ja selbst aus dem Poitou.

Chauvinismus, Lokalpatriotismus und Pauschalurteil wurden von jeher durch die Sprachschranken noch verstärkt. Wer wie Picaud, Laffi und Jean de Tournai lateinisch sprechen kann, vermag sich wenigstens bei den Pfarrern, Mönchen und Herbergspförtnern verständlich zu machen – »Wein und Latein gehn überall ein«, so sagte man.

Sicher ist der kleine Bonnecaze, der die Sprache des Béarn spricht, besser für eine Spanienreise ausgerüstet – bei dieser Gelegenheit erlernt er auch noch die Sprache Kastiliens –, als der Pikarde Manier. Übrigens denkt dieser bei der Abfassung seines Pilgerberichtes an jene, die ihm folgen werden. Er hinterläßt einen *Rapport d'une partie de la langue espagnole*. Es handelt sich um einen Wortschatz von einigen hundert nützlichen Wörtern für die Straße und die Rast, darunter unerwartete Ausdrücke wie *warlope de menuisier* (langer Schreinerhobel) und *mari cocu* (betrogener Ehemann), nicht zu verschweigen eine Reihe »ziemlich saftiger« Flüche, die sein Herausgeber im 19. Jahrhundert,

Bonnault d'Houët, nicht in die Neuauflage aufnehmen will.[30] Bonnault d'Houët vernachlässigt auch das französisch-biskayische Wörterbuch, das Manier bei seiner Rückkehr verfaßt. »Dieser Entwurf eines Handbuchs für die Unterhaltung ist sehr kurz gefaßt und enthält zu viele anstößige Ausdrücke, als daß er eine Übersetzung verdiente.«[31]

Die große sprachliche Überraschung auf dem Weg ist das Baskische; und selbst jene, die viel gereist sind, sind hier mit ihrer Weisheit am Ende. So heißt es im Lied:

C'est pour la Biscaye passer
Qu'il y a d'étrange monde
On ne les entend pas parler.

Durchquert man das Baskenland,
So trifft man seltsame Leute.
Man versteht nicht, was sie sprechen.

Manier kann sich nicht genug wundern: »Wir übernachteten beim Fährmann, der sich wirklich übel aufführte, wie übrigens auch alle anderen im gesamten Baskenland. Am meisten machte uns aber zu schaffen, daß wir die französische Sprache nicht mehr benutzen konnten und nicht einmal Spanisch hörten, sondern Biskayisch, noch schwieriger als Deutsch. Wir mußten das Notwendige wie Stumme durch Zeichen erbitten.«[32]

Arnold von Harff ist 1496 vom Niederrhein aufgebrochen; die Ausdrücke, die er sich im Baskenland übersetzen läßt, sind interessant; man findet darunter die freundliche Bitte: »Schoin junfrau kumpt bij mich slaeffen.«[33]

Es genügt, einen Vergleich zwischen den verschiedenen phonetischen Transkriptionen desselben Wortes anzustellen, um sich über die sprachlichen Schwierigkeiten der Pilger in Spanien eine Vorstellung zu machen. Nehmen wir das Wort Castrogeriz, Name einer wichtigen Raststelle zwischen Burgos und León. Diese Ortsbezeichnung wird für die meisten Franzosen zu Quatre-Souris, für Nompart de Caumont zu Castro Siris, für den Deutschen von Harff zu Castresory und für den Italiener Laffi zu Castel Soriz; den Gipfel einer freien phonetischen Übertragung finden wir bei dem Deutschen Künig mit der Bezeichnung »Eyn Schloß heist Fritz«. Es handelt sich hier um phonetische Annäherung und zugleich um Wortspielerei. Der Mensch des Mittelalters liebt es, wie die Kinder, Namen oder Fremdwörter umzuformen; so haben die Kreuzfahrer die bei Askalon aufgefundene Gemüsepflanze Schalotte genannt.

Für eine ganze Reihe lebenswichtiger Informationen ist der Wallfahrer unterwegs gänzlich den Einheimischen ausgeliefert. Da ist zum Beispiel das Wasser. Wo ist es zu finden? Ist es trinkbar für die Menschen? Für die Tiere? Kann man darin fischen? Für Aymeri Picaud ist das eine so wichtige Sache, daß er ihr eines der acht Kapitel seines Führers widmet: »Gute und schlechte Wasserläufe auf dem Pilgerweg«.

»Bei einem Ort mit Namen Lorca«, so gibt er an, »fließt der sogenannte Salzbach; hüte dich wohl, deinen Mund daran zu setzen oder dein Pferd darin zu tränken, denn dieses Wasser bringt den Tod. Als wir nach Santiago zogen, trafen wir an seinem Ufer zwei Navarresen; die saßen da und wetzten ihre Messer. Sie haben die Gewohnheit, die Pferde der Pilger zu häuten; man hatte sie an diesem Wasser getränkt, und sie sind verendet. Auf unsere Frage hin logen die beiden, das Wasser sei gut und trinkbar; wir gaben also unseren Pferden zu saufen, und alsbald gingen zwei von ihnen ein; sie wurden von jenen Männern unverzüglich abgehäutet.«

An anderer Stelle schreibt er: »In der Nähe von Estella fließt der Río Arga; sein Wasser ist weich, gesund, ausgezeichnet. Durch die Ortschaft Los Arcos fließt ein Bach mit todbringendem Wasser; jenseits von Los Arcos gegen die erste Herberge zu, zwischen Los Arcos und diesem Hospiz, fließt ein für Pferde und Menschen schädliches Wasser.«

Picaud rät dringend davon ab, Fische aus den Gewässern zwischen Estella und Logroño zu essen. Es ist am besten, so meint er, bis

Galicien keine Flußbarbe, keine Alse, keinen Aal und keine Schleie zu essen. »Wenn einer davon ißt und nicht krank wird, so entweder deshalb, weil er gesünder ist als die anderen Pilger, oder weil er sich durch einen langen Aufenthalt im Land an diese Nahrung gewöhnt hat.«

Im allgemeinen gilt: »Alle Fische und alles Ochsen- und Schweinefleisch in ganz Spanien und Galicien verursachen bei den Ausländern Krankheiten.«[34] Im 16. Jahrhundert ereignet sich folgender Vorfall: Der einzige Überlebende einer Pilgergruppe von Engländern und Schotten ist ein Arzt, weil er allein von einem gewissen Wasser nicht getrunken hat. J. Fardet, der das berichtet, bemerkt noch dazu, daß die Flußbarbe zur Laichzeit giftig ist.[35]

Ein Pilger ruht sich vom harten Weg aus.
Holzschnitt, 14. Jahrhundert

Alles, was Aymeri Picaud und die anderen sagen, nehmen Sie natürlich begierig auf. Sie sind auf alles aus, was von Ihrem Pilgerschicksal berichtet. Ihre Sorge ist es nicht, das Wahre vom Falschen zu scheiden; es geht Ihnen vielmehr darum, alles zu behalten.

Manche bekannte Gesichter in Ihrer Gruppe verschwinden wieder aus Ihrem Blickfeld bei der einen oder anderen Rast, wegen Erschöpfung oder Unfall. Sie kennen jetzt das Verhalten Ihrer Gefährten, ihre Stimmen und Schrullen. Sie sind nun auf dem Weg schon ganz gut zu Hause und haben sich vom Gestern und vom Morgen genügend distanziert.

Ihr Körper und Ihr Geist schwingen im Rhythmus der Tage. In manchen Augenblicken tun Ihnen die Füße mehr weh als den anderen; es wird so bleiben bis zum Ende, und eigentlich hat das keine Bedeutung.

Regen, Staub, Schweiß, Schlamm, stinkende Ställe und unsaubere Herbergen: Ihre Kleidung ist schwer von Schmutz und Ungeziefer. Gelegentlich waschen Sie sich ein wenig wie Manier in Bayonne nach vierzig Tagen Marsch; er macht Großreinigung »in einem Kessel, den uns die Hausfrau geliehen hat«.[36] Man hat Bonnecaze im Krankenhaus von seinen Flöhen und Läusen befreit; jetzt schläft er »auf den Feldern, auf Strohbündeln«,[37] um nicht gleich wieder neues Ungeziefer einzuheimsen. In Roncesvalles können sich die Kranken mit fließendem Wasser waschen, und die es wünschen, können auch ein Bad nehmen,[38] ein Barbier schneidet ihnen Bart und Haar, darin die Parasiten nur so wimmeln. Im Hospiz von Aubrac schüttelt man die Mäntel der Pilger über dem großen Kaminfeuer aus, damit das Ungeziefer herausfällt und verbrennt.

Die Mönche waschen sich im 11. und im 12. Jahrhundert kaum; in den Ordensregeln wird aus dieser freiwilligen Nachlässigkeit eine Art Askese. Bernhard von Clairvaux stellt jenen Rittern, die »ihre Pferde mit Seidentüchern herausputzen«, die Tempelritter als Vorbild hin: »Man sieht sie nie gekämmt, selten gewaschen, mit struppigem Bart, stinkend vor Staub, fleckig vom Harnisch und von der Hitze.«[39]

Es ist wahr, auf dem Weg wird man schmutzig; am besten, man macht aus der Not eine Tugend.

Schmutz ist wie Müdigkeit und Einsamkeit ein Element der dem Pilger notwendigen Demut. Ebenso die Verwundbarkeit, die Furcht desgleichen. Er ist nackt vor Gottes Angesicht, bestürzt und zugleich ergeben in all die auf ihn einstürmenden Gefahren. Als Laffi in Hontanas bei Castrogeriz ankommt, ist der Himmel verdüstert vor lauter Heuschrecken. Ihr Gewimmel bedeckt den Boden. Am Wegrand trifft der Priester aus Bologna auf einen erschöpften Pilger, der sich dem Tod überläßt. Er kann ihm nur die Segnung der Religion spenden. Kaum hat der Mann gebeichtet, stirbt er. »Die grausamen Insekten hatten bereits begonnen, ihn aufzufressen.«[40]

Wer wird es morgen sein?

Für diese Unsteten lauert überall Gefahr. Wir haben es gesehen an den Flußfurten und auf den Fähren; im Wald, wo die Räuber lauern; in der Pilgergruppe selbst, unter die sich allerlei anderes Volk mischt, Musikanten, Kaufleute, Sänger, Prediger und Bettelbrüder oder, wie eine Verordnung aus dem Jahre 1635 aufzählt, »Arbeiter und Barbiergesellen, Schneider, Prostituierte, Zähneausreißer, Theriakhändler [Theriak: opiumhaltige Latwerge gegen Schlangenbiß], Taschenspieler, Marionettenkünstler«.[41] Unter ihnen verstecken sich Muschelbrüder, falsche Mönche und falsche Priester und sogar Häretiker.

Tatsächlich bedienen sich die zuletzt Genannten der Pilgerwege, um andere Orte aufzusuchen, sich zu verstecken oder ihre Irrlehre zu verbreiten. Der italienische und provenzalische Weg führt durch das Gebiet um Albi, die Heimat der Katharer, und verbindet es mit der Lombardei, wo sich abseits der Kreuzzüge und der Kriege ein Zentrum theologischer Forschung und lehrhafter Unterweisung der »wahren Religion« am Leben erhält. Man findet Spuren von falschen Santiagopilgern, die 1272, aus Piacenza in der Lombardei kommend, in Toulouse haltmachen, um dann nach Compostela weiterzureisen – es besteht kein Zweifel darüber, daß

Piacenza verjagten und verfolgten Katharern aus Toulouse oft als Zufluchtsort dient.

Auf die Bitte einer ihrer Landsleute hin nimmt eine Frau in Saint-Martin »um der Liebe Gottes willen« vier Pilger bei sich auf; erst als diese festgenommen werden, erkennt sie in ihnen die Häretiker – im Jahre 1240. Ähnlich finden vier andere Häretiker Aufnahme in Castelsarrasin, werden kurz darauf entdeckt, gefaßt und verbrannt.

In Katalonien wird die Anwesenheit von Waldensern festgestellt, Schülern des Lyonesers Waldo. Überraschender freilich ist es, im Gebiet von León Katharer anzutreffen. Ihnen steht im beginnenden 13. Jahrhundert ein von einem fränkischen Schreiber gefertigtes Lehrbuch zur Verfügung. Ein anderer Fall solchen Eindringens der Häresie berührt im 14. Jahrhundert das ferne Galicien. Im Jahre 1316 warnt Bernard Gui, der damalige Inquisitor von Toulouse, die Bischöfe Spaniens vor den Gefolgsleuten eines gewissen Dolcino, der 1308 als gefährlicher Häretiker hingerichtet wurde. Der Erzbischof von Compostela antwortet, daß er fünf von diesen Leuten hat festnehmen lassen.[42]

Im 16. Jahrhundert schwächt eine andere Häresie ganz fühlbar die Wallfahrtstätigkeit: die Reformation. Doch predigen die Reformierten den Santiagopilgern wenigstens nicht auf dem Weg. Nur Laffi beklagt sich darüber, in Orthez »diese Hunde von Häretikern« gesehen zu haben, »die mit dem Hut auf dem Kopf an den Fenstern hängen« und sich über die Pilger, die sie als Götzendiener verhöhnen, lustig machen.[43]

»Coquillarden« werden jene genannt, die sich als Pilger verkleiden und die Jakobsmuschel augenfällig zur Schau tragen, um dann zu betteln oder das Vertrauen ihrer Opfer zu erschleichen. Manche von ihnen wandern mit den Santiagopilgern nötigenfalls mehrere Tagesmärsche lang, um dann schließlich zum Angriff überzugehen. In der Bourgogne macht im 14. Jahrhundert eine starke, organisierte Bande, bekannt als Coquillardenbande oder Muschelbrüder, die Gegend unsicher; sie sind eine Welt für sich »mit ihrem besonderen Zusammenhalt, ihren Gesetzen, ihren Führern und ihrer Sprache [...]. Es sind mindestens fünfhundert; sie führen ein ausschweifendes Leben in den Spielhöllen und Bordellen von Dijon. Eine wahre Hierarchie zeichnet sich ab: Die Neophyten sind ›Lehrlinge‹, dann werden sie ›Meister‹ und schließlich ›Älteste‹, indes einer von ihnen ›Muschelkönig‹ ist. Jeder hat sein Fach: Der ›Weinleser‹ stibitzt die Geldbeutel, der ›Beffleur‹ betrügt beim Kartenspiel, der ›Blanc-coulon‹ beraubt die Händler in den Gaststätten, der ›Absender‹ ist einer, der tötet.« Der Galgen ist in ihrer Sprache die »Witwe«; sie erwürgt die aufeinander folgenden Gemahle, die ihr der »Heiratsstifter«, das heißt der Henker, zuführt. Sechs Jahre lang wüten diese Banditen, bis sie endlich von den Prostituierten angezeigt werden und am 30. Oktober 1455 in Dijon ihr Urteil hören: Einige werden zum Kessel mit kochendem Wasser oder siedendem Öl verdammt, andere dagegen »segnen die Erde mit ihren Füßen« – vom Galgen herunter. Aus ist es mit den Muschelbrüdern. Ihre Organisation und ihr Geist tauchen freilich alsbald wieder in der »Cour des Miracles« auf.[44] Das war auch mit ein Grund, warum sich die Santiagopilger Bescheinigungen und Visa besorgten, denn sie wollten sich von den Muschelbrüdern und den falschen Santiagopilgern unterscheiden.

Doch diese Vorsichtsmaßnahmen bewahrten nicht vor großen und kleinen Dieben. Die Archive des Departements Gironde zum Beispiel sind voll von Aussagen bestohlener Pilger, die in Bordeaux um Almosen bitten:

»Es bittet demütig Claude Arpen, Kanoniker zu Paris [...], aus Santiago zurückkehrend; er will an der spanischen Grenze derart von Spaniern bestohlen worden sein, daß er deswegen – so erklärt der Bittsteller – gezwungen gewesen sei, seither in größter Armut zu leben.«

»Noël Brunelle, Priester und Musiklehrer auf der Rückkehr aus Spanien, gebürtig aus der Stadt Amiens in der Pikardie [...], wurde zwischen Tarbes und Aulx ausgeplündert.«[45]

Bona aus Pisa rettet eines Tages einen Nachzügler ihrer Gruppe in dem Augenblick, da er von einem Räuber überfallen wird; sie sieht darin Gottes Hand: Der Mann hatte nämlich bei seiner Beichte zwei Sünden verschwiegen. Nicht alle Pilger, unter denen sich zahlreiche Büßer befinden, sind demnach achtbar. Am 28. März 1664 macht der 25jährige François d'Arles aus La Motte-Canillac bei Brioude sein Testament, bevor er nach Compostela aufbricht; er kehrt nicht mehr zurück: Am 22. Dezember 1665 verurteilt ihn der Hohe Gerichtshof der Auvergne zum Tod durch Erhängen, weil er zusammen mit zwei Komplizen ein Mädchen aus Sainte-Florine, Françoise Bardy, entführte. Übrigens war er bereits am 4. Dezember 1658 durch den Vogt der Auvergne verurteilt worden.[46]

Den Pilgern werden durch falsche Priester unmögliche Bußen auferlegt – zum Beispiel »dreißig Messen lesen zu lassen von einem Priester, der niemals eine geschlechtliche Sünde begangen noch Fleisch gegessen, noch irgend etwas zu eigen besessen hat«; da ein so seltenes Wesen nicht ausfindig zu machen war, überließen die Pilger ihrem »Beichtvater« die Sorge, ihn zu finden, und das nötige Geld für die dreißig Messen. Die im Jahre 1123 durch das Laterankonzil für derartige Machenschaften vorgesehene Strafe der Exkommunikation genügte nicht, diese Banditen zu entmutigen; die zivilgerichtlichen Maßnahmen sind in der Folge bedeutend wirksamer.

Ein Priester des Domkapitels von Rouen, der Kanonikus Roch, durchquert im 17. Jahrhundert einen Wald bei Compostela. Er wird von Räubern angegriffen, an einen Baum gebunden und zurückgelassen. Zufällig entdeckt und befreit, entschließt er sich, nicht nach Frankreich zurückzukehren, sondern sich in ein Kloster in den Pyrenäen zurückzuziehen.[47] Fast das gleiche war fünf Jahrhunderte zuvor Adalard von Flandern zugestoßen; dieser jedoch hatte damals in der einsamen Gegend zwischen Le Puy und Conques das große Hospiz von Aubrac gegründet, das so vielen Pilgern das Leben retten sollte.

Übrigens ist das Aubrac zusammen mit den Pyrenäen, den Landes und den spanischen Hochflächen eine der von den Wallfahrern am meisten gefürchteten Gegenden. Wie viele Pilger müssen sich an »diesen schrecklichen und verlassenen Orten« verirrt haben oder an Hunger und Kälte zugrunde gegangen sein! Wenn man der Gründungsurkunde der Pilgerherberge von Roncesvalles Glauben schenken darf, dann sind allein hier »mehrere tausend Pilger gestorben; die einen verloren sich im Schneesturm, andere, zahlreicher noch, wurden von den Wölfen zerrissen«.[48]

Sich verlaufen und bis zum Tod herumirren müssen, das ist die ständige Angst des Santiagopilgers. Manchmal findet sich in den Klöstern oder Herbergen ein Freiwilliger, der die Pilger ein Stück Wegs begleitet. Es kommt sogar vor, daß man ihnen ein Maultier leiht. Die Begegnung mit Schäfern oder Holzfällern ermöglicht es einem, sich des richtigen Weges zu versichern. Jean de Tournai erzählt: »An dem genannten Tag überraschte uns die Nacht. Wir waren mitten im Wald. Es begann sehr heftig zu donnern und zu regnen. Wir baten einen Holzhauer, uns ins nächste Dorf zu führen, damit wir dort übernachten könnten. Er stieg vom Baum herunter und brachte uns in sein Haus.«[49] Ein anderes Mal fragt Jean bei Oviedo zu spät nach seinem Weg, glaubt sich verirrt, begibt sich ziemlich beunruhigt auf den Weg, den man ihm angibt, und entdeckt schließlich, daß er drei Meilen abgekürzt hat.[50]

An der Grenze von Galicien folgt er zusammen mit Sire Guillaume durch den Schnee einem Weg, den vor ihnen Kaufleute gebahnt haben. »Wenn es aufs neue zu schneien beginnt, was sollen wir dann tun?« fragt Jean de Tournai besorgt. »Das Wetter ist gut«, antwortet sein Gefährte. Sie gehen weiter. »Ich glaubte ihm. Ich war verrückt. [...] Von neuem fing es an zu schneien. Und der ganze Weg, der zuvor gespurt war, wurde zugeschneit. Es wurde so finster, daß wir kaum die Hand vor dem Gesicht sahen.« Jean de Tournai kann seinen Zorn gegen Sire Guillaume nicht mehr zurückhalten. »›Sire, sind Sie jetzt zufrieden? Wenn wir uns verirren oder eingeschneit werden, sind Sie schuld.‹ Unser Sire Guillaume fängt an zu weinen, und ich sage zu ihm: ›Sire, weinen hilft hier nichts.‹ Wir empfahlen uns also Gott und dem heiligen Jakobus.« Sie erreichen ein Dorf. Ein Kleriker erklärt sich bereit, sie nach Villafranca del Bierzo zu geleiten.[51]

Auch der Bologneser Laffi hat sich verirrt. Es war in den baumlosen Montes de Oca. Er hat überlebt: Es gab Pilze.[52]

Eines Abends hatten sich Bonnecaze und seine Freunde in einem Ölbaumhain verlaufen. »Wir waren gezwungen, unter einem Ölbaum die Nacht zu verbringen, und in dieser Nacht fiel Frost ein; wir legten uns übereinander, um die Kälte abzuhalten. Am anderen Morgen waren wir völlig durchgefroren. Fast zehn Stunden lange habe ich den Mund nicht aufgebracht zum Reden, und als ich ihn endlich öffnen konnte, meinte ich, alle Zähne fielen mir heraus. Da ich sehr schwach war, hatte mir die Kälte härter zugesetzt als den anderen.« In solchen Augenblicken der Not und der völligen Armut erreicht das Pilgern seinen letzten Sinn: »Ich erinnerte mich an mein Bett, das jetzt im Haus meines Vaters stand, und dachte zugleich über meine Berufung nach; ich sagte, ich müsse doch wohl leiden, um ans Ziel zu gelangen, zu dem mich Gott rief, wie es schien, und daß dieses Leiden ja nur wegen meiner Jugendvergehen über mich kam und auch, weil es mich prüfen sollte.«[53]

Man kann, wenn man wie Jean de Tournai genug Geld hat, unterwegs einen Berufsführer engagieren. Es ist aber nicht immer leicht, solche Leute aus dem Haus zu bringen. »Im Dorf Bidouet [...] suchte und erbat ich für mein Geld einen Führer; ich fand niemand, der sich mit uns auf den Weg wagen wollte. Wir gingen also weiter bis zum Dorf Hoffire, elf Meilen. [...] Wir baten um einen Führer; niemand war aufzutreiben wegen des schrecklichen Wetters. [...] Wir empfahlen uns also Gott und zogen weiter, so gut wir konnten.«

Und etwas weiter im Text: »In dieser Herberge fanden wir einen Führer, aber erst für den anderen Tag, denn am selben Tag wollte er keineswegs hinaus.« Am nächsten Morgen warten sie auf den Führer; endlich kommt er und macht sich für einen Preis von »drei Reales, das sind sechzehn Sous und sechs Deniers«, mit ihnen auf den Weg, hält aber bald wieder an. Nicht weil er aufs neue Geld herausschinden wollte: »Er antwortete, daß er genug Lohn bekommen habe, aber nicht weitergehen wolle, weil es zu gefährlich sei.«[54]

Allerdings hat Jean de Tournai noch Glück gehabt; er hat sich nicht auf einen jener falschen Führer eingelassen, die die Pilger am frühen Morgen der letzten Etappe erwarten und sich anbieten, sie kostenlos bis zum Heiligtum zu bringen; in Wirklichkeit sind das Banditen, die einen in einen verlassenen Wald führen, dort umbringen und ausrauben.

Die Reise nach Santiago ist immer ein Abenteuer. Laffi und sein Gefährte verbringen in den Alpen schlaflose Nächte aus Angst vor Steinschlag, überqueren auf Baumstämmen reißende Bergbäche und erreichen endlich Narbonne. Ein Fährmann bringt sie gratis aufs andere Ufer der Aude und lädt sie ein, in seiner Schenke zu speisen. »Hier serviert er uns nichts als einen Salat und läßt uns dafür sechs Sous bezahlen und für den Wein zehn.« Der Pilger aus Bologna ist wütend; er denkt, die kostenlose Überfahrt ist ziemlich teuer bezahlt:[55] Für das gleiche Geld hätte er eine reichliche Mahlzeit bekommen und dazu noch Hafer für die Pferde.

Einem der Gefährten Maniers wird in Kastilien von einem französischen Deserteur der Paß gestohlen. Manier selbst begegnet allein in einem »angenehmen Wäldchen voller Rosmarin« vier Spaniern auf Maultieren. Man hält an, man plaudert.

»Herr Pilger, seid Ihr Franzose?«

»Nein, mein Herr«, antwortet Manier.

»Aus welchem Land seid Ihr?«

»Ich bin aus Savoyen«, flunkert Manier; er ist überzeugt, daß die Spanier die Savoyarden gern haben.

»Das sind gute Christen!«

Doch Manier versteht, daß sie unter sich sagen, er sei Franzose. Sie fragen ihn:

»Habt Ihr was in der Hosentasche?«

»Zu gleicher Zeit«, so erinnert sich Manier, »kommt einer von ihnen mit dem Messer in der Hand auf mich zu, um mich niederzustechen, mich *rasibus cujus* [sic] zu machen und mich dann an einen Baum zu hängen, den er mir gezeigt hatte. Er hätte mich umgebracht, wenn nicht einer unter ihnen Mitleid mit mir gehabt hätte, was mir Gelegenheit gab, zu fliehen.«[56]

Ein andermal kommt Manier in ein Dorf, in dem man ihn wie Bonnecaze in Roncesvalles mit Gewalt zum Militärdienst zwingen will. Ein Oberst klagt ihn an, fahnenflüchtig zu sein, und gibt vor, sein Hut sei eine umgeschneiderte Soldatenmütze. Erst als ihn seine drei Gefährten eingeholt haben, kann Manier weiterpilgern.[57] Der Vorfall geschah öfters, sonst hätten ihn die Pilger nicht in Verse gebracht, im »Großen Wallfahrtslied« zum Beispiel:

Quand nous fûmes dans la Galice
A Rivedieu
On voulait nous mettre aux galères
Jeunes et vieux
Mais nous nous sommes défendus
De notre langue
Avions dit qu'étions Espagnols
Et nous sommes de France.

Als wir in Galicien waren
In Ribadeo,
Wollte man uns, Junge und Alte,
Auf die Galeeren schicken.
Aber wir haben
Unsere Sprache verleugnet;
Wir sagten, wir seien Spanier,
Und sind doch aus Frankreich.

Und im Lied der Pilger von Aurillac:

Quand fuguerem an Ribadiara
Bei servens vol jitar n'carcere
Vielhs et joins; abem dich »Li Vernhat
Sem pèr Guiral e pèr l'Abat!«[58]

Als wir in Ribadeo waren,
Wollten Polizisten uns ins Gefängnis werfen,
Alte und Junge. Wir sagten: »Die Auvergnaten
Sind für Gerald und für den Abt!«

Vielleicht ist das eine Anspielung auf irgendeinen Streit. »Für Gerald und für den Abt!« ist der Schlacht- und Sammelruf der Auvergnaten.

Am 21. Dezember 1384 muß sich der Infant Johann von Aragonien für deutsche Ritter einsetzen; sie sind auf dem Weg nach Santiago festgenommen worden, denn man hielt sie für Spione.[59]

Wer sich entschließt, zu Schiff zu reisen, um der Unsicherheit des Landweges auszuweichen, setzt sich noch ganz anderen Gefahren aus. Im Jahre 1119 ist der Bischof von Compostela, der sich zum Konzil von Reims begeben möchte und dazu den Seeweg wählen will, genötigt, darauf zu verzichten, weil eine feindliche Flotte von fünfzig Schiffen vor den Küsten Stellung bezogen hat. Die Einfälle der almoravidischen Piraten hören erst in der Mitte des 12. Jahrhunderts gänzlich auf.[60] Als Bona von Pisa aus Jerusalem zurückkehrt, wird sie auf dem Meer gefangengenommen, verwundet und nach Afrika verschleppt, wo pisanische Handelsleute sie loskaufen; sie weiht, wie wir schon wissen, ihr Leben daraufhin der Begleitung der Compostelapilger.

Am 18. November 1456 bescheinigt Jean Bartalote, der Besitzer eines englischen Schiffes, daß die durch den Herzog von Bretagne angeordnete Rückerstattung seines Schiffes tatsächlich stattgefunden hat; bretonische Piraten hatten nämlich das mit Santiagopilgern besetzte Schiff gekapert und geplündert.[61]

Franz Wessel, der künftige Bürgermeister von Stralsund, geht

1508 mit hundertfünfzig Pilgern, »Frauen und Mädchen nicht gerechnet«, an Bord. In Plymouth erstechen zwei Pilger einen dritten; sie werden gehängt. Das Schiff verläßt trotz behördlichen Verbots den Hafen und muß gegen zwei ihm nachgeschickte englische Kriegsschiffe eine regelrechte Schlacht liefern. Franz Wessel erreicht Compostela, nachdem er »in fast fünfzig Häfen Norwegens, Schottlands, Flanderns, Englands und Frankreichs« Anker geworfen hat. Als er endlich wieder nach Stralsund heimkommt, erwarten ihn seine Eltern schon nicht mehr: »Sie waren überzeugt, daß er auf See oder sonstwo umgekommen sei.«[62]

Jacques Lemesre ist jener Juwelierssohn aus Lille, der gelobt hat, nach Compostela zu pilgern, um die Heilung seiner Mutter zu erlangen. Er ist achtzehn Jahre alt, als er sich 1685 einschifft. Das Schiff, auf dem er reist, wird von Piraten gestoppt und überfallen, Jacques selbst als Sklave an einen Händler aus Konstantinopel verkauft. Er bleibt dort drei Jahre, trotz der Nachforschungen der Lazaristen und der Kaufleute aus Lille. Sein Herr bietet ihm die Freiheit an, falls er seinem Glauben abschwöre; Jacques lehnt ab. Eines Tages endlich fragt ihn auf einem Uferkai in Konstantinopel ein Franzose, ob er nicht einen gewissen Jacques Lemesre aus Lille kenne. Große Überraschung! Man umarmt sich. Jacques wird im Laderaum eines französischen Schiffes versteckt, das bald darauf ausläuft.[63]

Die Länge des Weges, die vielfältigen Gelegenheiten zu Streitereien, das recht unterschiedliche Marschtempo der einzelnen, alles das sind Gründe – und sie mangeln nicht –, um Gruppen zu sprengen, Freunde zu entzweien.

In Maniers Gruppe beginnt der Zwist – das war zu erwarten – um so eher, als diese Pilger sicher nicht von der Suche nach ihrem Seelenheil besessen sind. Es fängt an in Blaye: »Delorme und ich hatten Streit mit Hermand; wir beschlossen also, [ihn] zu verlassen; darum überquerten wir die Garonne auf zwei Fähren.« Beim Betreten spanischen Bodens sind sie wieder zusammen; nach wie vor aber gibt es Reibereien. »Delorme und ich hatten den Beschluß gefaßt, uns von den anderen abzusetzen, weil man mit ihnen wirklich nicht in Frieden leben konnte; Delorme verriet mich bestens, da er ihnen unseren beiderseitigen Entschluß zutrug.« Nach Irún scheint der Bruch besiegelt: »Wir hatten einen heftigen Streit und gingen auseinander. Sie blieben beisammen, und ich war allein.«

Manier geht also allein weiter. Die anderen aber holen ihn ein: »Wieder wanderten wir alle vier gemeinsam.« Sie verirren sich sogar alle zusammen vor Santo Domingo de la Calzada, finden aber die Straße nach Burgos wieder – und jetzt geht es wirklich nicht mehr: »Delorme, dieser Verräter, hatte dem Hermand eingeflüstert, ich wolle ihn verlassen, wobei er verschwieg, daß er selbst damit einverstanden gewesen war und ich mit ihm gehen sollte. Hermand suchte also Streit mit mir; es kam zur Schlägerei. Da mir Hermand ein paar Hiebe versetzte, schlug ich auf seinem Rücken meinen Pilgerstab entzwei. Wäre nicht ein französischer Kesselflicker herangeeilt, es hätte schlimm ausgehen können. Trotzdem haben wir den Ort als gute Freunde wieder verlassen.« Die ziemlich ungewisse Wiederversöhnung geschieht auf Kosten Delormes; jetzt ist er an der Reihe, allein vorauszugehen.[64]

In den Archiven von Bordeaux findet man die Klage eines Einwohners von Genf mit Namen Jehan-André Falques gegen seinen Gefährten, der ihn nicht nur unterwegs im Stich gelassen hat, sondern auch noch seine Wechselbriefe mitgehen ließ.[65]

Der kleine Bonnecaze aber durchlebt schwere Zeiten. Immer noch geht er barfuß. Das Nasenbluten hört nicht auf. »Alles drückte mir aufs Gemüt, der Regen, das Elend, der Hunger. Meine Kameraden hatten genug von mir und fürchteten, ich würde unterwegs noch sterben.« Aber dieser kleine Bonnecaze ist ein Dickkopf. Er gibt nicht auf. Er geht weiter. »Als wir in Viana angekommen waren, fühlte ich mich sehr schwach; ich hatte ja viel Blut verloren und litt auch an dem ganzen Elend Tag für Tag. Und da ich nur langsam vorankam, war ich meinen Kameraden eine wahre Last; sie wollten nicht mehr auf mich warten.«

Ein jeder der Gruppe geht in diesem Städtchen in ein anderes Viertel, um Almosen zu erbitten. Bonnecaze bleibt auf der Hauptstraße und wartet am Ortsausgang von Viana auf seine Gefährten. Er wartet bis in die Nacht hinein. Vergeblich. Er schläft an Ort und Stelle. Am anderen Morgen erfährt er, daß seine Kameraden einen anderen Weg, den durchs Gebirge, eingeschlagen haben. »Sie hatten mich aufgegeben«, stellt er lakonisch fest. Und geht allein weiter.[66]

Die kleinen Friedhöfe am Wegrand sind voll von solchen erschöpften, kranken Pilgern, verlassen von den Ihren oder aber auch selbst sich aufgebend, mitten im duftenden Thymian und umhaucht vom warmen Geruch der Schafe am Rande des großen Weges. Einige Tagesmärsche vor dem Ziel Santiago de Compostela liegt Villafranca. Seine Jakobuskirche besitzt das Sonderprivileg, denen, die nicht weiter kommen als bis an ihre Schwelle aus grauem Granit, dieselben Ablässe zu gewähren, die sie in Compostela selbst erworben hätten. Diese Pilger erleben das größte aller Abenteuer: Sie sind am Ende ihrer selbst, ohne am Ende des Weges zu sein.

SECHSTES KAPITEL

SCHÜTZENDE RITTERORDEN

Recht auf Gastfreundschaft und rücksichtsvollen Empfang – Wunderbare Feuersbrunst – Guillaume und Escrivette – Wie die Kaufleute – Diebstahl mit Hilfe von Drogen – Schlechte Leute – Gewicht und Maß – Das Erbe des Pilgers – Cluny gibt das Beispiel – Unsere Herren Kranken – Das Schwert des heiligen Jakobus – Honig für die Mitbrüder

Der Weg drückt auf Beine und Schultern, besonders am Abend. Regen, Wind, Sonne – wie gewöhnlich. Seit heute morgen hatten Sie nichts zu essen als das Brot in Ihrem Beutel, und Sie fangen an, den Horizont nach der Raststätte für die nächste Nacht abzusuchen. Ein Wirtshaus? Eine Herberge? Ein Dorf? Wie weit ist der Weg noch? Wird es Platz geben? Wird man mich aufnehmen? Sie haben ein Recht auf die Güte aller, aber ...

> »Die Pilger, die von Santiago kommen oder dorthin gehen«, so erklärt Aymeri Picaud, »seien sie arm oder reich, sollen von allen mit Liebe und Rücksicht aufgenommen werden; denn jeder, der sie mit Eifer aufnimmt und beherbergt, bei dem ist nicht nur Sankt Jakobus zu Gast, sondern unser Herr selbst, wie es im Evangelium heißt: ›Wer euch aufnimmt, der nimmt mich auf‹ [Mt 10,40]. Es gibt viele, die einst den Zorn Gottes auf sich herabriefen, weil sie die Jakobuspilger und die Bedürftigen nicht hatten aufnehmen wollen.

Ein Weber in Nantua, einer zwischen Genf und Lyon gelegenen Stadt, hatte einem darum bittenden Santiagopilger das Brot verweigert; er sah plötzlich sein Tuch mitten durchgerissen zu Boden fallen. In Villeneuve wandte sich ein armer Compostelapilger an eine Frau, die unter heißer Asche Brot liegen hatte, und bat sie um der Liebe Gottes und des seligen Jakobus willen um eine Gabe. Sie antwortete ihm, daß sie kein Brot habe. Der Pilger entfernte sich mit den Worten: ›Möge Gott dir dein Brot in Stein verwandeln!‹ Schon war der Pilger weit von dem Haus entfernt, als diese böse Frau unter der Asche ihr Brot suchte und nichts fand als einen runden Stein. Mit reumütigem Herzen lief sie allsogleich dem Pilger nach, konnte ihn aber nicht mehr erreichen.

Einst kamen zwei wackere französische Pilger ohne jede Habe aus Santiago zurück und suchten in Poitiers vom Haus des Jean Gautier an bis Saint-Porchaire um der Liebe Gottes und des heiligen Jakobus willen eine Unterkunft, fanden aber keine. Endlich wurden sie im letzten Haus dieser Straße neben der Basilika Saint-Porchaire von einem armen Mann gastlich aufgenommen. Und da geschah es: Durch göttliche Vergeltung bewirkt, brach in dieser Nacht eine rasende Feuersbrunst aus, die im Nu den ganzen Straßenzug in Asche legte, angefangen bei dem Haus, in welchem die Pilger zuerst um Obdach gebeten hatten, bis zu dem, wo sie Unterkunft fanden. Es waren ungefähr tausend Häuser. Aber ebenjenes, darin die Diener Gottes aufgenommen worden waren, blieb durch Gottes Gnade verschont.

Darum soll jeder wissen, daß die Santiagopilger ein Recht auf Gastfreundschaft und einen rücksichtsvollen Empfang haben, seien sie nun reich oder arm.«[1]

In den ersten Zeiten der Wallfahrt kann man kaum mit etwas anderem rechnen als mit der Nächstenliebe der Anwohner, dem Obdach in den Kapellen, mit strohbelegtem Boden oder der kargen Gastlichkeit einiger Klöster. Erst nach und nach wächst jenes zum Heil des Christen so wesentliche »Werk der Barmherzigkeit« heran: denen zu essen und zu trinken reichen, die es brauchen, Kleidung denen geben, die keine haben, die Kranken pflegen, die Gefangenen loskaufen, die Eingekerkerten besuchen, die Armen und die Reisenden beherbergen, die Toten begraben.

So lassen im Jahre 542 König Childebert und seine Gemahlin, Königin Ultrogothe, in Lyon ein Hospiz errichten. »Dem Zweck der Gründung entsprechend soll die Pflege der Kranken sowie die Aufnahme der Pilger stets die treue und beständige Sorge dieses Hauses bleiben. Sollte jemals einer, welchen Standes und welchen Ranges er auch sei, unserer gegenwärtigen Verfassung zuwiderhandeln oder irgendein Recht des genannten Hospizes beschneiden, so daß, was Gott verhüten möge, das Haus aufhörte zu existieren, so sei er als Mörder der Armen mit einem unwiderruflichen Bann belegt.«[2]

Noch handelt es sich nicht um den Santiagopilger, doch dieser wird eine ganz besondere Kundschaft an Armen ausmachen, die Nächstenliebe und Berechnung zugleich erweckt. Und die ganz natürliche Auswertung der theologischen Grundsätze wird gerade dem Pilger als solchem den Schutz der kirchlichen und königlichen Gesetze, die Gastfreundschaft und den Beistand der Ritterorden und der Klöster sowie auch die Fürsorge der Bruderschaften gewährleisten.

Wir werden aber bald sehen, daß der Pilger trotz der »Veramtlichung« von Almosen- und Herbergswesen entlang des Weges nach Santiago am Ende des Tages sehr oft der Ausbeutung durch die Wirte ausgeliefert und auf allzu zufällige Gesten der Bruderliebe angewiesen ist.

Das Lied singt von Guillaume. Er hat Escrivette geheiratet, als sie noch ein Kind war, und zieht in den Krieg, um sie in Ruhe zur Frau heranreifen zu lassen. Erst nach sieben Jahren kommt er zurück. Er klopft an seine Tür und ruft: »Escrivette, mach auf!« Aber die Mauren haben Escrivette entführt. Da begibt er sich auf die Suche:

L'est au château du Maure, du Maure Sarrasin
Comment pourrait-il faire pour y entrer, comment?

Habillez-vous en forme de pauvre pèlerin
Vous mendierez l'aumône tout au long du chemin.

Ne ferez-vous l'aumône au pauvre pèlerin?
Escrivette à la fenêtre une pièce a jetée.

Tout en faisant l'aumône reconnaît son mari
Servante mets la table, et du pain et du vin.

Escrivette est partie avec le pèlerin
Et du château du Maure a pris l'or le plus fin.

Sie ist im Schloß des Mauren, des sarazenischen Mauren.
Wie stellt er es nur an, hier hereinzukommen?

Kleidet Euch als armer Pilger,
Erbettelt Almosen am Wege.

Gebt Ihr dem armen Pilger keine Gabe?
Escrivette hat ihm vom Fenster aus ein Geldstück zugeworfen.

Als sie das Almosen gibt, erkennt sie ihren Gatten.
Dienerin, bereite den Tisch, Brot und Wein.

Escrivette ist mit dem Pilger geflohen
Und hat aus dem Maurenschloß das kostbarste Gold mitgenommen.

So macht also das Gewand den Mann zum Pilger. Diese bekannte und überaus ehrwürdige Uniform ist ein richtiger Reisepaß, der alle Grenzen, auch die verschlossensten, öffnet. Es ist noch nicht so lange her, da zeigten die Bilderbogen aus Épinal in der Geschichte von der Ziege, dem Wolf und den Geißlein den Wolf in der Verkleidung eines Santiagopilgers; der Abscheuliche klopfte also an die Tür der Hütte und erbat »Gastfreundschaft um der Liebe Gottes willen« – glücklicherweise erkannte die Ziegenmutter den Bösewicht und ließ ihn durch den Kamin herein.[3] Gegen Ende des 14. Jahrhunderts empfiehlt König Ferdinand von Aragonien in seinem Kampf gegen den unglücklichen Grafen von Urgel dem Grafen von Pallars, die Häfen und die Straßen überwachen zu lassen, damit jener sich nicht »unter einem Pilgergewand«[4] davonmache. Im Jahre 1531 prügelt der Henker von Douai den gebürtigen Pariser Pierre de Laude mit Ruten vom Vorplatz der Markthalle bis zum Kirchentor von Notre-Dame, weil er den Compostelapilger nachäffte: »Er hatte sich das Gesicht mit Kräutern eingerieben und geschminkt, um ein erbarmungswürdiges und krankes Aussehen zu bekommen und so die Gaben guter Leute einzuheimsen und die Armen zu bestehlen.«[5]

Eine Verordnung Philipps II. vom 13. Juni 1590 verbietet jedem, der nicht wirklich auf Wallfahrt geht, sich als Pilger zu kleiden. Der Pilger selbst darf sich zum Almosensammeln nicht mehr als vier Meilen vom Weg entfernen; und wenn er Ausländer ist, muß er beim Betreten des Königreiches vom Gerichtsbeamten einen Geleitbrief erbitten; bei Zuwiderhandeln gilt er als Vagabund.[6]

Dieser Text ist nur ein Beispiel aus der Liste der Vorschriften und Erlasse, die vor allem in Spanien versuchen, den Sonderstatus des Pilgers zu erfassen.

Es geht darum, ihn vom Scheinpilger zu unterscheiden und ihm den Schutz der kirchenrechtlichen und königlichen Gesetze angedeihen zu lassen, aber auch die Hilfe der Ritterorden und den Beistand der klösterlichen Einrichtungen und der Bruderschaften sicherzustellen. Unter der Schirmherrschaft der Kirche, der großen Abteien und der Fürsten entsteht allmählich eine Art internationalen Rechtes; es regelt die große Völkerwanderung nach Compostela, entzieht den Pilger dem unentwirrbaren Geflecht vielfältiger, manchmal auch widersprüchlicher örtlicher Gepflogenheiten und gewährt ihm zu seiner Sicherheit eine gewisse Anzahl von Vorrechten.

Kanon 4 des Konzils von León (1114) zum Beispiel verfügt: »Die Pilger können, wie auch die Kaufleute, in den spanischen Königreichen frei herumreisen, ohne daß irgend jemand Hand an sie oder an ihr Hab und Gut legen darf.« Ein Text der königlichen Kanzlei gibt dazu noch an, daß sich dieser Schutz auch auf die Begleiter des Pilgers erstreckt, seien sie nun Gefährten oder Diener. Die Santiagopilger müssen »geehrt und geschützt« werden. Wer sich auf den Weg macht »in der Absicht, Gott zu dienen und die Vergebung der Sünden und das Paradies zu erlangen«, sei genauso gut aufgenommen wie der, welcher »in der Absicht [reist], irgend etwas zu erwerben.«

Die Jubiläumsjahre bieten den Königen Gelegenheit, die Schutzpflichten in Erinnerung zu rufen und genauer darzulegen. König Johann II. von Navarra befürchtet im Jahre 1434, daß ein Strafgesetz, das aus Anlaß von Streitigkeiten zwischen deutschen und spanischen Kaufleuten erlassen worden war, die Wallfahrt hemme; darum bewilligt er vom 1. Januar bis zum 31. Dezember »den Bewohnern der Königreiche Italien, Frankreich, Deutschland, Ungarn, Dänemark, Schweden, Norwegen und jeder anderen Nation« ein allgemeines freies Geleit, damit sie während des ganzen Jahres in voller Sicherheit kommen, verweilen und heimkehren können »zu Land und zur See, bei Tag und bei Nacht«. Die Schutzverpflichtung wird am 7. Juni in Segovia durch einen Erlaß festgelegt; wer ihm nicht entspricht, setzt sich der Todesstrafe durch Erhängen aus sowie dem Entzug der Ämter und der Beschlagnahme der Güter.[7]

Die Gesetzgebung Kastiliens sieht vor, daß die Bürgermeister und die Richter allen Schaden, den sie einem Pilger zugefügt haben, schnellstens wiedergutmachen sollen, damit dieser seine Wallfahrt ohne Verzug fortsetzen kann. Bei Nichteinhaltung dieser Vorschrift sind die Bürgermeister und Richter dazu verurteilt, dem Pilger »doppelten Schadenersatz und die Ausgaben« zu zahlen.

Das erste Privileg des Pilgers ist die Befreiung vom Wegegeld; er braucht auch für die Tiere und die Sachen, die er bei sich hat, keinerlei Abgabe zu entrichten. »Man soll wissen: Diese Zöllner dürfen auf keine Weise von irgendeinem Pilger einen Zoll eintreiben.«[8] So ruft Aymeri Picaud in Erinnerung. Er regt sich jedesmal auf, wenn ihn die Basken und die Navarresen zu ungerechten Abgaben zwingen. Zwei Jahrhunderte später scheint man die Regelung immer noch nicht besser einzuhalten; ein in Estella am 3. August 1360 für Aymeri aus Narbonne und Thibaud aus Verona, beide auf dem Weg nach Compostela, ausgestellter Geleitbrief befiehlt »streng [...], daß die genannten Adeligen oder der Träger der vorliegenden Schreiben selbst sowie jene, die sie begleiten, mit ihren Gold- und Silbermünzen und allen ihren anderen Gütern [...] in Sicherheit durch das genannte Königreich reisen dürfen, ohne einen Zoll oder eine andere gebräuchliche Abgabe entrichten zu müssen.«[9] Mit anderen Worten: Das gilt nicht für jedermann.

Doch der Schutz des Pilgers bleibt die Regel. Solange die Wallfahrt dauert, gilt seine Person als unantastbar, wie auch die Güter, die er zu Hause zurückläßt. So sieht das Gewohnheitsrecht von Navarra eine Sicherheit von einem Monat für die Reise nach Compostela und von einem Jahr und einem Tag für die nach Jerusalem vor. Auf diese Tradition stützt sich die Kirche, als sie dieses Privileg auf die Kreuzfahrer ausdehnt, die den Pilgern zugerechnet werden und deren Güter während der ganzen Zeit ihrer Abwesenheit unter Rechtsschutz stehen.

Das kastilische Gewohnheitsrecht gibt sogar an, daß das Ehrenwort des Pilgers während seiner Wallfahrt unanfechtbar sei; und wenn er »im Namen seiner Reise« schwört, ist sein Zeugnis gültig. Als Gegenleistung erwartet man von ihm, daß »er seine Wallfahrt mit großer Frömmigkeit vollbringe, Gutes sage und tue und sich vor dem Bösen hüte«; er soll auch keinen Handel treiben.[10]

Im Jahre 1095 untersagt der Schwager des Königs von Kastilien und Statthalter von Galicien, Raimund von Burgund, den Händlern von Compostela jegliche direkte Pfändung, ohne vorher einen von Zeugen gestützten Antrag an den Bischof und den Rat gerichtet zu haben. Bischof Gelmírez erläßt ein Dekret, um »die Armen zu schützen«; er bestätigt das Verbot der Pfändung bei Kaufleuten und Pilgern »unter Strafe doppelter Rückerstattung des eingezogenen Gutes, unter

Androhung auch der Exkommunikation mit der Auflage, dem Landesherrn eine Geldstrafe von sechzig Sueldos zu entrichten«.[11]

1123 exkommuniziert das I. Laterankonzil alle jene, die einen Pilger bestohlen haben. In Navarra verordnet das Gewohnheitsrecht, daß die Diebstahlfälle auf dem *camino francés* dem königlichen Gericht unterstehen sollen, was besonders harte Strafen bedeutet. 1336 wird zu Estella ein gewisser Miguel aus Tarazona gehängt, weil er auf dem Pilgerweg nach Santiago einen Mann getötet hat; ein Jahr zuvor hat aber ein gewisser Sancho aus Latsalde de Garde dasselbe Los wegen eines einfachen Diebstahls erlitten.[12] Das kastilische Gewohnheitsrecht führt als Beispiel das Urteil über einen gewissen Andrés an; angeklagt, einem Pilger Geld gestohlen zu haben, gesteht er, auf Anstiften seines Bruders Don Esteban, Abt von San Pedro, gehandelt zu haben. Zu Beginn des 13. Jahrhunderts macht man kurzen Prozeß: Andrés wird gehängt, und Bischof Mauricio entzieht Don Esteban Ämter und Pfründen und verurteilt ihn überdies zu zwei Wallfahrten nach Rom (vier Jahre später wird ihm vergeben).[13]

Domingo Ferrandiz und seine Frau Maria werden angeklagt, in das Getränk der Pilger Schlafmittel gemischt zu haben, um sie bestehlen zu können; sie fliehen. Der Vogt von Roncesvalles, Arnaut de Alzu, jagt mit etwa zwanzig Mann hinter ihnen her und stöbert sie in einem Gehölz auf. Domingo wird gehängt, seine Frau verbringt dreißig Tage im Gefängnis und wird dann freigelassen, »weil ihr Ehemann sie von den genannten Verbrechen entlastet hatte«.[14] Im Jahre 1330 läßt der Vogt von Estella einen Engländer hängen, denn auch er »verabreichte den Pilgern unterwegs einen Kräutertrank, der sie einschläferte, so daß er sie bestehlen konnte«.

Nach den Rechnungsbüchern von Navarra sind die Wegelagerer häufiger Engländer als Einheimische – diese waren sicher viel empfindlicher für die Androhung kirchlicher Strafen als die Straßenräuber, die zwischen zwei Kriegen den spanischen Norden unsicher machten. Im 14. Jahrhundert entledigt sich König Karl V. von Frankreich der »Grandes Compagnies«; Du Guesclin stellt sie in den Dienst

Heinrichs von Trastamara gegen dessen Bruder und Rivalen Peter den Grausamen, der selbst durch den Schwarzen Prinzen und seine englischen und walisischen Söldnertruppen unterstützt wird. Fahnenflüchtige, Erwerbslose und zahlreiche Straßenräuber überfallen die Pilgerherbergen, Gasthäuser und Rasthütten am *camino*, terrorisieren und plündern die Pilger.

In Pamplona finden sich Hinweise auf Festnahme und Hinrichtung eines Engländers und »anderer schlechter Leute« durch Erhängen (1219); im Jahre 1337 wird ein anderer Engländer, ein gewisser Thomas aus London, verurteilt und gehängt, weil er einem aus Santiago zurückkehrenden Pilger fünf Goldgulden und die Pilgerbescheinigung gestohlen hat.

Eine andere Form des Diebstahls sind die Übergriffe der Händler und der Gastwirte. Während der schönen Jahreszeit und besonders in den Jubiläumsjahren treibt die Ankunft der ersten Wallfahrer die Preise hoch: Martir, ein armenischer Bischof, erklärt 1489, er habe wegen der teuren Lebensmittel nicht länger als vier Tage in Compostela bleiben können. Dabei hatte Erzbischof Gelmírez 1113 die Verkaufspreise für Nahrungsmittel und Pferde wie auch die Regelung der Maße und Gewichte für alle jene Ortschaften festgelegt, in denen Verstöße vorgekommen waren. Alfons IX. erinnert 1226 daran, daß der Wein und das Brot, die man den Pilgern vorsetzt, von derselben Güte sein müssen wie jene, mit denen man sie angelockt hat, und dies »unter Strafe von zehn Maravedís«. In der gleichen Verordnung beschäftigt er sich auch mit den Maultierverleihern, die die Gewohnheit haben, die Pilger hinsichtlich zurückgelegter Entfernungen zu täuschen oder sie durch Zwang und List zum Absteigen zu veranlassen, noch bevor sie den vereinbarten Ort erreicht haben; in allen solchen Fällen wird dem Maultiertreiber das Reittier beschlagnahmt; handelt es sich um einen Angestellten des Verleihers, muß er eine Strafe von fünf Maravedís zahlen, oder er wird, wenn er nicht zahlen kann, öffentlich ausgepeitscht.

Ein deutscher Pilger übernachtet bei einem gewissen Gil Buhón und vertraut der Wirtin eine Geldtasche ohne Sicherheitsverschluß an. Als er fünf Tage später aufbricht, bemerkt er, daß ihm Geld fehlt. Er erhebt Klage beim Alkalden. Dieser läßt ihn »im Namen seiner Wallfahrt« schwören, daß er bestohlen wurde und um wieviel. Der Deutsche leistet den Eid, und Gil Buhón wird zur Rückerstattung der entwendeten Summe verurteilt. Die Vorschriften von Oviedo aus dem Jahre 1274 bestätigen die Haftpflicht der Herbergswirte in solchen Fällen, wenn sie nicht die Vorsichtsmaßnahme ergreifen, »an ihren Türen starke Ketten zu haben und sie dem Gericht vorzeigen zu können«.[15]

Die Richter und Alkalden scheinen in Streitfällen mit der Ortsbevölkerung oft geneigt zu sein, den Pilgern recht zu geben, wie eine Strophe des Liedes der Pilger von Aurillac vielleicht vermuten läßt:

Dabant el jutge, li dizem
Que per pregar Dieus noi venem
Non per far dam ni damatge
Lo jutge ditz: »Patz, bon viatge!«[16]

Vor dem Richter sagten wir,
Wir kämen, um zu Gott zu beten,
Und nicht, um Böses oder Schaden zu tun.
Der Richter sagte: »Friede, gute Reise!«

Im Jahre 1569 erläßt die Stadt Santiago neue Verordnungen, um die Ausbeutung der Pilger durch die Herbergswirte zu unterbinden. Auch hier ist wieder die Rede von Maßen und Gewichten, von Preisgrenzen für Brot, Wein und Fleisch und sogar im einzelnen von der Einrichtung der zu vermietenden Zimmer. Da müssen die den hochgestellten Gästen reservierten Kammern »mindestens zwei Matratzen, Bettücher aus feinem Leinen und Kopfkissen« besitzen; die einfachen Pilger haben ein Recht auf »mindestens eine Matratze und ein Kopfpolster, zwei Bettücher und zwei Decken, alles peinlich sauber«. Der Mietpreis für die besseren Zimmer darf zehn Maravedís, der für die einfachen Zimmer vier Maravedís nicht übersteigen, unter Strafe von dreihundert Maravedís und drei Tagen Gefängnis. Ein sichtlicher Fortschritt dieser Gesetzgebung liegt darin, daß das Preisverzeichnis, besonders der wichtigsten Weinsorten, verpflichtend wird.[17]

Bei schweren Mißbräuchen können die Fürsten selbst, wenn nötig militärisch, eingreifen, um die Schuldigen zu bestrafen. Richard Löwenherz zieht in Moissac zwei Ritter vor Gericht. Sie sind angeklagt, Pilger mißhandelt zu haben. Ein anderes Mal, am 9. Januar 1177, dem ersten Sonntag nach Epiphanie, belagert und erstürmt Richard das Schloß Saint-Jean-le-Vieux im Baskenland. »Und anschließend ließ er die Basken und Navarresen schwören, den Frieden zu bewahren; und er machte allen schlechten Gewohnheiten ein Ende, die sich in Sorde und Lesperon eingeschlichen hatten, wo man üblicherweise die Santiagopilger filzte.«[18]

Im Béarn folgen drei der vier Hauptwege – der Weg von Le Puy über Orthez und L'Hôpital-d'Orion nach Ostabat, der Weg von der Provence über Oloron zum Somportpaß und der Zubringerweg durch das Ossau-Hochtal zum Somport – fast genau den Straßen des Vicomte; nach dem Béarneser Gewohnheitsrecht stehen nämlich die *camis deu senhor* (die herrschaftlichen Wege) unter dem besonderen Schutz des Vicomte, der über die Sicherheit des Durchreisenden und seiner Habe zu wachen hat. Hier zahlen die Pilger weder Brücken- noch Wegzoll und sind den mißbräuchlichen Forderungen der kleinen Grundherren entzogen, die anderswo aus dem Durchzug der Pilger Profit zu schlagen versuchen.[19]

Andere, grundsätzlich geschützte Orte sind die Asylterritorien. Eines der besten Beispiele dafür ist im 11. Jahrhundert die Abtei La Sauve-Majeure bei Bordeaux. Wer sich in diese Abtei begibt oder von ihr herkommt, erfreut sich eines als Schutzrecht geltenden besonderen Freibriefs; das freie Geleit gilt auch für jene, die von einem der Mönche begleitet werden. Obwohl die Abtei abseits liegt, wird sie dank dem Grab ihres heiligen Gründers Gerhard zu einem bedeutenden Sammelpunkt für die Santiagopilger; sie kommen hierher, beichten, machen ihr Testament und nehmen aus der Hand des Abtes Stab und Beutel, die er zuvor gesegnet hat, entgegen.[20]

Der gute König Alfons IX. sorgt sich nicht nur um den Schutz der lebenden Pilger; er nimmt auch die Interessen jener wahr, die unterwegs sterben. In seinen Verordnungen aus dem Jahre 1228 ergreift er Maßnahmen bezüglich ihrer Erbschaften:

– Wenn der Pilger ein Testament hinterlassen hat, muß es eingehalten werden.
– Wenn er ohne Testament stirbt, ihn aber Pilger aus demselben Land begleiten, sind diese verpflichtet, seinen Erben treu zu melden, was er beim Sterben hinterlassen hat; der Gastwirt, in dessen Haus er starb, darf nach seinem Tod nur sein bestes Gewand beanspruchen.
– Wenn er ohne Testament stirbt und auch keinen Begleiter hatte, wird seine hinterlassene Habe in drei Teile geteilt; ein Teil gehört der Kirche, wo man ihn beerdigt, ein Teil dem König und der dritte seinem Wirt.[21]

Hatte der Verstorbene Begleiter, so obliegt diesen die Sorge für die Beerdigung; die Kosten dafür können aber von seinem Erbe abgezogen werden.

Die Satzungen von 1254 erklären den Ortsrichter zum Treuhänder von Hab und Gut eines ohne Testament und Begleiter verstorbenen Santiagopilgers; er muß zum Segen der Seele des Verstorbenen darüber verfügen und nach Benachrichtigung des Königs diese Güter für eine bestimmte Anzahl guter Werke, deren Verdienste dem Pilger im Jenseits angerechnet werden, verwenden.

In ähnlicher Weise sieht das Gewohnheitsrecht von Jaca im Jahre 1187 vor, daß die Habe des Pilgers ohne Testament dreißig Tage lang aufbewahrt werden soll; falls ein Verwandter des Verstorbenen vor Ablauf dieser Frist eintrifft, überläßt man ihm zwei Drittel der Habe; das letzte Drittel wird zum Heil der Seele des Dahingeschiedenen aufgewendet, so, wie es einsichtige Männer und der Bischof für angemessen halten; meldet sich niemand von seiner Familie, dann dient alles seiner Seelenruhe.[22]

Schützende Ritterorden

Die spanischen Könige sorgen sich also sehr um den Pilger. Auch die Mönchs- und Ritterorden wachen über ihn und, so könnte man sagen, stehen »zu seinen Diensten«. Zum Beispiel ist der Einfluß Clunys auf den Wegen nach Compostela so stark, daß manche Historiker die große burgundische Abtei zum wahren Initiator dieser Wallfahrt gemacht haben. Joseph Bédier etwa schreibt in seinen *Commentaires sur la Chanson de Roland:* »Es war die Abtei von Cluny, die die Wallfahrten nach Compostela organisierte.« Wir wollen hier nicht in diese Diskussion eintreten, sondern nur feststellen, daß zwischen Cluny und dem *camino francés* ganz allgemein eine enge Verbindung besteht, und zwar seit der Regierung Alfons' VI., des Enkels Sanchos des Großen, der in zweiter Ehe Konstanze von Burgund, die Nichte des Cluniazenserabtes Hugo von Semur, heiratet; seine legitime Tochter Urraca ehelicht Raimund von Burgund, durch dessen Einfluß Dalmatius, der frühere kanonische Visitator von Cluny, unter dem Cluniazenserpapst Urban II. zum Bischof von Compostela erhoben wird. Einige Jahre später erhebt ein anderer aus Cluny stammender Papst, Kalixt II., Diego Gelmírez zum ersten Erzbischof von Santiago; Kalixt II. ist der Bruder Raimunds von Burgund. Noch im 14. Jahrhundert hat Cluny in Spanien etwa dreißig Niederlassungen; in Frankreich liegen an den Pilgerstraßen oder in deren Nähe vor allem Saint-Jean in Angély und Saint-Eutrope in Saintes, Sainte-Marie-Madeleine in Vézelay, Saint-Pierre in Moissac und Saint-Gilles-du-Gard. Die Ausstrahlung von Cluny ist geschichtlich unbestreitbar; und seine Ausbreitung im spanischen Norden, an den Grenzen der Christenheit – eine übrigens recht natürliche Ausbreitung – konnte nur deswegen einen solchen Aufschwung nehmen und eine solche Eigenart herausbilden, weil zwischen Burgund und Galicien, zwischen der Abtei und dem *camino,* zwischen Cluny, Rom und Compostela so enge Bande bestanden. Daß die Wallfahrt nach Santiago und die Abtei Cluny in den gleichen Jahrhunderten berühmt wurden – den Höhepunkt bildet das 12. Jahrhundert –, ist gewiß kein Zufall. Es ist aber auch sicher, daß die Wallfahrt schon vor der Abtei bestand und sich ohne sie entwickelt hat. Obwohl die Jakobuswallfahrt den politischen Zielen Kalixts II. entgegenkam, scheint ihr außerordentlicher Aufschwung doch zu beweisen, daß sie einem tiefen Bedürfnis entsprach, das nicht künstlich durch Cluny hervorgerufen worden ist.

Übrigens haben neben den Burgundern auch andere zur materiellen und organisatorischen Förderung der Jakobuswallfahrt beigetragen. Ein Mönch des Klosters La Chaise-Dieu mit Namen Aleaume gründet das große Hospital del Rey in Burgos; ein anderer Mönch legt im ausgehenden 11. Jahrhundert das Grab des heiligen Frontus in der Kathedrale Saint-Front in Périgueux an; die Abtei Saint-Denis bei Paris besitzt in Hornillos ein Pilgerhaus, das hernach unter dem Namen Nuestra Señora de Rocamador der Abtei Tulle übertragen wird; das Kloster Saint-Géraud in Aurillac verwaltet das Hospiz von El Cebrero hoch über dem Puerto de Piedrafita zwischen León und Galicien; Augustinerchorherren dienen im großen Hospiz Santa Cristina am Somportpaß, lassen sich in Roncesvalles und in den Bergen von Aubrac nieder, der gefährlichsten Strecke auf dem Weg von Le Puy; in ihrer Nachfolge gründen die Zisterzienser und die Prämonstratenser im Béarn und in Spanien mehrere Häuser; in den Jahren 1141 bis 1153 bauen die Weißen Mönche in Galicien und Kastilien;[23] die Antoniter verlassen ihre Dauphiné, um nach Castrogeriz umzusiedeln und die armen Fieberkranken zu pflegen; zu Anfang des 12. Jahrhunderts errichtet die Abtei von Fontevrault mehrere Priorate in Spanien, zwei davon am *camino*.[24] Frömmigkeit und Ansehen sind bei all diesen karitativen Gründungen eng miteinander verflochten. Dasselbe gilt für die im ersten Kreuzzug entstandenen Ritterorden; zur Zeit der Reconquista öffnet sich den Ordensrittern in Spanien ein hervorragendes Wirkungsfeld für ihre doppelte Berufung als Mönche und Soldaten.

Die Johanniter, auch Hospitaliter und später Malteser genannt, sind überall anzutreffen. In Frankreich sitzen sie in Tournon, in Saint-Gilles, in Toulouse. Sie besitzen zwischen der Pointe de Grave und Bordeaux nicht weniger als sechs Niederlassungen und zur Überfahrt nach Galicien Häfen längs der französischen Atlantikküste zwischen La Rochelle im Westen und dem Mont-Saint-Michel im Norden, nämlich Vildé-la-Marine, Dol, Erquy, Hillion, Perros-Guirec und Sibiril.[25] Man trifft die Johanniter in Parentis im Béarn, in Irissarry im französischen Baskenland und auch in Sangüesa; die Burg von Estella gehört ihnen, auch das Pilgerhospiz in Puente de Orbigo, ebenso eines von denen in Puertomarín und manche andere. Überall behandeln sie die Armen mit Ehrfurcht, vor allem die Pilger und die »Herren Kranken« unter ihnen.

Auch die Templer haben in Spanien ihre Pilgerhäuser, so in Jaca, Burgos, Cízur Menor und Mallén, ferner Schutzburgen wie die in Cornatel oder in Ponferrada. So können wir unterwegs unter den Gruppen der Pilger den Hospitalitern begegnen mit ihrem weißen Kreuz auf schwarzem Mantel, den Templern mit hochrotem Kreuz auf weißem Mantel, in Montpellier auch den Deutschordensrittern, den Deutschherren, in ihren weißen Mänteln mit dem schwarzen Kreuz, ferner den Rittern vom heiligen Lazarus, den Lazariten, mit grünem Kreuz auf weißem Mantel; die Letztgenannten nehmen sich in ihren Krankenstationen der Aussätzigen an, vor allem im Poitou. In der Bretagne stößt man auf die Trinitarier, die sich im Verein mit den Seeleuten die Aufgabe gestellt haben, von Piraten entführte Pilger loszukaufen und heimzubringen. Man würde solche Fürsorge schwer verstehen, vergäße man, daß der Pilger während seiner ganzen Wallfahrt durch sein Unternehmen gewissermaßen geheiligt ist; wer ihn beschützt, wer ihm beisteht, der tut es Jesus selbst, jenem Jesus von Nazareth auf den staubigen Wegen von Galiläa.

Die Wallfahrt nach Compostela führt sogar zur Gründung eines eigenen Ordens, des Ordens von Santiago oder Santiagoordens. Sein erstes Banner wurde 1175 in Rom von Papst Alexander III. geweiht, das zweite im September 1376 in der Abtei Saint-Victor zu Marseille von Papst Gregor IX. auf der Rückkehr von Avignon nach Rom. Das Banner zeigt auf rotem Grund den Apostel in Weiß, zu Pferde, wie er mit der einen Hand das Kreuz, mit der anderen das Schwert hochhält; es ist Santiago Matamoros, Sankt Jakob der Maurentöter, in der Schlacht von Clavijo. Die andere Seite der Standarte trägt das Doppelkreuz des Ordens; später bekommt dieses Kreuz die Form eines Schwertes mit blumengeschmücktem Knauf. Am Morgen des 2. Januar 1492 weht das Banner der Santiagoritter, das man aus der Klosterfestung von Uclés hergebracht hat, auf dem höchsten Turm der Alhambra in Granada, zum Zeichen, daß die Reconquista beendet ist.[26] Vom Santiagoorden zeugen auf dem *camino francés* mannigfaltige Spuren; die bedeutendste Hinterlassenschaft ist das Pilgerhospital San Marcos in León. Aber auch in Frankreich, namentlich in den Landes, im Béarn und im Armagnac, bestehen zahlreiche Komtureien im Zeichen von »Saint-Jacques-de-l'Épée-Rouge«; zur Zeit König Philipp Augusts strahlt der Orden bis nach Étampes hinauf.

So bildet sich also durch die Sorge der Könige, der Abteien und der Orden ein weitverzweigtes Netz von Spitälern, Herbergen und Raststätten verschiedenster Art heraus, ganz zu schweigen von den karitativen Einrichtungen aller Größenordnungen, die aus privater oder öffentlicher Hand allüberall aufkeimen.

Vom 14. Jahrhundert an befaßt sich eine andere, diesmal unmittelbar der Wallfahrt und den Wallfahrern gewidmete Einrichtung mit dem Pilgerproblem: die Santiagobruderschaften. André Georges zählt allein in Flandern und im französischen Norden eine ganze Reihe von Spitälern auf, die von ehemaligen Pilgern gegründet wurden, auch *frairies* ehemaliger Pilger genannt: in Arras, Abbeville, Ath, Binche, Diest, Cambrai, Lüttich, Douai, Tournai, Maubeuge, Antwerpen und Brüssel. Von der Frairie in Mons heißt es: »Einige aus der genannten Stadt gebürtige Gefährten haben die Wallfahrt nach Santiago in Galicien gemacht; sie haben sich dann in der Pfarrkirche Saint-Germain zu einer Bruderschaft zusammengeschlossen.« Auch das Spital Saint-Jacques in Paris wurde von einer der ältesten Pilgerbruderschaften gegründet.[27]

Die Jacobs Brüder.

Erste Aufnahmebedingung ist natürlich, selbst, und zwar freiwillig, eine Wallfahrt nach Compostela gemacht zu haben. In Paris bestimmt »die fromme und angesehene Bruderschaft«, daß die Postulanten »durch Bescheinigung oder durch Zeugen den Erweis erbringen müssen, daß sie persönlich in der Stadt Compostela in der Kirche des heiligen Herrn Jakobus waren; und wenn sie weder Bescheinigung noch Zeugen besitzen, sollen sie auf einen Eid hin und im Namen ihrer angegebenen Wallfahrt aufgenommen werden«.[28]

In Gisors heißt es: »Keiner werde zugelassen, [...] der nicht wirklich die Reise an den Ort des Herrn Jakobus, des Heiligen, unternommen und vollendet [...] und vom Bürgermeister oder Vogt die Bescheinigung des genannten Ortes oder das Zeugnis von vier glaubwürdigen Männern beigebracht hat.« Ebenso kann in Mons niemand in die Bruderschaft eintreten, der »gerichtlich zur Wallfahrt verurteilt worden war oder bei der Rückkehr von der genannten Reise eine Handelsware gegen Geld abgeliefert hat«.[29]

Eine andere Bedingung ist der gute Ruf. In Nîmes müssen die Bruderschaftsmitglieder sogar ganz besonders fromm sein: »Im Namen Gottes und der Jungfrau Maria und des heiligen Herrn Jakobus sei dieses Werk gesegnet! Die Herren hier setzen die Anordnungen ins Werk, die in Wirklichkeit durch die Mitglieder der Bruderschaft erstellt worden waren. Gott war mit ihnen, als sie zum erstenmal so handelten, denn sie müssen dreimal im Jahr beichten und in großer Demut das Abendmahl empfangen. [...] Niemand entziehe sich, will er nicht eidbrüchig werden.«[30] Damals (1321) verpflichtete die Kirche nur zur einmaligen jährlichen Beichte.

Ein Sonderfall wird aus Paris gemeldet: »Wenn eine schwangere Frau ihr Haus verläßt, um sich auf die genannte Reise zu begeben, und ihr Kind wird hernach geboren und getauft, so werden Mutter und Kind in die genannte Bruderschaft aufgenommen, wobei ein jedes an die Bruderschaft die Abgaben zahlt und die Mutter die Richtigkeit des Geschehenen bestätigt.«[31]

Dagegen werden keine Vorbedingungen gestellt hinsichtlich der gesellschaftlichen Herkunft der Pilger. Adelige, Bürger, Handwerker und Bauern sind gleichermaßen zugelassen. In Tournai zählen im Jahre 1375 ein Ritter und ein Metzger zu den Vorstehern. Als im 17. Jahrhundert in Aurillac die Jakobuskapelle in der Apsis des Chorumgangs von Saint-Géraud restauriert werden muß, wendet sich die Bruderschaft an einen Bildhauer, der von folgenden Leuten beauftragt wird: »dem Wirt Antoine Mousset, dem Gärtner Antoine Espinats, in diesem Jahr Säckelmeister der Sankt-Jakobs-Bruderschaft, sowie Nicolas Brousse, dem Rechtsbeistand der genannten Bruderschaft [...]; im Beisein von Louis Richard, Wirt, Jean Richard, Gabriel Maisonobe, Jean Lafon, Durand Loubière, Antoine Apchin und Jean Rogier, allesamt Pilger.«[32]

Der Vorsteher, der »König«, der Bruderschaft in Tulle ist der Nadelschmiedemeister Jean Grélé; der Hutmachermeister Constans Bleygeac, der Metzger Pierre Estorges und der Ölmüller Antoine Debernard sind die drei Rechtsbeistände.[33] Gewisse Satzungen schließen Kleriker und Mönche ausdrücklich von diesen Vereinigungen aus, in deren Kapiteln die Bürger und Handwerker anscheinend die Mehrheit bilden.

Die Jakobsbruderschaften haben wie andere Vereinigungen vielfältige Aufgaben. Sie sollen die Verehrung des Apostels fördern, Spitäler errichten, die Pflicht zur wechselseitigen Hilfe unter den Mitgliedern wachhalten und Meinungsverschiedenheiten unter den Jakobsbrüdern in Liebe schlichten. Also Nächstenliebe, Frömmigkeit, Brüderlichkeit. In Deutschland gibt diese Bruderschaft dem Pilger den Namen: Jakobsbruder. In Nîmes regeln im beginnenden 14. Jahrhundert die Statuten sogar das jährliche Gemeinschaftsmahl: »Nach der Feier der Messe kehrt man zwei und zwei in guter Ordnung an den Platz zurück, wo das Essen stattfindet. Während des Mahles soll jeder freundlich und geduldig sein und keinen Lärm machen, damit man den versteht, der uns die Tischlesung hält.«[34] Die Einkünfte fließen aus Schenkungen, Erbschaften, Beiträgen und verschiedenen anderen Quellen, in Roquefort-des-Landes zum Beispiel aus dem Verkauf von Honig; in Paris zahlen die neuen Bruderschaftsmitglieder bei ihrem Eintritt vierzehn Sous, vier als Beitrag, vier für das alljährliche Festessen und sechs für den Pilgermantel, den man ihnen stellt und den sie bei den Prozessionen am 25. Juli, am Jakobustag, tragen müssen. Die Hauptausgaben betreffen Erwerb oder Bau einer Jakobuskapelle und deren Wartung; sie muß stets mit Lichtern und Blumen versehen sein. Es kommt auch vor, daß die Bruderschaft die Beerdigungskosten für einen in Armut verstorbenen Mitbruder aufbringt; die Satzungen treiben den Gedanken der Solidarität sogar noch weiter: »Wer an der Totenwache für den verstorbenen Mitbruder nicht teilnimmt, zahlt zwölf Deniers. Wer es ablehnt, den toten Mitbruder zu tragen [...], zahlt drei Deniers.«[35] In Aurillac verteilen die Säckelmeister der Bruderschaft jeden Sonntag auf öffentlichem Platz achtundvierzig Almosen; dieselben Leute sorgen während der Woche eifrig dafür, daß aus den Einnahmequellen der Bruderschaft Geld hereinkommt, wobei sie nicht davor zurückschrecken, Zahlungsunwillige gerichtlich zu verfolgen.

SIEBTES KAPITEL

HERBERGEN UND HOSPITÄLER

Drei Säulen – Mittagessen in der Kathedrale – Die Dômerie von Aubrac – Bei Madame Belcourt – Das Modell von Pons – Eine Kerbe im Stab – Inventur – Zu Füßen des Grafen – Zwei Besuche täglich – Die Salbe von Niort – Wie man das Fieber bekämpft – Adlersteine – Rendezvous in Roncesvalles

Die ersten Herbergen für die Bedürfnisse der Pilger am Weg nach Santiago tauchen in der zweiten Hälfte des 10. Jahrhunderts auf, ohne Zweifel zuerst in El Cebrero, Sahagún und Carrión. Aymeri Picaud preist ungefähr zwei Jahrhunderte später die »drei Säulen, die Gott zur notwendigen Unterstützung seiner Armen [...] in dieser Welt errichtet hat, nämlich das Hospiz von Jerusalem, das Hospiz auf dem Mont-Joux [Großer Sankt Bernhard] und das Hospiz Santa Cristina auf dem Somport. Diese Hospize wurden an Plätzen errichtet, an denen man sie unbedingt brauchte; es sind heilige Orte, Wohnungen Gottes zur Stärkung der heiligen Pilger, zur Erholung der Bedürftigen, zur Tröstung der Kranken, zum Heil der Verstorbenen und zur Hilfe für die Lebenden.« Und er fügt hinzu, sicher in der Absicht, Berufungen zu fördern: »Wer an diesen heiligen Häusern mitgebaut hat, wird ganz gewiß das Reich Gottes erben, wer immer er auch sei.«[1]

Die weltlichen Fürsten, die Bischöfe, die großen Abteien, die von einer Vision ergriffenen schlichten Christen, die Pilger, die in ihrer Müdigkeit das Bedürfnis verspürt hatten, auch an feindseligem Ort zu rasten, die Bruderschaften ehemaliger Pilger – alle wetteifern miteinander, den Wanderern Gottes »Brot, Wein, Salbe, Fleisch, Fisch, Eier, Obst, Heizung und andere lebensnotwendige Dinge« zu verschaffen, wie eine Verfügung aus dem Jahre 1540 für die Herberge von Poymartet bei Ostabat aufzählt.[2]

Nach der Chronik von Bordeaux gründet Herzog Wilhelm von Aquitanien zu Ehren und zum Gedenken des heiligen Jakobus das Hospital und das Priorat Saint-James in Bordeaux; Heinrich Plantagenet, König von England und zweiter Gemahl der Eleonore von Aquitanien, bereichert beide mit zahlreichen Schenkungen. Juan de Ortega, Schüler des heiligen Domingo, weiht sein Leben der Anlage von Wegen, dem Bau von Brücken und Herbergen; in seiner Sterbestunde (1252) vermacht er dem Pilgerhaus, das er selbst in der ganz besonders wilden und »ungastlichen« Berggegend der Montes de Oca errichtet hat, testamentarisch verschiedene Schenkungen. Bei Ordios wurden drei normannische Pilger von einem Räuber namens Arterius umgebracht, der dann ihre Leichen in einen See warf; ein Priester entdeckt sie und begräbt sie auch. Daraufhin gibt ihm ein Engel die Anweisung, eine Schutzhütte für die Armen und die Pilger zu erbauen – er erlangt das Einverständnis des Ortsherrn und gründet 1150 das Hospital von Ordios. Eine Bulle des Bischofs von Beauvais gewährt 1323 in Paris den Brüdern und Pilgern die Erlaubnis, »ihr Hospiz an dem Ort zu errichten, wo sie schon mit dem Bau begonnen haben, nämlich an der großen Straße beim Saint-Denis-Tor [...] vom Haus von Ardoise ab bis zur Rue Mauconseil. [...] Sie sollen auch eine Kapelle bauen, einen Friedhof anlegen und eine Glocke von zweihundert Pfund Gewicht gießen lassen.«[3] Im 15. Jahrhundert gründen der Marschall Boucicaut und seine Frau, Antoinette de Turenne, das Pilgerhospiz Sainte-Catherine-de-Fierbois.[4] Am 2. Juni 1617 wurde dem Notar die Gründungsurkunde des Hospitals von Cadillac durch den Herzog von Épernon vorgelegt; es heißt, er sei zu dieser Gründung »durch seine Frömmigkeit gedrängt worden«; in Erinnerung an seine Gemahlin trägt das Haus den Namen Sainte-Marguerite; es besitzt zwölf Betten für Kranke und in einem anderen Saal »sechs Betten für arme Pilger, bedürftige Durchreisende, denen [die Ordensbrüder] Brot und Wein austeilen und, wenn nötig, für Heizung sorgen, aber nicht über zwei Nächte hinaus, und sie sollen sie mit Liebe beherbergen«.[5]

Nächstenliebe, das bedeutet auch, der Jakobsbruderschaft ein Haus für durchziehende Pilger zur Verfügung zu stellen, wie im 16. Jahrhundert ein einfacher Bürger aus Auxerre tat, Huguenin Chappuiy.[6] Solche Art Schenkung findet sich oft in testamentarischen Verfügungen, etwa der des Bischofs von Bayonne, Dominique du Mans, im Jahre 1303[7] oder im Testament der Vicomtesse Constance von Marsan im Jahre 1310.[8] Das Jakobusspital in Rodez wurde dank einem am 10. September 1346 geschriebenen testamentarischen Vermächtnis des Brenguier Barrat, eines aus Bourg-de-Rodez stammenden Priesters, gestiftet. Amanieu VII. von Albret vermacht in seinem Testament vom 11. Juli 1324 den Herbergen am Weg nach Santiago zwischen Bordeaux und Pamplona mehrere Schenkungen.[9]

Die Hilfeleistung für die Pilger kann auch andere Formen annehmen. Im Jahre 1270 schenkt der Ritter Renaud de Var dem Hospital von Roncesvalles eine Jahresrente von hundert Pfund, die er aus seinem Anteil an der Weinproduktion von Troyes weggibt; er bittet ausdrücklich, daß die Brüder »mit christlicher Freigebigkeit den durchziehenden Pilgern Wein [...] servieren sollen, was sie früher nicht taten, und dies auch allen Kranken des Ortes«.[10] Ständige Einkünfte solcher Art ermöglichen es, in den Kathedralen eine gewisse Anzahl von Mahlzeiten aufzutischen: Laffi bekommt eine solche zu Auch und Manier zu Pamplona, wo man nach seiner Aussage zwölf Pilgern um elf Uhr das Essen serviert.[11]

Unabhängig von den Gnaden, die den karitativ tätigen Christen verheißen sind, begünstigt auch eine bestimmte Anzahl von Vorrechten und Ausnahmegesetzen diese Gründungen und Schenkungen. Zum Beispiel gewähren am 4. August 1182 König Alfons VIII. von Kastilien und seine Gemahlin Leonore – es sind die Großeltern Ludwigs des Heiligen – der Herberge Santa María de las Tiendas zwischen

Carrión und Sahagún Steuerfreiheit.[12] Der erste Friede von Aurillac im Jahre 1280 befreit alle jene von der Steuer, die sich dem Dienst an den Armen im Hospital Saint-Géraud widmen, an dessen Giebel eingegraben steht: »Alle, die an dieser Tür anklopfen, sind willkommen.«[13]

Denen aber, die hierherkommen sollten, um ein Hospiz auszuplündern oder sich unberechtigterweise aufnehmen zu lassen, droht Martín Fernández, der Bischof von León, den Verlust aller kirchlichen Pfründen, wenn sie Kleriker sind, und die Exkommunikation an, falls es sich um Weltleute handelt. Im Jahre 1315 muß Alfons XI. in Burgos freilich jenen Rittern den Zutritt zu den Herbergen untersagen, die den Armen den Platz wegnehmen.[14]

Die meisten Pilgerspitäler in Frankreich wurden im 11. und im 12. Jahrhundert gestiftet: in Nantes 1037, in La-Roche-Bernard im Jahre 1099 ... In Paris wird das Spital Saint-Jacques-du-Haut-Pas in der jetzigen Rue Saint-Jacques durch die italienischen Hospitaliter von Altopascio (bei Lucca) erbaut; sie hatten bereits an einem der gefährlichsten Orte des »fränkischen Weges« in Italien eine Schutzhütte errichtet. Rasch entstehen gut vierzig Jakobsherbergen allein im französischen Südwesten – ohne daß man freilich behaupten könnte, sie seien alle einzig für die Compostelapilger gebaut worden.

Eines der vollendetsten Beispiele solcher Art Nächstenliebe ist immer noch das Hospiz von Aubrac, vor 1120 auf Anregung Adalards, des Vicomte von Flandern, erbaut; er war auf seiner Heimreise von Compostela wie durch ein Wunder einem Überfall von Räubern entronnen. Nach seiner Wallfahrt kehrt er nach Aubrac zurück und baut auf einer 1360 Meter hoch gelegenen Einöde, dem höchsten Punkt der Hochebene, eine Festung aus Granit und Basalt, die er Unserer Lieben Frau von den Armen weiht: die »Dômerie«.

Im Erdgeschoß liegen ein Waschhaus, eine gewölbte Küche, ein großer Saal mit vierzehn Betten in zwei Reihen, der Schlafraum der Ritter und der Ordensbrüder sowie die dem Heiligen Geist geweihte Kapelle; oben der Schlafraum für die Edelfrauen, acht Zellen für

Schwache und Kranke sowie ein quadratisches Zimmer mit zwei Fenstern. Auf der Ostseite des Spitals befindet sich der Pilgerfriedhof.[15]

Adalard bestimmt, daß sich zwölf Priester, zwölf Brüder, zwölf Damen und zwölf Ritter dem Dienst an den Pilgern widmen. Die Ritter sollen sie gegen Banditen und Wölfe verteidigen, die Damen sollen ihnen die Füße waschen, die Brüder sollen sie bei Tisch bedienen. Die Ordensleute von Aubrac sind Augustiner. Nach der Regel des Jean d'Estaing sollen sie täglich dreihundert Vaterunser beten; wer sich während des Gottesdienstes dreimal bei den Antworten vertut, muß beim Mittagessen auf den Wein verzichten und zusätzlich dreihundert Ave Maria und dreihundert Vaterunser beten. Sie tragen ein blaues Kreuz auf der Brust, essen an hundertsiebzig Tagen im Jahr Fleisch – nur Hammelfleisch –, bekommen Roggenbrot, sooft sie wollen, und trinken leicht gewässerten Wein. Die Regel von 1162 ordnet an: »Die Ordensleute sollen darüber wachen, daß in der Güterverteilung des Hauses die Armen stets als die Herren vorangehen, denen sie selbst als die Diener folgen.«

Die Dômerie von Aubrac ist ein so großartiges Symbol, daß der Heilige Stuhl sie unter seinen unmittelbaren Schutz stellt. Sie erfreut sich auch einer gewissen Anzahl steuerlicher und religiöser Privilegien: Die Priester von Aubrac dürfen die Messe an den vom Interdikt betroffenen Orten zelebrieren und die Toten beerdigen, wer immer diese auch seien. Eine Bulle des Papstes Honorius III. rühmt gelegentlich der Bestätigung einer Bulle Innozenz' III. die Verdienste der Dômerie: »Diese Wohnstätte war einst ein Ort des Schreckens und unermeßlicher Einsamkeit, furchterregend, mit tiefen Wäldern, finster und unbewohnbar, ein Ort, wo keine Nahrung, keine dem Menschen dienliche Frucht zwei bis drei Meilen im Umkreis je hat gedeihen können.«[16] Graf Raimund VII. von Toulouse, die Grafen von Armagnac, Philipp der Schöne und viele andere bis hin zu Ludwig XI. verliehen der Dômerie Schutzbriefe.

Im 13. Jahrhundert wird in Aubrac die Anwesenheit von dreißig Priestern und vier Rittern gemeldet; zu ihnen gesellen sich Ordensleute und Donati (freiwillig an ein Kloster gebundene Weltleute); im Jahre 1403 spricht man von dreißig Priestern und dreihundert Brüdern, im Jahre 1419 von nur noch siebzig Ordensleuten.

Indessen hat sich der Orden von Aubrac bereits ringsum ausgebreitet. Man begegnet Hospizen oder Tochterhäusern in Rodez, Bozouls, Saint-Geniez, Najac, Cossenodes, Millau, Chirac, Marvejols, Luc, Lisle-en-Dodon, Anduze und Moyrens. Und lange Zeit noch ist im großen Hospital von Aubrac jemand, der die »Verirrtenglocke« zu läuten hat; sie soll in den Schneestürmen, den schweren Regenfällen, den sternenlosen Nächten die verirrten Wanderer rufen. Acht Jahrhunderte nach dem Tod Adalards des Pilgers zeugen die Ruinen aus graublauem Stein von der frommen Inbrunst der mittelalterlichen Menschen.

Alle großen Herbergen verfügen über eine vollständige Einrichtung: Wohnraum, Refektorium, Schlafsaal, Kapelle, Backofen, Brunnen, alles ist da. Eines der bedeutendsten Hospize ist das von Santa Cristina beim Übergang über die Pyrenäen an der Kreuzung des Somportweges und der Straße, die aus dem Ossautal über den Mönchspaß (Col des Moines) herüberkommt. Gaston IV. von Béarn – seine Gemahlin, Teresa von Aragonien, kommt von der anderen Seite des Gebirges – errichtet oder renoviert das Hospiz im beginnenden 12. Jahrhundert; es umfaßt ein Priorat, eine Kapelle und eine weiträumige Herberge von fünfundzwanzig zu dreißig Metern, wie man noch aus den Ruinen erkennen kann; ihrer Aufsicht ist eine ganze Reihe von Tochterherbergen an den südlichen Wegen des Béarn unterstellt: Gabas, Mifaget, Lespiau, Lacommande, Aubertin, Nay, Lambeyre, Lescar ...[17]

Es kann sich aber bei dem Hospiz auch um ein bescheidenes karitatives Heim, ein einfaches, etwas umgebautes Privathaus handeln; sein Schild – Muschel oder Stab – kennzeichnet es sicherer als seine Größe oder seine Architektur. Herman Künig spricht vom Antoniushospital in León und berichtet: »Auch synt da sant Jacobs zeychen feil«; im San-Marcos-Hospiz in León ist die ganze Fassade mit

Muscheln bedeckt. Manier schläft in Bayonne bei Madame Belcourt, »das erste Haus rechts, wenn man hereinkommt; da hängt als Zeichen eine Jakobsmuschel über der Tür. Hier übernachten alle Pilger auf ihrem Hin- und Rückweg. Daher ist diese Frau in allen vier Himmelsrichtungen bekannt.«[18] Zahlreiche Gasthäuser am *camino francés* sind unter dem namen *casas de las conchas* – Muschelhäuser – bekannt.

Es besteht für die Sankt-Jakobs-Häuser kein besonderer Bauplan. Nur die gemeinsame Bestimmung verbindet etwa die strenge Architektur der Dômerie von Aubrac mit dem Haus der Madame Belcourt. Manche Hospize bestehen aus einem gewölbten, an eine Kapelle angelehnten Saal; andere, aus der Zeit der Renaissance, wie das Hospiz von Compostela, haben einen kreuzförmigen Grundriß; in Issoudun sind Herberge und Kapelle so ineinandergebaut, daß die Kranken von ihrem Bett aus dem Gottesdienst beiwohnen können.

Die Verschiedenheit der örtlichen Stile, der Lage, des Andrangs, der Baumaterialien und der finanziellen Mittel verbietet gewissermaßen einen für alle Orte passenden Herbergstyp. Bauten wie das Hôpital-Neuf in Pons und das Crucifijo-Hospital in Puente la Reina gefallen schon deshalb, weil sie den Bedürfnissen einer am Weg liegenden Herberge ausgezeichnet angepaßt sind; sie sind so gebaut, daß das eigentliche Hospiz mit der Kirche durch einen gewölbten Übergang verbunden ist. Ähnlich verfuhr man in Roncesvalles, in San Antón bei Castrogeriz, in Rudelle bei Rocamadour, vielleicht auch in Aubrac, in Toulouse und in Bordeaux in der Rue du Mirail.

Oft wurde das Hospiz auch außerhalb der Mauern erbaut. Die Verehrung des heiligen Jakobus hatte sich nämlich viel zu spät entwickelt, als daß man die ihm geweihten Kirchen innerhalb der Stadtbefestigungen hätte errichten können, wo die Kirchen der traditionellen Heiligen wie etwa eines Sankt Martin zwischen den dichtstehenden Häusern ja schon sozusagen erstickten. Man mußte also jenseits der Stadttore bauen, am Rand des Weges, auf dem die Pilger daherkamen; hinzu kamen Strohhütten, Raststätten, Kramläden, Almosenhäuser, ein Hospiz oder ein Spital. Alles zusammen bildete eine Sankt-Jakobs-Vorstadt, durchquert vom Pilgerweg, der durch ein Jakobstor in die Stadt führte. Ein Vorteil für verspätete Pilger: Sie fanden noch eine Unterkunft, auch wenn die Stadttore bereits geschlossen waren; so etwa in Moissac, in Parthenay, in Châlons-sur-Marne.

Eine andere Besonderheit sind die in die Stadtmauer eingelassenen Nischen, wo der zu spät kommende Wallfahrer immer noch Brot und Wasser finden kann; oder auch Maueröffnungen, durch die man denen, die nicht Rast machen wollen, die *passada* herausreicht, einen Imbiß als Almosen. Der Pikarde Manier macht davon reichlich Gebrauch, besonders in der Abtei von Benevívere bei Carrión, »wo man als *passada* Brot gibt«, und am selben Tag noch im Kloster des Gran Caballero, desgleichen im Hospital San Marcos in León und in San Martín del Camino; »hier bekamen wir als *passada* ein Pfund Brot und ein Achtel Butter«; in Astorga besteht der Imbiß in einem Glas Weißwein und einem Pfund Brot, in Sobrado in einer Suppe und eineinhalb Pfund Brot, im Kloster San Francisco in Oviedo in einer Suppe, einem Stück Kabeljau und wieder Brot.[19] Laffi nimmt den Imbiß im Spital von Villafranca-Montes de Oca ein und erklärt ausdrücklich, man bekomme hier »sehr gut zu essen«.

Es ist schwer zu sagen, wie viele Pilger Liebesgaben solcher Art in Anspruch nahmen – das hängt sicher von örtlichen und zeitlichen Umständen ab. Die Verzeichnisse der Hospitäler enthalten nur lückenhafte und schwierig auszulegende Angaben.

Man weiß, daß im Jahre 1368 das Hospital Saint-Jacques in Paris 16 690 Pilger aufgenommen hat; hier standen vierzig Betten zur Verfügung, und man konnte pro Nacht sechzig bis achtzig Besucher beherbergen; jeder von ihnen bekam hier »ein Viertel Brot zu einem Denier und einen Becher Wein, von denen drei einen Schoppen ergaben«. Im Jahre 1661 werden im Hospital Saint-James in Bordeaux 4 993 Pilger aufgenommen, aber kein einziger von 1667 bis 1669, in den Jahren des französisch-spanischen Krieges.[20] Zur gleichen Zeit beherbergt das Hospital Saint-Jacques in Rodez 2 000 Pilger pro Jahr,[21] und man schätzt, daß am Ende des 15. Jahrhunderts im Hospiz von Aubrac täglich fünfzig bis hundert Pilger übernachten.[22] Das Hospital Saint-Jacques in Saugues, neun Meilen von Mende entfernt, verfügt über 29 Betten.[23]

Der heilige Gerson als Pilger
Holzschnitt aus dem Kreis um Dürer

In Burgos gibt es im ausgehenden Mittelalter etwa dreißig Herbergen, darunter das große Königliche Hospital, das Hospital del Rey. Einige Weiler am *camino francés* besaßen zwei oder drei Armenhäuser, und zahlreiche Ortschaften führen ihren Namen auf ein Hospiz zurück, etwa Hospital de Orbigo, Hospital de la Cruz, Hospital bei El Cebrero, ein anderer Ort namens Hospital bei Linares.

In der schönen Jahreszeit haben die gesunden Pilger im allgemeinen nicht das Recht, länger als eine Nacht im Hospiz zu verbringen. Im Winter jedoch oder auf schwierigen Wegstrecken kann die Übernachtung auf bis zu drei Tage ausgedehnt werden. Die Pilger teilen sich gegenseitig die guten Adressen mit, ebenso die Eigenheiten der verschiedenen Herbergen und sogar die Speisen in diesem oder jenem Hospiz, so, wie sie in den Gründungsurkunden festgelegt sind. In Bordeaux »können sie, wenn sie wollen, einen Tag in der Stadt bleiben und eine Nacht im Hospital verbringen, aber nicht mehr, dies sowohl auf dem Hin- als auch auf dem Rückweg«. In Poitiers hat das Armenhaus Saint-Hilaire im Jahre 1604 »die Aufgabe und Pflicht, die Santiagopilger auf dem Hin- und Rückweg für eine Nacht zu beherbergen, und wenn es sich um Kranke handelt, noch länger. [...] Sie werden gut aufgenommen und für eine Nacht versorgt; wegen des großen Zulaufs sollen sie sich gegenseitig Platz machen.«[24] Bei der Gründung des Hospizes von Cadillac gibt der Herzog von Épernon an, es sollten »sechs Betten eigens für bedürftige Pilger bereitgestellt sein, die zwei Nächte beherbergt und mit Heizung und Essen versorgt werden müssen«. Das Hôtel-Dieu in Nantes gestattet einen Aufenthalt von 24 Stunden.

Manier notiert, daß man in Burgos drei Mahlzeiten bekommt, »die eine nach der anderen immer magerer werden. Bei der ersten Mahlzeit, dem Mittagessen, bekamen wir Suppe und Fleisch, mehr, als wir essen konnten, dazu ein Pfund ausgezeichnetes Weißbrot und einen Schoppen guten Wein. [...] Wir begaben uns anschließend zur Kathedrale. [...] Dann gingen wir zum Abendessen ins Hospital zurück. Es gab dunkleres Brot als am Mittag und für jeden eine halbe Portion Fleisch ohne Wein, und dann ins Bett.«[25] In Paris verlassen Manier und seine Freunde das Hospital Saint-Gervais, zweifellos wegen des großen Andrangs; sie werden aber auf Kosten des Hauses anderswo untergebracht, zwei von ihnen im Wirtshaus zur »Fleur de Lys Double«, Rue Jean-Painmollet, und die beiden anderen in der Rue Saint-Antoine bei einer Privatperson.[26] In Ingrandes im Poitou schläft dieselbe Gruppe in einer verlassenen Herberge. Sie machen dann einen großen Umweg über Madrid und müssen Hals über Kopf das Hospiz von Villarenta verlassen, weil Manier eine Bedienstete angerempelt hat.

Laffi und sein Gefährte, der Maler, kümmern sich stets sehr um die Qualität der Unterkunft. In bester Erinnerung behalten sie das Hospital San Juan de Ortega, wo »die Patres sehr reich sind und den Pilgern große Nächstenliebe erweisen«; oder jenes in Villafranca-Montes de Oca, wo man, wie gesagt, »sehr gut zu essen« bekommt. Der Priester aus Bologna erwähnt das prächtige Refektorium im Kloster zu Sahagún, einer Stadt, wo »es mindestens vier Herbergen gibt«; seine Begeisterung aber gilt dem Hospiz von Burgos: »Den Ausmaßen nach gleicht es einer Stadt, so sehr, daß es meiner Ansicht nach in Spanien kein ähnliches mehr gibt. Es kann zweitausend Personen aufnehmen, und die Pilger werden hier sehr gut versorgt, denn das Es-sen ist vorzüglich, und auch die Schlafmöglichkeiten sind ausge- zeichnet.[27] Zweitausend Personen! Vielleicht übertreibt Laffi in seiner Begeisterung. In Puente la Reina findet er kein Gasthaus, jedoch drei Hospitäler. In León steigt er im Hospital San Marcos ab, »einem sehr großen und sehr reichen Haus«, bemerkt er, fügt aber hinzu, daß man hier für jede Nacht in den Pilgerstab eine Kerbe schneidet, »wie es noch in Burgos geschieht«. 1524 führt die Hausordnung des Königlichen Hospitals von Santiago denselben Brauch ein, um sicherzugehen – so wird erklärt –, daß der Aufenthalt der Pilger in diesem Haus »nicht fünf Nächte im Winter und drei im Sommer überschreitet«.[28]

Der Deutsche Herman Künig legt weniger Wert auf die Qualität als auf die Quantität der in den Herbergen aufgetischten Nahrung; hinsichtlich des Hospitals von Pamplona begnügt er sich mit der Bemerkung: »Dar jnne gybt man wyn und brot.« Doch dann schreibt er weiter: »Zu der lyncken hant ist der spital unser lieben frawen / Man gibt da gern umb gots willen des salt sich frawen.« In Villafranca-Montes de Oca empfiehlt er das Hospital »La Reina«: »Dar jnne gybt man den brudern eyn gute prebend.« In Nájera stellt er fest: »In den spitalen hastü allen dynen willen«, wie auch im Hospital del Rey in Burgos: »Dar jnne gybt man satt zu drincken und zu essen.«[29]

Die Einrichtung der Herbergen ist eher einfach. Die Betten, falls es solche gibt, sind viel häufiger mit Stroh als mit Federn ausgestopft, wie es die Rechnungsbücher des Hospitals von Toulouse beweisen, in denen regelmäßig ganze Wagenladungen Stroh für die Betten der Pilger aufgeführt werden. Es sind große und breite Betten, in denen man gewöhnlich zu zweit schläft; oft sind es testamentarisch vermachte Geschenke frommer Spender; sie haben entsprechend ihren Mitteln oder ihrem Bedürfnis nach Ablässen Geld für ein Bett, für zwei oder auch für zwölf, gemäß der Zahl der Apostel, vermacht. Johanna die Wahnsinnige, die Mutter Kaiser Karls V., schenkt der Bruderschaft von Compostela hundert Betten »für die armen Pilger«.[30]

Manier ist fast immer zufrieden mit seinen Übernachtungen; er stellt freilich keine hohen Ansprüche. In León begegnet er einem Priester, der Verwalter im Antoniushospital ist und die vier Pikarden dorthin führt: »Er ließ uns auf Holzpritschen in modrige Decken eingewickelt schlafen; wir haben uns sehr gut ausgeruht.«[31]

Im Jahre 1465 führt die Inventarliste des Hospizes von Espalion – es war unter Ludwig dem Heiligen erbaut worden, wurde durch die Stadtbehörde verwaltet und war einem Ehepaar anvertraut – folgende Gegenstände auf: »Elf Pritschen, ein Federbett, vier Matratzen, dreißig Bettücher, vier Tischtücher, sieben Nachtmützen, drei kleine und vier große Tische, drei Bänke, sieben hölzerne Bettgestelle, drei Zinnschoppen, einen Kupferkessel, einen neuen Eimer, einen Holzkorb, einen Dreifuß, zwei Mörser, einen Krug, eine Tonflasche, drei eiserne Kerzenleuchter, eine hölzerne Bütte, die zehn Viertel Wein faßt, drei Fässer zu zwei Vierteln, ein Spendenverzeichnis, zwei Bücher.«[32]

Ein Inspektionsbericht – der Erzbischof von Bordeaux hatte 1572 das Hospital Saint-James besichtigt, bevor es den Jesuiten anvertraut wurde – meldet: »[...] Haben zwei verschiedene und getrennte Schlafsäle inspiziert mit je zwanzig kleinen Bettstellen, die meisten mit verfaulten Strohsäcken, sieben oder acht modrigen Federbetten und einigen zerrissenen wertlosen Decken [...].« Die Wirtsleute bestätigen, daß »äußerster Bedarf an allen Dingen herrscht, sogar an Schalen, Schoppen und Krügen, um den Pilgern ihr Getränk auszuschenken«.

Zwei Jahre danach läßt das Inventarverzeichnis eine Besserung erkennen: »Zwölf Bettstellen aus Holz und dreizehn Federbetten, sechs Kopfkissen, elf Decken [...] und im Damenzimmer elf hölzerne Bettstellen, eine davon ohne Boden, ein Holzbett, sieben Federbetten und sieben Decken [...], die meisten zerrissen und unbrauchbar.« Außerdem gibt es einige Möbel, Tische, Bänke, Bütten, ein hölzernes Spülbecken, aber wenig Leinenwäsche: »Nur zwei lange Tischtücher für den Tisch, zwei Decken für den Schanktisch und zwei Tischtücher für die Küche, aber keine Handtücher noch irgend sonstiges Weißzeug.«[33]

Eine Verordnung des Generalvikars verlangt in Cadillac in der Mitte des 17. Jahrhunderts, daß »der Pater Prior so schnell wie möglich die Schlaflager, die sich gegenwärtig im Zimmer der Durchreisenden befinden, wiederherstellen und ausbessern läßt, mindestens sechs von ihnen, und er soll die genannten Lager mit Strohsäcken und Matratzen, Kopfpolstern und Decken versehen sowie den erwähnten Durchreisenden nach der Möglichkeit des Hospitals die der Stiftung entsprechende Nahrung und Heizung gewähren und darüber hinaus diesen Saal der Durchreisenden sauberer halten, als es der Fall ist.«[34]

Hinsichtlich der kleinen Herberge von Cayac in Gradignan erwähnt eine Inspektion vom 9. September 1620 »zwei Strohsäcke und zwei Matratzen, zwei Kissen und vier Bettdecken, zwei Feuerböcke und eine Feuerschaufel, sechs Bettlaken.«[35]

Da gegen Ende des 16. Jahrhunderts die Wallfahrt abnimmt, werden die Herbergen oft nur von einem Ehepaar geführt. In Bordeaux erklärt die Hausordnung von Saint-James, daß der Wirt »ein guter, treuer und fleißiger Katholik sein muß, von gutem Ruf in der Stadt, er und seine Frau, und beide über die Vierzig oder so, ohne die Sorge um Kinder, ohne Schulden, nicht habsüchtig und von guter Gesundheit, eifrig in Werken der Nächstenliebe; der Mann soll oft mit seiner Frau beichten und kommunizieren gehen, wenigstens am ersten Sonntag im Monat. Er darf keinen Pilger in die Wohnung aufnehmen, wenn er nicht vorher seine Identität festgestellt hat. [...] Er empfängt die Pilger freundlich und nimmt sie auf, nachdem er sie vorher in die Kirche geschickt hat, damit sie Gott für die Reise Dank sagen; er überläßt seiner Frau die Versorgung der Pilgerinnen, die er an den ihnen zugewiesenen Platz führen läßt; er selbst nimmt sich der Männer an und duldet unter ihnen auf keinen Fall Fluchen oder Betrunkenheit, Diebstahl, Streitigkeiten, Liederlichkeiten oder Unzucht.«[36]

Manche Hospize besitzen eine Zelle, wo die falschen und schlechten Pilger eingesperrt werden können. In Santiago bemerkt Manier im Hospiz »eine eiserne Kette, die dazu dient, die Bösewichte anzuketten, was einem widerfuhr, als wir dort übernachteten – bei brennender Lampe in der Nacht, um ihn noch nachdrücklicher zu beschämen; er hatte einen anderen im Schlaf bestohlen«.[37]

Der Herbergswirt von Saint-James holt überdies nach alter Gewohnheit für jeden Pilger am Tor des Kollegs Brot und Wein, »nämlich für jeden ein Brot und einen Schoppen Wein zum Mittag- und zum Abendessen; und wenn ein Kranker da ist, erbittet er dessen Portion gesondert, damit er seinem Zustand entsprechend behandelt wird; und er vergißt nicht, den schwangeren Pilgerinnen ihren Bedürfnissen gemäß beizustehen«.[38]

Hundert Jahre später, gegen Ende des 17. Jahrhunderts, werden dem Pförtner derselben Herberge von Bordeaux, in der Manier und seine Gefährten bald auftauchen werden, neue Richtlinien erteilt:

»Er trägt Sorge dafür, die Pilger, die nach Santiago ziehen, und zwar sowohl die Gesunden als auch die Kranken, gut aufzunehmen. [...] Er geht seiner Aufgabe in einem Raum in der Nähe der Eingangstür nach, von wo aus er leicht die Glocke hören und sofort sehen kann, wer läutet.

Die Pilger, die nach Santiago gehen, müssen ein Beglaubigungsschreiben ihres Ortspfarrers vorzeigen, das ihre Frömmigkeit bezeugt, die sie zu dieser Wallfahrt antrieb. Der Pförtner muß das genannte Schreiben oben in der Mitte bis zum Geschriebenen einreißen.

Die von Santiago herkommen, müssen ihren Beichtzettel vorweisen, und er muß den genannten Zettel an der linken Seite einreißen.

Klerikern auf dem Jakobsweg soll er eine Ration Weißbrot und eine Flasche von unserem Wein geben, den anderen ein Pfund Schwarzbrot und eine Flasche von dem für sie bestimmten Wein.

Die Pilger, die krank ankommen, schickt er ins Spital und trägt in christlicher Liebe Sorge für sie; auch kümmert er sich darum, daß der Priester, der sie zu besuchen und ihnen die Sakramente zu spenden hat, benachrichtigt werde. [...]

Er schreibt täglich die Anzahl der Pilger, die sich nach Santiago begeben, in ein dafür bestimmtes Buch ein.

Er notiert alle Pilger, die ankommen, wobei er genau den Tag ihrer Ankunft, [...] ihren Namen, ihren Beinamen, ihren Herkunftsort und den Tag ihrer Abreise einträgt.«[38]

Im San-Marcos-Hospital in León werden die Namen der Neuankömmlinge von einem Pförtnerbruder registriert, der außer Latein möglichst eine oder zwei Fremdsprachen kennt, beispielsweise Französisch und Flämisch.

Auf dem Höhepunkt der Wallfahrt, im 11. und im 12. Jahrhundert also, sind Bettenzahl und Buchhaltung zweifellos weniger von Bedeutung als die Art des Empfangs selbst. Diese Pilger auf dem Weg zu Gott, diese Männer und Frauen, die Schritt für Schritt ihr Heil erfüllen, aber auch der schlichte und glühende Glaube der Zeit gebieten, sie auf die innigste und einfachste Weise aufzunehmen, mit einer jener erschütternden Gesten, wie sie nur die Liebe erfindet. Darum gehört zum Ritual des Empfangs die Fußwaschung – so hatten Abraham und Lot die Füße der pilgernden Engel gewaschen; Maria Magdalena, die Sünderin, wusch Christus die Füße und trocknete sie mit ihren Haaren; Christus selbst legte am Vorabend seines Leidens sein Obergewand ab, gürtete sich mit einem Tuch wie der dienende Sklave, füllte Wasser in eine Schüssel und wusch die Füße seiner Jünger und sogar die des Petrus, der das doch gar nicht wollte: »Du, Herr, willst mir die Füße waschen?« (Joh 13,6). Und die Schrift fährt fort:

»Als er ihnen die Füße gewaschen, sein Gewand wieder angelegt und Platz genommen hatte, sagte er zu ihnen: Begreift ihr, was ich an euch getan habe? Ihr sagt zu mir Meister und Herr, und ihr nennt mich mit Recht so; denn ich bin es. Wenn nun ich, der Herr und Meister, euch die Füße gewaschen habe, dann müßt auch ihr einander die Füße waschen. Ich habe euch ein Beispiel gegeben, damit auch ihr so handelt, wie ich an euch gehandelt habe. Wahrlich, wahrlich, ich sage euch: Der Sklave ist nicht größer als sein Herr, und der Abgesandte nicht größer als der, der ihn gesandt hat. Selig seid ihr, wenn ihr das wißt und danach handelt. [...] Wahrlich, wahrlich, ich sage euch: Wer einen aufnimmt, den ich sende, nimmt mich auf; wer aber mich aufnimmt, nimmt den auf, der mich gesandt hat« (Joh 13,12–20).

Mit der tiefen Demut dessen, der Gott in all sein Tun verflicht, waschen die Brüder und Schwestern der Herbergen diese schmutzigen, müden und wunden Füße der Compostelapilger. Die Regel von Aubrac gibt an, daß es mit warmem Wasser geschehen soll. Es ist im höchsten Sinne die Tat des Empfangs, das Symbol der mitmenschlichen Liebe.

Man erzählt, daß der Graf Pons de Minerve von den Mauren gefangengenommen worden war. Seine allein zurückgebliebene Frau beschließt, im Hospital zu Orbigo armen Pilgern zu dienen. Eines Tages wäscht sie wieder, lange Zeit nach dem Verlust ihres Gemahls, wie gewöhnlich kniend die Füße eines Armen. Da erkennt sie an dem Ring, den er trägt, ihren Mann. Aus Dankbarkeit gegenüber Gott, der sie wiederzusammengeführt hat, gründen beide gemeinsam das Zisterzienserkloster von Sandoval, nicht weit von Mansilla.

Ein Lied aus dem unteren Limousin, *Lo Chamin de Sent-Jacques,* zeigt in seiner naiven Darstellung besser als alles andere die reinigende Kraft solchen Empfangs:

Lo chamin de Sent-Jacques *Très paubres l'ant marit.*	Drei arme [Pilger] Haben den Weg nach Santiago verloren.
Van damandar l'aumòna *A d'un riche chastèu.*	Sie gehen zu einem prächtigen Schloß, Um Almosen zu erbitten.
Ben le bonjorn, Madama, *Bonjorn vos sia donat.*	Guten Tag, Herrin, Seid gegrüßt.
Nos fariatz-vos l'aumòna, *L'aumòna, si vos pla?*	Bitte, gebt Ihr uns ein Almosen, Ein Almosen vielleicht?
Oc ben, òc ben mos paubres, *A beure e a minjar.*	Aber ja, aber ja, ihr Armen, Zu trinken und zu essen.
Oh! ne volem ni beure, *Ni beure, ni minjar.*	Oh, wir wollen nicht trinken, Weder trinken noch essen.
Volem mas un pauc d'aigo, *Per nòstres pès lavar.*	Wir möchten nur ein bißchen Wasser, Um uns die Füße zu waschen.
N'am sonar la servanta, *De los venir lavar.*	Sie läutet der Dienerin, Daß sie zum Waschen kommt.
La servanta es creianta, *Dis que ne vòu pas far.*	Die Dienerin ist ängstlich, Sie sagt, sie wolle nicht.
La dama n'es pus umbla, *E lo lor a lavata.*	Die Edelfrau ist demütiger Und hat sie ihnen gewaschen.
Dau temps que los lavava, *Un eslausi passet.*	Während sie sie wusch, Strahlte ein Licht auf.
La dama esparufada, *Sur sos januelhs tombet.*	Die erschrockene Frau Fiel auf die Knie.

N'ajatz de paur, Madama, *De mau vos gardarem.*	Habt keine Angst, Herrin, Wir schützen Euch vor dem Bösen.
Nosautres som tres angels, *Dau Paradis venem.*	Wir sind drei Engel, Wir kommen aus dem Paradies.
Si vaustres setz tres angels, *Deuriatz me confessar.*	Wenn ihr drei Engel seid, Solltet ihr mir die Beichte abnehmen.
Oc ben, òc ben Madama, *Confessatz, comuniatz.*	Aber ja, aber ja, Herrin, Beichtet und kommuniziert.
Dau temps que comuniava, *Son arma s'envolet.*	Während sie kommunizierte, Flog ihre Seele empor.
La dama es sauvada, *Au mieg dau Paradis.*	Die Edelfrau wird gerettet Mitten ins Paradies.
La servanta es damnada, *Au pu prund de l'enfern.*	Die Dienerin wird verdammt In den tiefsten Grund der Hölle.
La chambra de Madama, *Es cliara coma lo jorn.*	Das Zimmer der Herrin Ist hell wie der Tag,
Quela de la servanta *Negra com' un charbon.*	Das der Dienerin Schwarz wie eine Kohle.

Als Arme unter den Armen verdienen die Kranken natürlich die meiste Aufmerksamkeit. Ein Deutscher, der zusammen mit Laffi durch Spanien pilgert, wird bei Triacastela plötzlich krank. Unverzüglich mietet man für ihn ein Reittier, um ihn zum nächsten Spital zu bringen. Bei dieser Gelegenheit empfiehlt Laffi, man möge die Kranken den spanischen Behörden anvertrauen; diese beauftragen dann einen in der Nähe wohnenden Pferde- und Maultierverleiher, dem Kranken

Brot und Wein zu geben und ihn zum nächstliegenden Dorf zu begleiten, wo man sich seiner annimmt – und so von Etappe zu Etappe, bis er endlich in einem guten Spital beherbergt und gepflegt werden kann.

In den Häusern der Hospitaliter werden die »Herren Kranken« besser behandelt und ernährt als die Brüder selbst. Sie bekommen Weißbrot – Brot im Gewicht von sechzehn Unzen, das unter zweien geteilt wird –, Bettücher, Decken, warme Schaffelle und Hausschuhe, um »ihr Bedürfnis erledigen«, das heißt, zu den Latrinen gehen zu können. Die Ärzte halten zweimal am Tag Krankenbesuch, und jeden Abend spricht der Saalmeister der Johanniterspitäler vor dem Essen folgendes schönes Gebet:

> »Ihr Herren Kranken, betet für den Frieden, daß Gott ihn uns vom Himmel auf die Erde sende.
>
> Und betet, Christen, für die Pilger, die zur See oder zu Land reisen. Daß Gott sie führen möge und sie heil an Leib und Seele zurückbringe.
>
> Und betet, Christen, für alle, die den Sarazenen in die Hände gefallen sind. Daß unser Herr sie durch unser Gebet befreie.
>
> Ihr Herren Kranken, betet für euch selbst und für alle Kranken auf der ganzen Welt, ja, betet, Christen!«

Gewisse Hospize nehmen Aussätzige auf, wie das Leprosenheim Saint-Jacques in Châlons-sur-Marne, wo ein Text aus dem Jahre 1497 darlegt, der Sieche solle hier nach seiner Aufnahme »sich gut und bescheiden [...] aufführen, wie es einem Aussätzigen geziemt. [...] Er soll nicht den Hof verlassen und auf die Straße hinausgehen; [...] und wenn er mit einem anderen spricht, soll er sich gegen den Wind stellen und Abstand halten [...]; er soll die Jakobuskapelle nicht betreten [...], sonst wird ihm seine Tagesration entzogen.«[39]

In den meisten Herbergen jedoch, wie etwa im Hospital-Priorat von Poymartet an der Grenze der Landes, begnügt man sich damit, »die armen Bettler« aufzunehmen, »die unfähig sind, sich den Lebensunterhalt zu verdienen, mit Ausnahme der Lepra- und Pestkranken; vorzüglich sollen die Pilger, die nach Santiago in Galicien wandern oder von dort zurückkommen, Aufnahme finden«.

In den Herbergen von Oviedo und Santiago untersucht man die Pilger am Abend nackt, um die mit Krätze Behafteten zu isolieren. Im Jahre 1590 verbietet in Compostela eine Verordnung den Pestkranken den Zugang zu den Hospitälern, auch den an Lepra, Typhus oder Krätze Leidenden. Im Falle einer Pest werden die Brücken gesperrt und die Stadttore geschlossen.

Am häufigsten müssen Erschöpfung, Fußleiden, verschiedene Fieberzustände und das »Bauchreißen« behandelt werden; die »Phlegmatiker« sind an ihrer bleichen Hautfarbe erkennbar, an ihrem unwiderstehlichen Schlafbedürfnis und ihrem häufigen Spucken wie bei den Lungenkranken.

Gegen die Müdigkeit verschreibt man ein sehr warmes Bad, Abreiben mit brennendheißen Aufgüssen aus Stechwinde, Brombeerstrauch- und Lindenblättern. Für die Füße besitzt jede Herberge ihre eigene Salbe, so etwa das Hospiz von Niort jenen Pilgerbalsam auf der Grundlage von Kollodium und Weidenrinde; er ist gut gegen Hornhaut, Warzen, Schwielen und Hühneraugen.[40] Gegen Atembeschwerden wird Pfefferminztee mit Honig verabreicht, verbunden mit Breiumschlägen; Gurkenkrauttee oder ein Aufguß aus wilden Stiefmütterchen hilft gegen Verschleimung der Bronchien; gegen Seitenstechen werden trockene Schröpfköpfe angewandt. Man züchtet die Heilpflanzen im Kräutergarten: gegen jedes Übel ein Kraut. Der arme Bonnecaze macht damit eine bittere Erfahrung:

»[Das Fieber] setzte jeden Tag zur selben Stunde ein; wir konnten nicht mehr weiter; doch kamen wir noch bis Silheiro, einem kleinen Seehafen; wir betraten die Herberge, ein erbärmliches Haus. Die Gastwirtin sagte mir, sie würde mich von dem Fieber befreien, wenn ich ein Heilmittel aushalten wollte. Ich hatte Eile, so bald als möglich León zu erreichen, also sagte ich zu. [...] Sie holte einen großen Strauß Brennesseln herein. Dann zog sie mir das Hemd hoch, legte mich bäuchlings auf das Bett und peitschte mit den Nesseln meine Lenden ganz großartig durch. Ich litt zum Erbarmen. Anschließend zog sie mir wieder das Hemd herunter und bedeckte mich so reichlich mit Decken, daß ich von morgens sechs oder sieben Uhr bis nachmittags um drei so etwa acht bis zehn Hemden durchschwitzte. Sie zog dann die Decken weg und beendete damit meine Schwitzkur. Am anderen Morgen war das Fieber verschwunden. Mein Kamerad war Zeuge meiner Leiden gewesen; er wollte nicht auch mit Brennesseln gegeißelt werden, sondern lieber das Fieber aushalten.«[41]

Die am häufigsten angewandten Heilprozeduren sind Aderlaß, Abführmittel und Waschungen. Andere sind eher Sonderpraktiken, wie etwa die Verabreichung von Kügelchen aus Spinnweben gegen Blutspucken[42] oder Schlangenbouillon zur Blutreinigung. »Nehmt ein mageres Hühnchen«, so wird verschrieben, »Pimpernell, Zichorie, Kerbel und Lattich, von jedem eine Handvoll. Gut schälen, waschen und kleinhacken. Dazu eine lebend gehäutete Viper, die in Stücke geschnitten wird, nachdem man ihr den Kopf und den Schwanz abgeschnitten und die Eingeweide herausgenommen hat; man behält nur das Fleisch, das Herz und die Leber. Das Ganze in drei Schoppen Wasser zum Kochen bringen, bis es auf drei halbe Schoppen eingegangen ist. Vom Feuer nehmen, durchseihen und auf zwei Bouillons aufteilen, von denen je eine jeden Morgen nüchtern eingenommen wird. Man wendet dieses Heilmittel vierzehn Tage lang an, wobei man vorher und nachher ein Abführmittel nimmt. An Stelle von erfrischenden Kräutern verabreicht man ein halbes Gros gemischter Schweizer Wundkräuter, wenn das Blut kräftiger gereinigt werden soll. [...] Um diese Bouillons wirksamer zu machen, bereitet man sie im Wasserbad und zerstößt in einem Mörser aus Marmor die Schlangenstücke, deren Saft [...] man kräftig herausdrückt, um ihn mit dem Rest zu vermischen. Wenn man keine lebende Viper findet, ersetzt man sie durch ein Gros Vipernpulver. Nichts ist heilsamer als diese Bouillons, nicht nur nach einem Schlaganfall und einer Lähmung, sondern auch, um Krätze, Wundrose, hartnäckige Flechten und Furunkel zu heilen.«[43]

Vom 14. Jahrhundert an besitzt das Spital von Oviedo einen eigenen Arzt, Don Yussaf, einen Juden. In Marseille operiert im Jahre 1331 ein Chirurg; im allgemeinen gibt es aber eigene Spitalärzte auf dem Weg nach Santiago erst vom 16. Jahrhundert an. Wahr bleibt, daß Gebet und Vertrauen auf die Macht der Heiligen gewissermaßen die natürliche Zuflucht des Kranken sind – ebenso auch unzählige mehr oder weniger magische Praktiken. Ein an den Kreuzgängen der Sankt-Jakobus-Kirche in Compostela arbeitender Steinmetz entdeckt in einem abgesprungenen Gagatstein eine perlmutterne Muschel. Er hält seine Entdeckung für ein Wunder und läßt die Muschel seinem kranken Sohn bringen, damit sie ihn vom Fieber heile.

Manier bemerkt in San Sebastián, daß man dort »Schwalbensteine« verkauft, »gut gegen Augenleiden«. In Rabanal kauft er einen solchen: »Ich bin einem alten Santiagopilger aus der Auvergne begegnet; er hat mir ein Dutzend Schwalbensteine zu vier Sols verkauft.« Und weiter: »Wir haben einen Drechslergesellen aus Reims getroffen; er hat mir zwölf Adlersteine und einen Magneteisenstein verkauft.« Der »Adlerstein« ist eine Abart hydrierten Eisenoxyds und befindet sich, wie man glaubt, in Adlerhorsten; man hält ihn für wirksam bei Entbindungen und bei Vergiftungen; er gilt auch als gutes Mittel gegen die Pestilenz, gegen Bauchweh, Würmer und Brustfellentzündung ... In Oviedo reichert Manier seine Sammlung weiter an: »Im Hospital habe ich einen Pilger aus dem Baskischen angetroffen, mit dem ich ein spanisches Pfund gegen ein anderes getauscht habe mittels dreier Steine, die er mir dafür gab, nämlich: zwei dicke Kreuzsteine und einen Achat, der gegen Kopfweh hilft, wenn man ihn in einem Tuch auf den Kopf legt. Darüber hinaus habe ich einem anderen Pilger sechs oder sieben Dutzend anderer Kreuzsteine für fünf oder sechs Quartos abgekauft; ein Quarto ist zwei französische Liards wert.«

Und wieder hat er Glück. Er begegnet einem anderen Pilger, dem er ein Buch abkauft mit dem Titel *Les vertus et propriétés des pierres de Croix et d'hirondelles* (Die Kräfte und Eigenschaften der Kreuz- und Schwalbensteine). Darin liest er, daß die Kreuzsteine »geeignet sind gegen die bösen Geister, die sich in den Körper einschleichen [...], gut auch für jene, denen die Nacht Angst einflößt; gegen Fieber trägt man sie um den Hals; sie wirken gegen die Blutruhr, wenn man sie als Pulver einnimmt, und zwar nüchtern neun Morgen hindurch mit etwas Wein; [...] gut sind sie auch gegen Herzleiden.« Und der Schwalbenstein: »Wenn man ihn bei sich trägt, leidet man keine Ermüdung durch Durst. Eine Nacht lang in ein Glas legen und am anderen Morgen trinken, dann weicht er einen hartgewordenen Bauch auf; er mildert Gichtleiden und Fieber. [...] Wer diesen Stein bei sich trägt, vor allem den rötlichen, den bewahrt er vor verschiedenen Krankheiten. Alles ist wohl erprobt.«[44]

Manier ließ sich allein oder zusammen mit seinen Gefährten in wohl zwanzig verschiedenen Hospitälern aufnehmen, sowohl beim Hin- als auch beim Rückweg, und dies für insgesamt dreißig Nächte. Der Priester Laffi schläft im Hospital nur, wenn er kein Gasthaus ausfindig macht oder aufgrund seines Klerikerstandes nicht eingeladen wird – doch hat er es mindestens zweimal bedauert, kein Hospiz für die Nacht aufzutreiben: in Burgo Ranero, wo er in einer feuchten Hütte auf dem Boden schlafen mußte, und dann in der Nähe von Castrogeriz, wo er nichts fand als wieder eine Hütte aus Knüppelholz mit einer Palisade gegen die Wölfe.[45]

Der wahre Herbergspilger ist unser Bonnecaze. Der kleine Béarnese ist stets mehr oder weniger krank, wandert über die Hälfte des Weges barfuß, bettelt sein Brot zusammen, verkauft seine Hemden, wird von seinen Gefährten aufgegeben – er allein würde bereits den Bau einer Reihe von Herbergen auf dem Weg nach Santiago rechtfertigen. Er gleicht mitten im 18. Jahrhundert dem Pilger der ersten Stunde, bescheiden, aller Mittel bloß, nicht aufzuhalten. Und was macht er nicht alles durch! Sogar eine rings um ihn herum wütende Seuche muß er bestehen, damals in León im Krankenhaus, wo »täglich zehn bis zwölf Leute« neben ihm sterben.[46]

Bonnecaze, Manier, Laffi, Aymeri Picaud, Jean de Tournai – man könnte meinen, sie befänden sich alle auf völlig verschiedenen Wegen, so sehr sind sie in ihren finanziellen Mitteln und ihren persönlichen Sorgen verschieden; ja man könnte denken, ein jeder unternähme eine andere Wallfahrt. Und doch ist da ein Ort, eine Herberge, wo sich die Jahrhunderte ein Stelldichein geben, wo man ihnen allen begegnen kann: Roncesvalles.

Der Name Roncesvalles ist so berühmt, daß Sie auf dem Weg nach Compostela und zurück sicher in diesem Tal inmitten der Pyrenäen haltmachen werden. Es ist das Tal, in dem noch der Atem Rolands weht und das Echo des zurückgaloppierenden Kaisers dumpf widerdröhnt: Karl der Große stürmt zum Schlachtfeld zurück ...

Das vom König von Aragonien und vom Erzbischof von Pamplona gewünschte Hospiz wird von Augustinern verwaltet, die 1137 ihre Regel erhalten. Die Anzahl der Hospitaliter beläuft sich auf 72 Priester, Brüder, Ritter und zum Dienst bestellte Schwestern, nicht gerechnet jene Leute, die sich dem Hospiz mit all ihren Gütern »gaben«, die Donati. Die Augustinerchorherren, die sich unter der Führung eines Priors im Kapitel versammeln, haben eine Anzahl klösterlicher Bediensteter: einen Verwalter, einen Kammerdiener, einen Sakristan, einen Krankenbruder. Die ganze Anlage umfaßt in 952 Meter Meereshöhe auf der spanischen Seite des Ibañetapasses eine große Kirche, die Klostergebäude, das Hospital, eine Herberge und einen Pilgerfriedhof.[47]

Die Legende um Karl den Großen ist für das Hospital eine gute Einnahmequelle. Die Augustiner versäumen es nicht, sie auszubeuten. Sie lassen – sicher im 13. Jahrhundert – auf die Wände des Kreuzgangs der Rolandskapelle ein Fresko malen, das den Kampf von Roncesvalles darstellt. Ein ebenfalls im 13. Jahrhundert geschriebenes Dokument, ein langes, zweifellos in Auftrag entstandenes Gedicht, wird zum wahren Reklameschrei des Hospizes hochgespielt: »Für die Santiagopilger gibt es nichts Vergleichbares, keines ist stärker besucht. [...] Die Tür steht allen offen, Kranken und Gesunden; nicht nur den Katholiken, sondern auch den Heiden, den Juden, den Häretikern, den Müßiggängern, den Leichtfertigen, mit einem Wort, den Guten und den Bösen. In diesem Haus wäscht man den Armen die Füße; auch wäscht man ihnen den Kopf und schneidet ihnen die Haare; man bessert das Leder ihrer Schuhe aus. Vollkommen ehrenhafte Frauen, denen man weder Unreinlichkeit noch Häßlichkeit vorwerfen kann, übernehmen den Krankendienst; sie pflegen alle Kranken mit gleicher Frömmigkeit. Die Häuser der Kranken sind beleuchtet, tagsüber durch das Tageslicht, nachts durch Lampen, die wie die Morgensonne leuchten. Die Kranken ruhen in weichen und gut hergerichteten Betten. Niemand verläßt diesen Ort, der nicht wieder gesund geworden wäre.«[48]

Im Verlauf des Winters 1560 überquert die junge Prinzessin Elisabeth von Valois die Pyrenäen. Sie will sich zu Philipp II., dem König von Spanien und Kaiser von Westindien, begeben; ihm ist sie nämlich durch den Vertrag von Cateau-Cambrésis zur Frau gegeben. Am Ende einer schauerlichen Reise – ihre Kutsche war umgestürzt, Männer und Pferde im Unwetter umgekommen – bittet sie darum, die Pilger besuchen zu dürfen; trotz der Jahreszeit sind es vierhundert. Sie schenkt jedem drei Reales und erhält dafür einen Beinamen: Isabel de la Paz y de la Bondad – Elisabeth vom Frieden und von der Güte.[49]

Als Aymeri Picaud über die Pyrenäen wandert, hält er sich zwar nicht in dem kaum fertig erbauten Hospiz auf, rühmt jedoch den Namen des großen Kaisers; die Erinnerung an dessen kühnes Unternehmen gegen die Mauren ist in Legenden und Liedern aufs innigste mit der Wallfahrt der ersten Zeiten verbunden. »Auf dem Gipfel dieses Berges«, so schreibt Aymeri, »befindet sich eine Stelle mit dem Namen Karlskreuz, denn hier hatte sich einst Karl der Große mit Äxten, Pickeln, Schaufeln und anderen Werkzeugen einen Weg gebahnt, als er mit seinen Truppen nach Spanien zog; hier stellte er zuerst zum Zeichen das Kreuz des Herrn auf, dann wandte er sich gen Galicien, beugte das Knie und richtete an Gott und den heiligen Jakobus ein Gebet. Darum haben die Pilger, wenn sie hier heraufkommen, die Gewohnheit, niederzuknien und zum Land des heiligen Jakobus gewandt zu beten; anschließend steckt jeder sein Kreuz gleich einer

Karl der Große zieht mit seinem Heer gegen die Mauren nach Spanien. Aus dem sog. Codex Calixtinus

Standarte in den Boden. Man kann hier bis zu tausend Kreuze finden [...]. Beim Abstieg erblickt man dann das Hospiz und die Kirche, in welcher sich der Felsen befindet, den der übermenschliche Held Roland mit einem dreifachen Schwertstreich von oben bis unten mitten durchgespalten hat. Schließlich gelangt man nach Roncesvalles;

hier fand einst die große Schlacht statt, in welcher König Marsilius, Roland und Oliver zusammen mit vierzigtausend anderen christlichen und sarazenischen Kriegern den Tod gefunden haben.«[50]

Sechshundert Jahre nach Aymeri Picaud besichtigt der kleine Bonnecaze mit gleichem Interesse die Sporen und den Säbel Rolands und »die Ebene, auf der die zwölf Pairs von Frankreich getötet wurden«; hier ragt ein Kreuz, »ungefähr fünfzehn Fuß hoch, ganz aus Eisen, fünf Daumenbreiten dick. Es steht unter einem Schutzdach, das von vier Eisenpfeilern getragen wird und mit Eisenplatten gedeckt ist; das Ganze ein solider Bau. Wir beteten vor diesem Kreuz für die an diesem denkwürdigen Ort getöteten Christen.« Hier geschieht es auch, daß ihn die spanischen Soldaten mit Gewalt zum Militärdienst zwingen wollen und er sich durch den Schnee davonmachen muß. Auf seiner Rückkehr aus Santiago sind hier übrigens keine Soldaten mehr, und er erreicht diesen Ort, wie er sagt, »mit Freude«. Er ruht sich zwei Tage aus und bemerkt, daß »man in diesem königlichen Hospital drei Mahlzeiten reicht, zum Frühstück ein halbes Pfund Brot, zum Mittagessen ein Pfund, ein halbes Pfund Fleisch und einen Schoppen Wein mit Suppe und das gleiche zum Abendessen«.[51]

Manier und seine Gefährten kommen am Heiligen Abend 1726 in Roncesvalles an. »Das ist ein Kloster im Wald, wo der Boden zu der Zeit mit Schnee bedeckt war. Dank frommer Zuwendung kann dieses Kloster die Pilger hier drei Tage lang beherbergen; bei unserer Ankunft empfing man uns bei einem guten Feuer, so daß wir uns wirklich wohlfühlten; anschließend Abendessen und angenehme Nachtruhe. Ein schönes Mädchen mit Zöpfen bedient hier die Pilger; sie hat uns Suppe gebracht, Weißbrot, Fleisch und zwei oder drei Gläser Wein.

Am anderen Tag, dem 25., gingen wir in die Messe, anschließend Mittagessen, Wärmen, Abendessen und Schlafengehen.

Am 26. war ich zuerst in der Messe, dann wieder Mittagessen, Abendessen, Schlafen.

Am 27. sind wir nach der Messe nach Arnéguy aufgebrochen.«[52]

Ist es der Schnee? Sind es die Zöpfe der hübschen Bedienung? Jedenfalls spricht Manier als einziger nicht von Karl dem Großen.

Jean de Tournai zieht die Gasthöfe den Hospizen vor und hat die Absicht, in Burguete zu übernachten; trotzdem hält er in Roncesvalles an: »Ich durchwanderte die ganze Ebene, in der die Schlacht stattfand, und kam zur Kirche; sie ist recht schön, ganz aus Steingewölben, mit einer Silberplatte als Altartisch. Man zeigte mir das Horn Rolands, mit dem er Karl den Großen zu Hilfe gerufen hat, auch das kleine Horn Olivers; beide sind aus Elfenbein wie die Steigbügel des Erzbischofs Turpin. Außerhalb des genannten Chors befinden sich zwei mit Eisengittern umschlossene Gräber, darin und ringsherum liegen mehrere Ritter begraben; es sind wahre Märtyrer, denn sie sind zur Verteidigung des katholischen Glaubens in den Tod gegangen. An dem genannten Tag hörte ich in der erwähnten Kirche die Vesper. [...] Ich ging ins Hospital, wo den Durchreisenden recht gute Mahlzeiten gereicht werden, wenn sie es wünschen; und wenn viel Schnee liegt, kann man bis zu drei Tage bleiben.«[53]

Auch Laffi ist fast zwei Jahrhunderte später des Lobes voll. Er hat die Kapelle Karls des Großen gesehen, das Schwert Rolands »mit dem Waffenzeichen des Königs von Spanien«, sein Grab und das der Recken. Das Hospiz selbst ist »ein großes und schönes Pilgerhaus, wo die Wallfahrer drei Tage bleiben und übernachten können; es ist eines der reichsten Hospitäler, die man auf der Reise antrifft«.[54]

Eine Glocke ruft in Roncesvalles wie in der Dômerie von Aubrac in den dunklen Winternächten oder in den Schneestürmen die Verirrten. Die schöne Lage hat zu dem häufigen Besuch und dem Reichtum des Hospizes sicher viel beigetragen, ohne Zweifel weniger jedoch als der ruhmvolle Name Karls des Großen und seiner Mannen. Wo der Kaiser des Abendlandes sein Kreuz aufgepflanzt hatte, dort wuchs eine Legende.

ACHTES KAPITEL

UNTERKUNFT UND VERPFLEGUNG

Der abgehängte Gehenkte – Eine Feder am Hut – Pilgerfalle – Das spanische Wirtshaus – Als Sire Guillaume Wasser ließ – Delorme und die spanischen Mädchen – Ein Glas für vierzig Leute – Charmanter Paprika – Abgabe in Naturalien – Sammelt viele Almosen! – Drei Eierkuchen – Stroh und Federn – Die Schweinepatrouille

»Ein junger Mann«, so erzählt Manier, »zog mit Vater und Mutter nach Santiago. Sie kamen in diese Stadt [Santo Domingo] und wurden in einem Wirtshaus untergebracht. Die Dienstmagd verliebte sich in den jungen Mann. Sie bot sich an, mit ihm zu schlafen. Er schlug aus. Aus Rache steckte sie ihm am Abend eine silberne Tasse in den Beutel. Der junge Mann machte sich am anderen Morgen ahnungslos auf den Weg. Inzwischen erzählte die Dienstmagd im Haus herum, eine Tasse sei verschwunden. Man schickt hinter jenen Leuten her und findet die Tasse bei dem jungen Burschen, der nichts davon wußte. Er wird vor Gericht gestellt, verurteilt und gehängt. Vater und Mutter setzen ihre Wallfahrt fort. Nach vierzehn Tagen kommen sie auf der Rückkehr wieder in diese Stadt. Sie finden ihr Kind noch am Leben. Gott hatte nicht zugelassen, daß ihr Sohn stürbe.«[1]

»Sie begaben sich zum Galgen, um ihr Kind zu sehen«, so erzählt Nompart de Caumont seinerseits, »und um zu Gott für sein Seelenheil zu beten. Und als sie ganz nahe waren, fingen sie an zu weinen. Da sagte der Sohn zu ihnen, sie sollten sich nicht betrüben, er sei nicht tot, sondern lebe und sei ganz gesund, denn seit ihrem Weggang habe ihn ein Mann vom Gericht an den Füßen gestützt, und es tue ihm nichts weh. Die Eltern liefen schnurstracks zum Richter und baten ihn, ihren Sohn vom Galgen abzunehmen, da er lebe. Der Richter wollte ihnen nicht glauben, denn das schien ihm unmöglich. Er war gerade dabei, für seine Mahlzeit einen Hahn und ein Huhn zu braten. Er sagte, falls seine Brathühner anfingen zu gackern, werde er glauben, daß das Kind lebe.«[2]

Der heilige Jakobus
Kupferstich von Martin Schongauer (15. Jahrhundert)

Manier fährt fort: »Gott hatte es so gefügt. Der Hahn löste sich von dem Bratspieß, sprang auf den Tisch und krähte dreimal zum großen Erstaunen des Richters. Und so wurde die Wahrheit offenbar.«

»Der Richter war sprachlos vor Verwunderung«, erzählt Nompart de Caumont weiter, »und rief die Leute zusammen, um zum Galgen zu laufen; sie sahen [den Gehängten] auf dem Boden stehen, lebendig und gesund. Die Kammerzofe wurde festgenommen. Sie bekannte die Wahrheit [...] und wurde gehängt. In der Kirche befinden sich heute noch ein Hahn und eine Henne von der Rasse jener, die vor dem Richter im Bratofen gekräht haben; ich habe sie gesehen, sie sind ganz weiß.«

»Zur Strafe«, so beschließt Manier den Bericht, »wurde über den Richter und mit ihm über alle seine Nachfolger folgendes Urteil gefällt: Sie müssen einen Strick um den Hals tragen, damit ihnen jenes falsche Urteil stets im Gedächtnis bleibe. Das wurde lange Zeit eingehalten. Seither hat man die Strafe gemildert: Sie tragen ein rotes Band und geben in dankbarer Anerkennung jeden Tag einem Pilger zu essen. Man hat Hühner von der Rasse jenes Hahns aufgezogen, um das Wunder lebendig in Erinnerung zu halten. Und jedem Pilger gibt man zwei oder drei Federn von diesen Hühnern; die Wallfahrer tragen sie sehr oft an ihrem Hut.«

Auch Domenico Laffi kam durch Santo Domingo de la Calzada. In seinem Bericht handelt es sich um griechische Pilger aus Saloniki, und die Ereignisse geschahen im Jahre 1090. Er nimmt nach dem Brauch eine Feder und streut dem Hahn und der Henne Brot zum Fressen hin. Er ist ganz glücklich darüber, denn »diese Tiere fressen nur, was ihnen die nach Galicien ziehenden Pilger hinwerfen; und es muß Brot sein, das die Wallfahrer um der Liebe Gottes willen geschenkt bekommen haben; denn wenn es gekauftes Brot ist, rühren sie es nicht an; kommt es also vor, daß kein Pilger durch die Stadt wandert, so sorgt eine Frau für die Tiere; sie kleidet sich als Pilgerin und bettelt im Ort um Brot, womit sie die Hühner füttert.«[3]

Die Legende vom abgehängten Gehenkten ist eine der berühmtesten des Mittelalters. Sie war schon vor der Wallfahrt nach Compostela in Umlauf, und sowohl Aachen als auch Toulouse erhoben den Anspruch, der wahre Ort des Wunders zu sein.[4] Der erste mit Santiago verbundene Bericht findet sich im *Liber Sancti Jacobi* aus dem 12. Jahrhundert; die Ereignisse finden auch hier 1090 statt, die Pilger sind Deutsche, ihr Sohn heißt Hugonell; der Wirt selber versteckt in ihrem Gepäck einen Silberbecher und schreit hernach im Gasthof herum, er sei bestohlen worden. Das Gericht befaßt sich mit der Sache. Damit sein Vater frei bleibe, bietet sich der Sohn für die Strafe an. Er wird gehängt. Als der Vater sechsunddreißig Tage später aus Santiago zurückkommt, geht er zum Galgen, um seinen gehängten Sohn zu sehen. Doch er lebt immer noch und sagt zu ihm: »Der selige Jakobus stützt mich mit seinen Händen.« Man macht den Sohn los und hängt den Wirt an seiner Stelle.

Von Nompart de Caumont (1417) über Laffi (1670) bis zu Manier (1726) reichert sich die Legende weiter an: Verurteilung des Richters, Brauch, den Hahn und die Henne in der Kirche zu füttern (mindestens noch Ende der siebziger Jahre waren in einer Nische der Kathedrale von Santo Domingo de la Calzada, dem Grab des Heiligen gegenüber, nach wie vor ein Hahn und eine Henne zu sehen, beide mit weißem Gefieder und durchaus lebendig!), und der andere Brauch, als Erinnerung eine Feder an den Hut zu stecken. Unverändert aber bleibt, daß sich die Sache in einem Wirtshaus zugetragen hat. Sosehr man nämlich auf die göttliche Gerechtigkeit vertrauen kann, sosehr muß man den Wirten mißtrauen – diesen Leuten, für die ein Pilger Gottes nur ein Kunde ist wie jeder andere.

Während der ersten Zeit der Wallfahrt, also vom 11. bis zum 14. Jahrhundert – das ist auch die Zeit des größten Zulaufs und des glühendsten Eifers –, wird man vor allem in den Klöstern und den Hospitälern untergebracht; diese letzteren waren zum doppelten Zweck gegründet worden, die Pilger aufzunehmen und den Armen ein Obdach zu bieten, und zwar kostenlos, »aus Nächstenliebe«. Im 14. Jahrhundert werden die von den Bruderschaften gestifteten Häuser in besonderer Weise den Santiagopilgern vorbehalten; die kleineren unter diesen Pilgerhäusern verschwinden im 17. Jahrhundert allmählich als erste, zusammen mit den Armen- und Krankenhäusern von geringerer Bedeutung, eben zu der Zeit, da der Pilgerstrom zu versiegen beginnt; andere, ältere Häuser der Hospitaliter dagegen überdauern diese Epoche und wenden sich oft ihrer anderen Aufgabe zu: der Pflege armer Kranker.

Dieses 14. Jahrhundert ist der Wendepunkt in der Pilgerbewegung. Das Ende dieser Epoche unserer Geschichte, die Marc Bloch »das Mannesalter des Feudalismus« nennt, ist gekennzeichnet durch wirtschaftliche Revolution und starke Bevölkerungsvermehrung, die namentlich die Besiedelung des iberischen Hochlands ermöglichte. Abendland und Christenheit bestärken sich damals gegenseitig. Die Ausbreitungsbewegung wird seit dem 11. Jahrhundert fühlbar und zeigt sich dann bis ungefähr 1350 auf allen Gebieten menschlicher Tätigkeit: Urbarmachung, große Baustellen, Gründung neuer Städte usw. Das Geld fließt reichlicher. An den Straßen entstehen immer mehr Gasthäuser; sie spielen in der Pilgerbewegung eine zweifelhafte Rolle. Zwar sind sie privilegierte Aufnahmestellen, das sehnlichst erwartete Tagesziel des erschöpften Wanderers; aber sie sind auch ein profaner Ort par excellence, an dem es nicht an Versuchungen fehlt und wo vor allem nichts aus Nächstenliebe getan wird – dies um so weniger, als die Wirte stets unter dem Verdacht stehen, die Kundschaft zu betrügen.

In Toulouse wie in Oviedo finden wir 1305 eine »Rue des Auberges« (Straße der Gasthäuser). In Poitiers heißt ein Wirtshaus »Les trois bourdons« (Zu den drei Pilgerstäben), ein anderes »Le jeu des bourdons« (Zum Pilgerstabspiel). In Nivelle nennt sich 1491 ein Gasthaus »La maison de Gallice« (Zum Haus von Galicien); im Jahre 1660 steht gegenüber dem Hospiz zum kleinen Sankt Jakob ein Wirtshaus mit dem Namen »L'hostel de Galyce« (Gasthaus von Galicien).[5] In der Nähe von Tulle lag zwischen dem Oberlauf der Corrèze und der unteren Auvergne an einem Ort namens La Bitarelle, dort, wo sich der Pilgerbrunnen befindet, der Gasthof »A Saint-Jacques le Grand, patron militaire de l'Espagne« (Zum heiligen Jakobus dem Großen, Spaniens Militärpatron).[6] Die *Itinéraires de Bruges* erwähnen im 15. Jahrhundert das Wirtshaus »Zum weißen Roß« (Du Cheval Blancq) in Valcarlos, einem Etappenort in den Pyrenäen.

Jean de Tournai ist der beste Kunde in den Wirtshäusern. Er hat Geld und geizt nicht damit. Es kommt ihm nicht auf »einen Dukaten mehr oder weniger« an, und er denkt nicht daran, »die Reisekosten« einzuschränken. Als Sire Guillaume sich eines Tages zu dem Vorschlag versteigt, aus Sparsamkeitsgründen auf einen Führer zu verzichten, faucht Jean ihn an: »Es geht Ihnen gut auf meine Kosten; mischen Sie sich in nichts ein, außer daß Sie mir für ein gutes Essen sorgen, denn ich habe gottlob genug Geld, um unsere Heimkehr zu finanzieren!«[7] Nichts entmutigt ihn unterwegs; er erträgt gern die Ermüdung, die Fußschmerzen, den Regen, den Schnee, wenn nur bei seiner Ankunft am Abend ein weiches Federbett bereitsteht und ein gebratener Kapaun. Als gutzahlender Kunde erwartet er etwas für seine Dukaten.

Trotz eines ganzen Arsenals von Vorschriften zum Schutz des Pilgers kommt es doch häufig zu Zwischenfällen. In Toulouse erwähnt ein Gemeindeerlaß vom Jahre 1205 einige tadelnswerte Gewohnheiten: »Die Wirte sollen [die Pilger] nicht an ihren Kleidern packen und auch ihre Tiere nicht an Zaum und Zügel. Wenn die Pilger das Wirtshaus betreten haben, soll man ihnen nicht den Ausgang verwehren und ihnen nicht Gewalt antun, weder drinnen noch draußen. Und allen werde mit gleichem Maß Wein und Hafer zugemessen. [...] Wenn die Pilger sich eingerichtet haben, sollen die Wirte ihr Wirtshaus offen lassen bis zum Vesperläuten, und jedermann soll das Recht haben, mit den Pilgern Tauschgeschäfte zu betreiben, zu verkaufen oder zu kaufen, ohne daß sich der Gastgeber oder die Gastgeberin einmischen dürfen. [...] Kaufen die Pilger Tiere und bemerken im Verlauf des ersten Tages, daß man sie betrogen hat, sollen sie das Tier wieder abliefern, und der Kaufpreis werde ihnen ohne Streiterei erstattet; die Wirte sollen ihnen blinde oder abgerackerte Gäule weder verkaufen noch verkaufen lassen.«[8]

Der Abschnitt *Veneranda dies* im *Codex Calixtinus* erwähnt einige »Pilgerfallen«. Man erfährt, daß die Wirte von Santiago bis nach Puertomarín, Barbadelo und Triacastela hinaus Boten und Knechte den Wallfahrern entgegenschicken; sie haben den Auftrag, ihre Freundschaft und ihr Vertrauen zu gewinnen und sie in diese oder jene Herberge zu lotsen und nötigenfalls zu versprechen, daß die erste Nacht kostenlos sei. Bei der Ankunft verkaufen ihnen die Wirte Kerzen aus Ziegenfett; sie schütten Wasser in die Weinkrüge, bevor sie die Gläser füllen; sie benutzen Fässer mit doppeltem Boden, um den Pilgern einen anderen Wein aufzutischen als den, den sie zu kosten gaben, obwohl er doch anscheinend aus demselben Faß stammt; sie verwenden falsche Gewichte und Maße, auch große Krüge, die in Wirklichkeit ein kleines Fassungsvermögen haben; sie täuschen am Abend vor, kein Wasser mehr zu haben, damit die Gäste genötigt sind, Wein zu bestellen; sie bereiten ihnen Fisch von zweifelhafter Qualität zu. Darüber hinaus reservieren sie bei großem Andrang ihre Zimmer den Meistbietenden.

Es ist verständlich, daß die städtischen Behörden eingreifen mußten, um die Preiserhöhung zu bremsen; 1569 machten sie den Preisanschlag zur Pflicht. Es waren genug Pilger in den Schenken lebendig oder tot ausgeraubt worden; eine Gesetzgebung wurde dringend notwendig; sie bevorzugte das Ehrenwort des Gastes, der »auf seine Reise« schwört, und sie schützte die Rechte des unterwegs verstorbenen Santiagopilgers.

Laffi berichtet von einem Schenkwirt in Villafranca del Bierzo. Der Mann hatte einem Pilger, der um Almosen bat, zu essen gegeben. Dieser dachte nun, es sei ihm aus Nächstenliebe umsonst gereicht worden. Er will gehen. Doch der Wirt faßt ihn und fordert mit Gewalt das »ihm Zukommende«. Der Bologneser Priester ist um so empfindlicher für diesen Streich, als ihm bei Narbonne ein Fährmann, der ihn kostenlos über einen Fluß gefahren hatte und dann zum Essen einlud, »Salat und sonst nichts« auftischte – und sechs Sous von ihm verlangte.

Um allen diesen Mißbräuchen entgegenzuwirken, soll ein Kaplan des englischen Königs namens Mansel von Alfons X. im Jahre 1254 erreicht haben, daß die Santiagopilger in den unter der Oberhoheit des spanischen Königs stehenden Städten ihre Unterkunft frei wählen und ihre Lebensmittel ohne Zwischenhandel über die Wirte, die sich an den Pilgern bereicherten, selber kaufen konnten. Das königliche Gewohnheitsrecht gibt näher an, daß der Pilger im Wirtshaus oder außerhalb desselben das Nötige zum gleichen Preis kaufen kann und nach denselben Maßen und Gewichten, wie sie im Land üblich sind.[9] Der Brauch hat sich derart eingebürgert, daß er in Frankreich geradezu sprichwörtlich wurde: In den spanischen Wirtshäusern findet man nur das, was man selber hineinträgt (»Auberge espagnole«).

»In Spanien«, so warnt Laffi, »bekommt man im Gasthof nur ein Bett zum Schlafen. [...] Alles übrige muß man am Ort kaufen.«[10] Also geht er in Logroño selber einkaufen. Auch im Lied schlägt sich diese Erfahrung nieder:

Vous qui allez à Saint-Jacques	Ihr, die ihr nach Santiago reist,
Je vous voudrais prier	Ich möchte euch bitten,
Que vous ne fûssiez point lâches	Daß ihr nicht zu faul seid,
A apprêter dîner.	Das Essen zu bereiten.
Les hôtesses sont fines	Die Wirtinnen sind schlau,
Elles ne servent rien.	Sie bedienen nicht.
Qui sait faire la cuisine.	Wer selber kochen kann,
Il lui servira bien.	Ist gut dran.

Andere Warnung:

Vos qu'andais a Santiago	Ihr, die ihr nach Santiago zieht,
Mire vostre mercé	Sorgt selber für euch.
Non ay en posades	In den Gasthäusern
Nada para comer.[11]	Gibt es nichts zu essen.

Gegen Ende des 15. Jahrhunderts verursacht diese Lage dem Pilger Arnold von Harff einige schlechte Laune. Er schreibt: »Item van Ortes vindes du gheyne gude herberge me bis zo sent Jacob vur dich ind dijne perde. As wultu essen ader drincken dat mois du vff der straessen gelden ind du vindes vur dijne peert hauer hew noch stroe, dann vff der erden zo slaeffen ind gerst zo essen.« Bar jeglicher Illusionen stellt er fest: »Summa summarum ist Hyspanien gar eyn buesser lant.«[12]

Jean de Tournai hatte bereits acht Jahre vor dem jungen Deutschen dieselben Erfahrungen gemacht: »In diesem Land ist es so: Wenn ihr in der Herberge angekommen seid und Brot, Wein, Fleisch oder sonst etwas haben wollt, müßt ihr es euch selbst verschaffen, denn in der Unterkunft findet ihr nichts als ein Bett zum Schlafen, und ihr habt noch Glück, wenn ihr eines findet, denn meistens gibt es gar keines; und überall in diesem Land müßt ihr euch euer Fleisch selber braten.«

Der Flame wundert sich über die geringe Anzahl von »Hostellerien« und ist entsetzt, daß es gar keine Latrinen gibt: »In diesem Land machen sie ihr Geschäft überallhin, es ist abscheulich.«[13]

Überdies klagt er, sich im Winter am Abend nicht überall wärmen zu können. »Wegen mehrerer Spanier, die [im gleichen] Hotel übernachteten, konnten wir uns nicht ans Feuer setzen. Wir mußten in einem sehr großen, kalten Raum essen.« Nicht einmal einen Kamin haben sie, nur ein kleines Kohlenfeuer auf einem Rädergestell. »Wir zitterten vor Kälte während des ganzen Essens, und danach gingen wir sofort schlafen [...]; mein Gefährte versuchte in dieser ganzen Nacht, seine Füße an den meinen zu wärmen.«[14]

Und ein andermal: »Wie üblich fragte ich meine Wirtin, ob sie nicht ein gutes Federbett habe. Ich hoffte, eines zu bekommen, da ich es ja bezahle; wir waren nämlich durch den Tagesmarsch ziemlich erschöpft und hatten vor allem an den Füßen Schmerzen. [...] Und da machte sich diese Wirtin über mich lustig und antwortete spöttisch: ›Wir werden schon welche für euch finden.‹ Es war nämlich schon ziemlich spät, und im Umkreis von zwei Meilen gab es weder Dorf noch Haus. Wir waren gezwungen zu bleiben und merkten auch, daß dieses Haus hier schließen würde. [...] Wir aßen dann zu Abend und [...] begaben uns hernach auf das Zimmer zum Schlafen.« Böse Überraschung! Die Lager sind nur aus Stroh, die Laken abgenutzt und die Decken zerrissen. »Wir legten uns hinein und schwiegen. Und die nach uns eintreffenden Gäste legten sich nach Landesbrauch auf die Strohsäcke rings um das Feuer.«[15]

Unsere flandrischen Pilger aber, der Bürger Jean de Tournai und sein Gefährte, der Priester Sire Guillaume, rächen sich auf unerwartete Weise:

»Um Mitternacht herum mußte mein Gefährte Wasser lassen. Wir hatten keinen Nachttopf, denn das war nicht üblich. Mein Kamerad zog die Decke weg, auf der wir lagen, und pinkelte auf das Bett zum Trotz, weil wir eine so schlechte Schlafstatt hatten und auch weil sich unsere Wirtin, wie gesagt, über uns lustig gemacht hatte. Wirt und Wirtin aber lagen in einem Zimmer genau unter uns. Der kräftige Strahl von meinem Gefährten lief durch, und es tropfte auf das Bett der beiden. Als sie das bemerkten, sprang mein Gastgeber aus dem Bett, nahm eine Strohfackel und zündete sie an. Ich lag neben meinem Gefährten und beobachtete alles genau. Er lachte sich tot, weil er hörte, daß er hinuntergemacht hatte.«

Jetzt aber kommt der Wirt mit der Fackel herauf. Jean de Tournai zwickt den Sire Guillaume in den Hintern, damit er aufhöre zu lachen. Alle beide tun, als würden sie schlafen.

»[Der Wirt kam] mit der erwähnten Strohfackel herauf an unser Bett heran. Er leuchtete uns ins Gesicht. Wir spielten so gut die Schlafenden, daß er wahrscheinlich nichts zu sagen wußte, als er zu seiner Frau hinunterkam; wir schliefen, meinte er zu ihr, und legte sich wieder hin.

Ungefähr eine gute Stunde später, nachdem Wirt und Wirtin wieder eingeschlafen waren, hob auch ich wie mein Gefährte das Bettuch und pinkelte ins Bett, so daß es wieder wie zuvor durchtropfte auf das Bett der beiden unten. Wieder stand der Wirt auf.« Tatsächlich zündet er aufs neue seine Strohfackel an und steigt hoch; die beiden Pilger schlafen in ihrem Bett anscheinend den Schlaf der Gerechten. Er geht brummend wieder hinunter und legt sich schlafen. Zwei Stunden danach stehen Jean de Tournai und Sire Guillaume beim Mondschein »ganz einfach« auf und verschwinden durch »die Haustür«, ohne sich um die Rufe des Wirts zu kümmern.[16] Die beiden Gesellen haben diese Nacht sicher nicht zu teuer bezahlt.

Jean de Tournai entdeckt in den spanischen Wirtshäusern eine weitere Mißlichkeit: die Prostitution. Das ist ihm seit Navarra aufgegangen; hier hat er den Eindruck, in »Bordellen« zu übernachten. »Dort, wo die Frau den Wein an der Tür verkauft, dort sind Dirnen im Haus. Und diese Dirnen machen sich an jeden Einkehrenden heran; sie reizen den Mann in ihm und er die Frau in ihr. [...] Und ebenso, wenn man auf dem Zimmer ist und die Kammer der Dirne sich etwas weiter weg befindet, ist es üblich, daß diese Dirne und der Mann, welche miteinander schlafen wollen, sei es bei Tag oder bei Nacht, auf dem Hin- und Rückweg mitten durchs Zimmer gehen.«[17]

Wir wollen nicht vergessen, daß sich Jean auf einer frommen Reise befindet; er ist auf der Hut. An einem anderen Abend in einem anderen Wirtshaus: »Nachdem wir zu Abend gegessen, nachgerechnet und bezahlt hatten, war sich unser Wirt sehr wohl darüber im klaren, daß wir zu leben verstanden. Er fragte uns also, ob wir nicht auch ein wenig andere Freuden kosten wollten. Ich antwortete nein, denn es schien mir, solche Späße geziemten sich für Pilger nicht. Einer aber meinte: ›Das tut sicher nicht weh‹, und sogleich holte unser Wirt seinen Tamburin und sein Flageolett und spielte uns Lieder und Tänze nach dortigem Brauch, und wir tanzten alle.« Jean de Tournai gesteht, daß er trotz seiner Müdigkeit und seiner Grundsätze »drauflos« tanzte, sich aber nicht zu weiteren Unternehmungen hinreißen ließ. »Wir gingen schlafen.«[18] Er weiß zu unterscheiden.

Wir wissen nicht, ob der englische Anonymus in der Tugend festblieb. Auf jeden Fall wendet er im Baskenland seinen Blick nicht ab:

Les femmes sont coiffées de parures
Qui ressemblent à des mitres
Elles sont vêtues de manteaux rayés
Et beaucoup sont femmes de manvaise vie.[19]

Die Frauen tragen Haarschmuck,
Der Bischofsmützen ähnelt.
Sie sind in gestreifte Mäntel gekleidet,
Und viele führen schlechten Lebenswandel.

Im Baskischen ist es auch, wo sich von Harff übersetzen läßt, wie man Mädchen zum Beischlaf bittet.

Daß die Frauen den vier Pikarden der Manier-Gruppe nicht gleichgültig sind, das war zu erwarten. In Cacabelos, kurz hinter Ponferrada, »schäkerte Delorme, einer von uns, mit den jungen Spanierinnen. Es fehlte wenig, und zwei spanische Infanterieoffiziere hätten ihn mit ihren Säbeln niedergehauen, wenn ich ihn nicht bei ihnen entschuldigt hätte.« Einige Zeit darauf verursacht Hermand einen Zwischenfall. »Wir waren genötigt weiterzugehen wegen eines der Unsrigen [...]; er hatte sich mit der Dienerin des Hospitals angelegt. Sie blieb ihm nichts schuldig. Er packte sie am Arm und warf sie die Treppe hinunter; wir hatten gerade noch die Zeit, uns davonzumachen, sonst hätte man uns tüchtig verprügelt.« Anderswo betreten sie eine Badestube – deren angenehme Seiten sie freilich nicht ausnutzen: »Die Person, die uns alles erklärte, war wirklich reizend und tat es mit wahrer Lust. Es war eine junge Frau, die hier diente, eine wahre Schönheit! Sie brachte uns das Essen. Einer von uns ließ sich einfangen.«

In Pons, nicht weit von Bordeaux entfernt, stiegen sie in dem schönen Hospiz ab, das zu beiden Seiten der Straße liegt. »Wir schliefen im Hospital, in dem eine Konkubine war. Einer von uns verliebte sich blind in sie.«[20] Sie bleiben zwei Tage hier; ob wegen der Dirne, ist nicht bekannt.

Der *Liber Sancti Jacobi* spart nicht mit Ratschlägen für die Pilger, damit sie sich vor den verdorbenen Frauen in acht nehmen, vor den liebestollen Mädchen, die ihnen überall auflauern, sowohl in den Wirtshäusern als auch am Wegrand, um sie, die frommen Pilger, in die Versuchung des Fleisches zu stürzen.

Bonnecaze spricht nur von zwei Frauen: von der Wirtin, die ihn »großartig« mit Brennesseln peitschte, und von der Witwe in Logroño, die ihm ein Paar Schuhe schenkte. Manier aber ist stets empfänglich für die Schönheit der Frauen – oh, diese Zöpfe des Mädchens von Roncesvalles! –; er spricht von ihnen mit einem überraschenden Feingefühl und dem geübten Blick des Maßschneiders. Ganz besonders entzückt ist er in San Nicolás del Camino: »In diesen Stadtvierteln lebt ein sehr sauber gekleidetes schönes Geschlecht: eine schlanke Taille, die Ärmel ihrer Hemdchen knapp wie bei den Männern in Frankreich, an den Ärmeln selbst schwarze Spitzen und auch am Halsabschluß, was ihre Haut so weiß wie Alabaster erscheinen läßt, was freilich nicht nötig wäre, da sie sowieso eine zarte Haut besitzen. Die Damen tragen feine Hemden mit Spitzen unten von einem halben Fuß Länge.«[21]

Weniger als das Verlangen scheint ihn die Neugierde anzustacheln. Es ist noch nicht lange her, da bildete sich die Vorstellung von der Welt im Verlauf abendlicher Gespräche heraus. In Legenden und Reiseerzählungen übermittelte man, was man selbst gehört, beobachtet oder erfahren hatte. Eine Wallfahrt nach Santiago, die so zahlreiche Gegenden durchquert, ist eine einzigartige Gelegenheit, Bilder und Wirklichkeit miteinander zu konfrontieren. Bevor die Massenmedien das Feld beherrschen, ist die Neugierde eine wahre Sucht, kritisch und direkt, gern voll Verachtung für alles Fremdartige und empfänglich für jedes Geschwätz und jegliche üble Nachrede – Aymeri Picaud hält die Leute von Navarra für aller Sünden auf dem Erdboden fähig.

Gasthaus und Schenke sind ein ausgezeichnetes Experimentierfeld für den Wanderer, der ein Land nach seinem Wein und seinem Brot beurteilt – zuerst deshalb, weil es sich hier um wesentliche Dinge handelt, und dann, weil man sich auf diesem Gebiet auskennt und Erfahrung hat, und schließlich auch, weil man nach einem Tagesmarsch eine ausgiebige Mahlzeit braucht.

Aymeri Picaud rühmt in seinem Reisebericht »den vorzüglichen Wein und den reichlichen Fisch« der Gegend von Bordeaux; er macht warnend darauf aufmerksam, daß die Landes eine »gottverlassene Gegend [sind], wo es an allem fehlt; es gibt weder Brot noch Wein, noch Fleisch, noch Fisch«; auch das Baskenland ist »arm an Brot, Wein, Lebensmitteln aller Art«, doch findet man hier »zum Ersatz Äpfel, Most und Milch«; in Kastilien herrscht Überfluß an »Brot, Wein, Fleisch, Fisch, Milch und Honig«; in Galicien schließlich »gibt es gutes Obst und klare Quellen. [...] Weizenbrot und Wein sind rar, aber Roggenbrot und Most sind reichlich vorhanden [...], auch Milch und Honig; man fängt hier sehr große Seefische, freilich nicht viele.«[22]

Le Grand Itinéraire de Paris (Der Große Pariser Reiseführer) führt nacheinander alle Städte auf, die man durchqueren muß, will man die 359 Meilen bis nach Santiago wandern. Nur fünfmal unterbricht er diese Litanei, um eine zusätzliche Information zu geben; nach Ponferrada heißt es: »Hier ist wohlgemerkt der Eingang in das Land Galicien und das Ende des Landes Spanien und der guten Weine.«[23]

Alle Pilger rühmen seit zehn Jahrhunderten die spanischen Weine, sowohl ihrer Güte als auch ihrer Schwere wegen:

Here wyn is thecke as any blode
And that wull make men wode.[24]

Hier ist der Wein schwer wie Blut,
Und das macht die Menschen wild.

Der Wein ist so wichtig, daß die Schenken seine Farbe anzeigen. »In dem ganzen genannten Land«, so weiß es Jean de Tournai, »hängt man außen ein Strohbündel aus, wenn es Weißwein gibt; bei Rotwein ist es eine rote Decke, die draußen hängt.«

Aufbewahrung und Transport des Weins bringen Jean de Tournai wie auch Manier ins Staunen. »Im ganzen Land«, so erklärt der Flame, »bewahrt man den Wein, weißen wie roten, in genähten Ziegenhäuten auf [...], und man füllt den Wein durch das Hinterbein in den Krug ab. Im ganzen Land besteht der Brauch, den Wein in Ziegenhäute zu füllen, weil die Hitze hier zu groß ist und auch weil er von Eseln getragen werden soll oder von Maultieren oder Pferden [...], denn man kann ihn hier wegen der zahlreichen Gebirge nicht auf Wagen transportieren.«[25] Zweieinhalb Jahrhunderte später macht Manier die gleiche Feststellung: »Die landesübliche Weise besteht darin, den Wein in dazu eigens präparierte Ziegenbockhäute zu füllen. Der Bocksfuß dient dann als Hahn. Man hockt sich auf den Boden nieder oder bleibt aufrecht stehen. Die Bürger haben Holzhocker. Zum Trinken benutzt man Becher aus Holz. Ein solcher Becher voll Wein kostet zwei Liards, was in Frankreich gute zehn Sols wert sein dürfte wegen der ausgezeichneten Güte dieser unverfälschten Weine. [...] Und die Wirtin geht von dem Hinterteil des Weinbocks nicht weg, bis man genug getrunken hat.«[26]

Ohne Wein kein Pilger? Gewiß, der Wein bleibt immer eine Sorge auf dem Weg. »Diese Nacht haben wir sehr gut gegessen, wir haben aber nur Wasser zum Trinken bekommen, denn im ganzen Ort war kein Wein aufzutreiben, und so mußten die armen Brüder diese Nacht bei Wasser verbringen«, bedauert Jean de Tournai in der Nähe von Oviedo. Ein anderes Mal ist der Wein so stark, daß man ihn verdünnen muß: »Man goß in den Weinkrug ein gutes Drittel besten Wassers zu.« Indessen wird auch Most getrunken, wenn es keinen Wein gibt oder dieser zu teuer ist; das ist besonders im Baskenland üblich, wie Aymeri Picaud und Jean de Tournai berichten. »In Saint-Jean-de-Luz mußten wir uns in einer Schenke auf Most zu zwei Sols den Krug beschränken; es war ein vorzüglicher Most«, bestätigt Guillaume Manier.[27]

Aymeri Picaud hatte schon die Bemerkung gemacht, daß in Navarra »alle Hausbewohner, Diener wie Herr, Dienerin wie Herrin, [...] aus demselben Becher trinken«.[28] Und dieser Brauch herrscht immer noch, als Jean de Tournai nach Spanien kommt; er ist entsetzt, zu vierzig oder zu hundert aus dem gleichen Becher trinken zu müssen: »Wenn du getrunken hast, wartet ein anderer drüben auf deinen Becher und nimmt dann diesen Humpen und [...] schüttet den Rest daraus in den Becher, und du machst es den anderen ebenso, wenn du willst; ein sehr schmutziger Brauch ist das und sehr schlecht. Darum rate ich jedem, sein Glas oder seinen Becher selber mitzubringen.«[29]

Die Bräuche beim Essen und Trinken verdienen die volle Aufmerksamkeit der Reisenden. Jean de Tournai etwa macht Bekanntschaft mit dem berühmten spanischen Eierkuchen, der Tortilla: »Eine gute, fromme Frau bemerkte uns, ging sofort hin und briet in der Pfanne Rühreier in Olivenöl, denn in diesem Land gibt es keine Butter, und sie brachte mir die Eier zusammen mit einem großen Stück Brot.«[30] Trotzdem bekommt Manier in San Martín del Camino Butter zu sehen: »Wir bekamen als Imbiß ein Pfund Brot und ein halbes Viertel Butter in Haut wie eine Blutwurst und von der gleichen Größe. Butter ist etwas sehr Seltenes in Spanien; nur die Reichen können sich das leisten, weil es sehr teuer ist. Man bedient sich gewöhnlich des Olivenöls, um Suppe oder anderes zu bereiten.«[31]

Eine weitere Entdeckung macht Manier in Mansilla de las Mulas: den Paprika. »In dieser Stadt war es, wo wir zum erstenmal große Schoten sahen in der Form jener dicken roten Bohnen, die wir in Frankreich sehen können und die nur aus kulinarischer Neugierde angepflanzt werden. Das ist der *pimiento,* wie man ihn in Spanien nennt. Es gibt ihn in allen Farben, rot, gelb, schwarz und anders. Die Eigentümlichkeit ist, daß man ihn in die Suppe schneidet. Das verleiht ihr einen feinen Geschmack, wie von Pfeffer. Von daher nennen sie dieses Gemüse *pimiento;* zur Aufbewahrung im Winter wird er in Essig gelegt. [...] Sie essen ihn auch zusammen mit Brot.«[32]

Der Wanderer auf den großen, weiten Strecken muß sich mit sehr einfachen Brotzeiten begnügen, bis er wieder einmal eine warme Mahlzeit in den Magen bekommt. Laffi ißt in Hontanas mit großem Appetit, was ihm ein deutscher Pilger anbietet: »Etwas Brot mit

Knoblauch.« Manier hat sich an dem Tag, da er die Garonne überquerte, mit Lebensmitteln versorgt: »In meinem Proviantsack hatte ich reichlich Weißwein und zwölf gegrillte Sardinen.«[33] Obsthaine und Gärten am Weg, Wiesen und Felder liefern den ausgehungerten Pilgern Früchte, frische Bohnen, Zwiebeln, Pilze und verschiedene Beerenfrüchte. Manier und seine Kameraden wollen in der Nähe von Población de Campos einen kleinen Durst löschen: »Wir haben in einem abgeernteten Weinberg Nachlese gehalten. Von den Trauben, die wir zusammenbrachten, wurden wir alle viere beschwipst.«[34]

Der Pilger ist kein Asket. Essen ist eine gute Sache und notwendig zur Fortsetzung des Unternehmens; jede Mahlzeit ist recht und darf eingenommen werden, ohne Hintergedanken oder Gewissensbisse. In Puertomarín genießt Laffi am Ufer des großen Flusses Miño »Aal und vorzügliche, großartige Forellen«. In Badia Castella bei Chivasso – noch in Italien – haben er und sein Freund, der Maler, das Viertel eines gebratenen Hammels verschlungen zusammen mit »einem guten Muskateller zu vier Sous der Krug, den sie einen Schoppen nennen«.[35]

Jean de Tournai ist bei Tisch nie der Letzte, und jede Gelegenheit, die eine Mahlzeit rechtfertigt, ist ihm willkommen. Am Sonntag vor Lichtmeß liest Sire Guillaume die Messe, und der Ortspfarrer schenkt ihnen – in naturalibus – die Opfergaben der Gläubigen: »Ich hatte einen gewaltigen Hunger. [...] Unser Wirt und unsere Wirtin sowie einige Nachbarn, die in der Messe gewesen waren, hatten den Tisch gedeckt. [...] Es wurde ein prächtiges Essen. Wir legten alles, was man uns geschenkt hatte, auf den Tisch; wir tranken einen hervorragenden Wein und aßen ausgezeichnete Würste.« Bei der Ankunft in Burgos gönnen sie sich in einer Schenke ein reichhaltiges Mahl, weil drei der Gefährten, die aus der Auvergne stammen, über Roncesvalles nach Hause zurückwandern müssen, »während unser Weg über das San-Adrián-Gebirge führte«. Man feiert das Wiedersehen ebenso, wie man den Abschied beweint. In Bayonne begegnet Jean de Tournai auf seinem Rückweg einem Ritter, den er in Santiago getroffen hatte:

»Wir feierten das Wiedersehen [mit diesem Ritter] und wurden auf französische Art bedient, denn wenn wir getrunken hatten, schüttete man das, was im Glas übrigblieb, in ein Gefäß, dann reinigte man unser Glas und schenkte uns neuen Wein ein.« In Blaye, wohin ihnen der Ritter vorausgezogen war, fanden sie »ein fertig zubereitetes Abendessen und schmackhafte Kapaune«.

Unglücklicherweise findet Jean de Tournai nicht überall Hostellerien, Wirtshäuser und Ritter vor. Eines Tages kommen beide, Sire Guillaume und Jean, durch Villafranca del Bierzo, um im nächsten Dorf zu übernachten. Eine kohlrabenschwarze Nacht bricht herein, »daß man nicht die Hand vor den Augen sehen konnte«, würde Manier sagen. Nach ihrer Ankunft im Dorf müssen sie lange nach einer Unterkunft suchen. Sie möchten Brot, Wein und Fisch kaufen und bitten darum. Sie bekommen zur Antwort, daß es nichts gebe. »Trotzdem flehten wir so inständig und sprachen so gut – wir hatten nämlich einen schrecklichen Hunger –, daß unser Wirt uns etwas servierte, herzlich wenig freilich: weniger als ein halbes Lot Wein, ein Brot zu zwei Deniers und vier oder fünf Zwiebeln; und so mußten wir die Nacht geduldig durchstehen.«[36]

Um Jean de Tournai zu verstehen, muß man es wie er erlebt haben, wie sich die Aussichten auf einen angenehmen Empfang eine nach der anderen ins Nichts verflüchtigen. Das Dorf ist weiter weg, als man glaubt, kein Wirtshaus, keine Herberge weit und breit. Die Nacht ist bereits hereingesunken. Müdigkeit, Hunger und Kälte greifen an. Verschlossene Türen, abweisende Stimmen. Wer ist er denn eigentlich, der Pilger?

»Eines Abends«, so erzählt Bonnecaze, »es war in Neukastilien, fanden wir überhaupt keine Unterkunft. Wir waren bis auf die Haut naß. Wir mußten uns mit einer feuchten und schlammigen Baracke zufriedengeben. Jeder von uns zahlte drei Sols für ein Weidengeflecht, das wir zum Schlafen auf den aufgeweichten Boden breiteten. Ich fröstle noch heute, wenn ich mich an die Kälte erinnere, die ich in jener Nacht litt.«[37]

Trotzdem hat Laffi Worte des Lobes für die Gastlichkeit und Nächstenliebe der Spanier. Das Verhalten gewisser Leute darf nicht die große Hilfe der meisten Anwohner vergessen lassen. Es hat den Anschein, als verbände eine Art brüderlichen Beistands die Wanderer mit jenen, die sie vorbeiziehen sehen. Ohne diese Bruderliebe hätte die Wallfahrt sicher niemals einen solchen Aufschwung nehmen, einen solchen Eifer entflammen können.

Die Bruderliebe ist eines der Schlüsselworte der christlichen Religion. Sie heiligt den, der um sie bittet, wie den, der sie gewährt. »Ich war durstig, und du hast mir nicht zu trinken gegeben!« Zur Berufung des Pilgers gehört die Bitte um Almosen. Das Betteln ist wegen der Demut, die es in sich schließt, eine Form des Gebetes. Ein altes, im Baskenland aufgefundenes Dokument gibt davon Zeugnis.

Es handelt sich um ein altes Pilgernotizbuch mit Pergamentdeckel, auf dessen Innenseite zu lesen ist: »Gonatçan ene lagunaq parthy hebety et eta ginco jauna oyhoy utcul guitian yrousquy« (Auf, Kameraden, gehen wir weiter! Und dich, Herr und Gott, bitte ich, daß wir wieder glücklich zurückkommen). Auf der neunten Seite stehen drei Worte: »Bil Amouina Hanix« (Sammelt viele Almosen); zwei Strophen umrahmen diese Worte:

Gente Honnac Guguirade	Liebe Leute
Pellegriac	Wir sind Pilger,
Couin Jouaiten Beikira oray	Die jetzt nach
Saint Jaqueserat	Santiago ziehen.
Othoi Eman Jçagucie	Ich bitte euch,
Cerbait Amouina	Gebt uns ein Almosen.
Recompenxaturen cutie	Gott der Herr im Himmel
Celuco Ginco Jaunac.	Wird es euch lohnen.

Esquer dereiciet Hanitx	Ich danke euch
Cien Hontarcunaz	Für eure Güte
Bai eta ene ducien	Und auch für das Wohlwollen,
Boronthate Hounaz	Das ihr mir erweist.
Gincouac cutie phacaturen	Gott in seiner großen Gnade
Bere Gracia Saintiaz	Wird es euch vergelten
Bay eta nic Presentian	Und auch ich jetzt durch ein
Pater Avemaria Gloriaz.[38]	Paternoster, ein Ave
	und ein Gloria.

Gott wird es euch vergelten, und Sankt Jakobus. Am anderen Ende der Bruderliebe, dort also, wo sie erwiesen wird, rechnet der Geber damit, daß sein Almosen in dieser Welt ihm drüben ein Guthaben für seine Seele erwirkt. »Betet für uns in Compostela!« – so vernehmen die Pilger im Vorübergehen. Das ist übrigens der tiefere Sinn der testamentarischen Verfügungen zugunsten der Pilger. Im Jahre 1516 hat Pierre Potier, Priester an der Kirche Sainte-Colombe in Bordeaux, »gewollt und bestimmt, es solle aus Liebe zu Gott armen Pilgern, die zum großen Herrn Sankt Jakob gehen oder von ihm herkommen, als Almosen Brot, Wein und anderes im Wert bis zu fünf Bordeaux-Franken gegeben werden [...], damit die Armen, die das genannte Almosen erhalten, zu Gott für seine Seele und die Seelen seiner verstorbenen Eltern und Freunde beten und dazu auch gehalten seien«.[39] 1573 vererbt Francesco de Baruquis, ein Edelmann aus Florenz, der Kaufmannsbruderschaft Notre-Dame de la Major in Avignon die nötigen Summen, damit »jedem italienischen Pilger, der sich nach Compostela begibt, drei oder vier Sous überreicht werden«.[40]

Eine Anzahl von Almosen wird so von Fürsten, Bischöfen und Klöstern auf regelmäßige, ja sogar institutionalisierte Weise gewährt – zusätzlich zu jenen Almosen, wie sie in Hospitälern und Armenhäusern üblich sind. Eine der berühmtesten Almoseneinrichtungen ist die an der Kathedrale zu Pamplona.

Herman Künig berichtet von ihr im Jahre 1495: »In dstat gibt man vil brudern zu drincken und zu essen / By der heubt kirchen des saltn nicht vergessen.« Fast zwei Jahrhunderte später vergißt es Laffi tatsächlich nicht. »Während das Hochamt gesungen wird«, so erzählt er, »gibt man zwölf Pilgern an der Kirchentür auf einem Tischtuch zu essen; alle Pilger müssen zuerst zum Kücheneingang gehen, wo ihnen der Koch einen Napf mit Fleischbrühe reicht (anstelle unseres Eintopfs, den man hier nicht kennt); wenn dann jeder seinen Napf hat, müssen sich alle in Reihe aufstellen und prozessionsweise mit ihrer Fleischbrühe zur Kirche ziehen. Jeder setzt sich dort an seinen Platz am Tisch. Dann kommt ein anderer Mann mit einem Korb voll Brot und reicht jedem Pilger ein Stück. Wieder ein anderer kommt mit einem großen Kessel voller Fleisch und teilt jedem eine Portion zu. Schließlich tritt noch ein anderer heran und gibt jedem eine Scheibe Schweinefleisch, und der letzte bringt den Wein, wovon er jedem ein Glas einschenkt. So endet die Zeremonie.«[41]

Weitere fünfzig Jahre später kommt Manier nach Pamplona. Um elf Uhr ist er in der Kathedrale. Das Menü ist nicht mehr dasselbe: »Es gab Suppe, Kabeljau, ein kleines Stück Weißbrot und zwei Glas Wein, und dies drei Tage hintereinander.«

Manier ist nicht der Mann, der eine Geste der Nächstenliebe vorübergehen läßt, ohne die Hand hinzustrecken. Auf seinem Umweg über Madrid begibt er sich an die richtigen Adressen: »Am 23. gingen wir ins bischöfliche Palais und baten um eine Gabe, was der Bischof gewährte: jedem eineinhalb Pfund Brot«; im Kloster zu Sobrado bekommt er Suppe und ebenfalls eineinhalb Pfund Brot; »anschließend begaben wir uns in das Kloster Sankt Franziskus und baten dort um Almosen«.

Um nicht mit der Gendarmerie in Konflikt zu kommen, erbittet er beim Apostolischen Nuntius in Madrid einen Erlaubnisschein zum Almosensammeln; in dem Dokument wird jedoch einschränkend festgestellt: »Ihr könnt kein Almosen sammeln ohne die Erlaubnis der Ortspfarrer; ihr dürft nicht in den Kirchen herumstreichen, sondern müßt an der Tür stehenbleiben. Wenn ihr alle diese Auflagen einhaltet, vor allem jene, die das Almosen betreffen, empfehlen wir euch allen treuen Dienern Christi.«

»Mit diesem Schreiben gingen wir zum Generalvikar«, so fügt Manier hinzu, »dieser schrieb auf die Rückseite eine Erlaubnis für acht Tage, um in der Stadt Almosen erbitten zu können [*pedir la limosna*], alles auf spanisch und ganz knapp.«

Der Schneider aus der Pikardie weiß sich zu helfen. Wo immer er hinkommt, sorgt er sich zunächst darum, wo und wann Almosen ausgeteilt werden; er versteht es, im Namen des heiligen Jakobus zur Nächstenliebe zu bewegen, und nutzt jede Begegnung aus, um profitable Anschriften ausfindig zu machen und sich empfehlen zu lassen. »Wir haben Louis getroffen; das ist der Bruder vor Pierre Louvet, unserem letzten Wirt. Louis führte uns ins Schloß zu einem gewissen Lefeuvre, Baujoin genannt [...], der uns nach Meinung seiner Neffen recht gut aufnahm. [...] Wir bekamen auf seine Empfehlung hin ein Bett in der Schenke, in der wir untergekommen waren.« Bei der Ankunft in Saintes: »In dieser Stadt war ein Chorsänger aus unserem Dorf. Er hieß Houpin und diente an der Kathedrale Saint-Pierre. Wir besaßen sogar ein Empfehlungsschreiben an ihn. [...] Er bereitete uns ein großartiges Essen, desgleichen am Abend, und ließ uns in dem Haus mit dem Schild ›Fort Louis‹ ein Bett herrichten. [...] Am 16. waren wir bei ihm zum Frühstück und zum Mittagessen eingeladen.«[42]

Die Nächstenliebe kann noch ganz andere Formen annehmen. Am 12. Mai 1361 ordnet der Infant von Navarra, Don Luis, an, den drei Gefährten des Juan de Tartes und des Pierre de Montferrant, beide Ritter aus der Gascogne auf dem Weg nach Santiago, zehn Goldgulden auszuzahlen.[43] In den Rechnungsbüchern des Kapitels der Kathedrale von Angoulême am Ende des 16. Jahrhunderts werden die Almosen aufgeführt, die einem nach Compostela pilgernden Schweizer überreicht wurden.[44] Im Jahre 1623 sind es die Stadträte von Monieux (Departement Vaucluse), die einem gewissen Gaspar Terras die Ausgaben begleichen; dieser Gaspar nennt sich Pilger und ist unterwegs zu verschiedenen Heiligtümern, darunter Santiago, wo er für König Ludwig XIII. beten will.[45]

Manier und seine Gefährten begeben sich in Mueira zu einem Edelmann, um Almosen zu erbitten; sie empfangen »ein jeder eine Schale Wein, Fleischbrühe und Brot und dazu noch vier Silberreales für La Couture, damit er sich Schuhe kaufen kann«.[46] Auch Bonnecaze und Jean de Tournai bekommen Schuhe geschenkt. Manchmal besteht das Almosen auch darin, für eine schwierige Tagesstrecke ein Pferd auszuleihen oder eine Pilgergruppe eine Tagesreise weit zu führen.

Der schönste Ausdruck von Bruderliebe gegenüber dem Pilger aber ist die Aufnahme in das eigene Haus oder, falls er nur kurz Rast macht, die Zubereitung einer Brotzeit. Eines Tages ruhen sich Jean de Tournai, Sire Guillaume und ein sie begleitender deutscher Pilger in einem spanischen Dorf aus, bevor sie sich wieder auf den Weg machen. Eine Frau bemerkt sie; wortlos bereitet sie eine kleine Mahlzeit aus Eierkuchen und Brot und bringt sie Jean de Tournai, der sie dem Deutschen weiter reicht und der Frau dankt: »Meine Liebe, das genügt, wir sind keine armen Leute.« Die Frau schaut ihn verständnislos an. »Da blickte mich die Frau an, eilte ins Haus zurück, nahm aufs neue Brot und Eierkuchen und gab sie mir ein zweites Mal; ich nahm das Almosen und gab es meinem Gefährten. Als die genannte Frau das bemerkte, lief sie wieder ins Haus und brachte mir ein drittes Mal das gleiche. Da ich nun sah, wie sie unbedingt wollte, daß auch ich von ihrem Brot esse, fing ich an zu lachen, nahm das erwähnte Fleisch [sic] und aß wie die anderen.«[47]

Manier bekommt in Tapia, wo er »herumbettelt«, fünf Sardinen, zehn Eier und vier bis fünf Pfund Brot. In Irissarry holt er einen alten Pilger ein, und alle beide finden »in einem guten, abseits gelegenen Haus« Unterkunft. »Die Hausherrin konnte ein paar Brocken Französisch, obwohl sie aus dem Baskischen war. Sie ließ uns einheizen, bereitete eine gute Suppe, brachte uns Fleisch und einen vorzüglichen Most dazu; alles umsonst.«[48]

Solche Glücksfälle werden Bonnecaze nicht zuteil – wenigstens spricht er nicht davon. In seinem Drang, das Ziel zu erreichen, und vollständig mit der Sorge beschäftigt, zu überleben, begnügt er sich mit dem Minimum. Kaum daß er sich daran erinnert, eines Abends erschöpft von einem Bauern in der Scheune »untergebracht« worden zu sein: »Ich schlief auf dem trockenen Stroh bis um zehn Uhr morgens.«[49] Trockenes Stroh – welch großartiger Komfort!

Jean de Tournai und sein Gefährte haben sich im Wald verirrt; ein Holzfäller nimmt sie in sein Haus auf: »Ich bat ihn radebrechend, ob wir nicht ein Federbett zum Schlafen haben könnten, und er sagte ja; wir waren nämlich ganz durchnäßt. Der Holzfäller machte uns von dem, was er besaß, ein sehr gutes Essen, und als wir zu Abend gegessen hatten, [...] erkundigte ich mich nach dem Bett, in dem wir schlafen könnten. [...] Der Holzfäller nahm eine Heugabel und holte dicht neben seinen beiden Ochsen Stroh weg. [...] Damit schüttete er uns ein Lager auf, wie man Streu für Pferde herrichtet. [...] Er breitete eine rote Decke darüber, und wir legten uns darauf. Zwischen uns und die Ochsen stellte er eine Tonne. In der Nacht machten die Ochsen sich los und beschnupperten uns, und so verbrachten wir die Nacht.«[50] Einige Tage später bittet er wieder irgendwo um ein Obdach. Man bietet ihm an, »bei den Ochsen« zu schlafen. Er geht weiter, um anderswo zu suchen.

In Galicien erleben Manier und seine Genossen ein weiteres, wahrhaft »saumäßiges« Mißgeschick. »Wir waren in diesem Dorf angekommen und fanden Unterkunft in einem der Häuser. Man muß wissen, es ist in diesem Land üblich, daß Männer und Frauen vollständig angekleidet schlafen und ihre Leibwäsche nur zweimal im Jahr wechseln. Die Ochsen schlafen im Haus selbst, sie stehen, durch eine Stange getrennt, an ihrem Freßtrog. Die Schweine und anderes Hausgetier können sich die ganze Nacht hindurch in allen Ecken und Winkeln des Hauses frei herumtreiben. Wir Pilger lagen auf drei oder vier völlig ungenügenden Strohbündeln neben dem Feuer, so daß die Schweine, als die Stunde ihrer Patrouille gekommen war, uns hier aufsuchten.«

In der Dunkelheit des Hauses spüren die Tiere die schlafenden Pilger auf. »Zuerst haben sie eine Rübe entdeckt, die Hermand seit mehr als fünfzig Meilen in seinem Brotbeutel mitgetragen hatte als Seltenheit und in der Absicht, daraus ein Frikassee für denjenigen unter uns zu bereiten, der König wird, weil er als erster den Kirchturm von Compostela erblickt. Diese Rübe wog gute drei Pfund.«

Und nun geht es los: »Die kühnste unter diesen Säuen hatte sich also an den armen Hermand herangemacht, um seine Rübe zu fressen. Die lag im Beutel; Hermand aber hatte diesen als Kopfkissen unter seinen Nacken geschoben. Das Schwein verlangte so gierig nach der Rübe, daß es mit seiner Schnauze dem Beutel einen mächtigen Stoß versetzte; mit einem einzigen Biß packte es den Beutel und ein gutes Bündel Haare und riß beides hinweg.«

Der arme Hermand springt »in die Höhe« und schreit, man wolle ihn bestehlen und ermorden. Alles erwacht. Einer zündet die Lampe an. Siehe da, »Monsieur le cochon« liegt im Kampf mit »seinen Kameraden«, die »die Hälfte der Beute« an sich reißen wollen. Die Spanier brüllen vor Lachen, Hermand aber »flucht fürchterlich« die restliche Nacht hindurch. »Wenn man ihn heute noch darauf anspräche«, versichert Manier, »begänne er aufs neue zu fluchen, so frisch ist ihm noch alles im Gedächtnis.«[51]

Die zwei schönsten Wirtshausgeschichten aber sind Jean de Tournai und Sire Guillaume passiert; man könnte meinen, sie wären erfunden, um die Gastwirte zu rehabilitieren. Die erste Geschichte passiert in Plassart, zwischen Blaye und Pons. Unsere beiden Flamen erreichen das Gasthaus, setzen sich zu Tisch und speisen zu Abend. Nach der Mahlzeit zahlen sie und machen sich zum Schlafen bereit. In diesem Augenblick kommt der Besitzer daher und erfährt, daß Jean de Tournai nach Jerusalem, Rom und Santiago gewallfahrtet ist. »Er freut sich über die Maßen«; und da die Gastlichkeit ihre Gesetze hat, läßt er aufs neue zum Abendessen auftragen. »Ich mußte mich allsogleich wieder hinsetzen und mein Geld wieder einstecken, das ich für mich und meinen Gefährten ausgegeben hatte. Er schenkte uns reichlich vom besten Wein ein, den wir jemals getrunken, und schalt seine Frau heftig, weil sie uns vom minderwertigsten Wein aus dem Keller vorgesetzt hatte.«

Zwei Tage darauf geht nach der Messe in Saintes ein Edelmann auf sie zu. »Sire, kommt Ihr und Euer Gefährte in mein Haus, um meinen Wein zu kosten.« Ein bei den Schenkenwirten übliches Vorgehen. Jean de Tournai versucht sich zu vergewissern und fragt: »Mein Freund, seid Ihr ein Schankwirt? Verkauft Ihr Wein?« Der andere antwortet ihm: »Ja, ihr sollt alles haben, was ihr wünscht.« Sie verlassen die Kirche und gehen zum Gasthaus.

»Er ließ uns eine gute Kapaunenkeule auftragen, auch Speck und Hammelfleisch, und ließ Wein einschenken. Als wir dann noch um weiteren Wein baten, wurde er uns gern gereicht. Nachdem wir so prächtig gespeist und Gott Dank gesagt hatten, erklärte ich, wir wollten zahlen. Darauf erwiderte der Edelmann: ›Auch wenn ihr jeder für einen Gulden gegessen hättet, würdet ihr nichts bezahlen, keiner von euch, denn Ihr, Sire, habt mich mit geistlicher Nahrung gesättigt und ich Euch mit leiblicher Nahrung. Ich bitte euch beide, anzunehmen, was ihr hier vorfandet; ich hätte euch um der Liebe Gottes willen gern Besseres vorgesetzt.‹ Wir dankten ihm sehr herzlich und verabschiedeten uns.«[52]

NEUNTES KAPITEL

COMPOSTELA

Montjoie – Unter der Dachrinne – Das Haus des Volkes – Hermogenes bekehrt sich – Das Sternenfeld – Reliquien – Der Katalog von Oviedo – Unter dem Hochaltar – Der Pilgerstab des heiligen Jakobus – »Man sollte etwas zeigen« – Manier geht zu Tisch – Possen und Schwänke

In Puente la Reina haben sich die Wege über Roncesvalles und den Somport vereinigt. In Burgos mündet nun noch der Weg von Bayonne her in den großen *camino francés* und verstärkt den Pilgerstrom aufs neue.

Castrogeriz, Frómista, die einsamen Weiten zwischen Carrión, Sahagún und Mansilla, die Paläste aus rotem Backstein und die Festungsmauern aus großen Kieseln – alle liegen schon hinter Ihnen. León haben Sie durchwandert, Astorga, Rabanal; Sie sind ins Bierzo hinuntergestiegen, zur Templerfestung von Ponferrada; Sie haben Villafranca erreicht, El Cebrero, Triacastela ... Nach der Wildheit des Klimas und der Farben von Kastilien umfängt Sie nun geradezu sanft das galicische Land – sachter Regen, Wälder, Hügel, graue Felsen und über all das hinweg von Westen her der Hauch des Atlantik ...

Ihre Erwartung ist drängender geworden, Ihre Ungeduld kaum mehr zu zügeln. Puertomarín, Palas del Rey, Castañeda ... Und eines Abends ist Ihnen überraschend zu Bewußtsein gekommen, daß nur noch eine Nacht zwischen Ihnen und Compostela liegt.

Die Tage verwischen sich plötzlich hinter Ihnen, die Unterkünfte, die Reliquien, die Ermüdung, auch die Gesichter der Menschen in dem Auf und Ab des Weges. Morgen wird es sein: Compostela!

Ce nous était l'ordinaire
De faire notre prière
Avant sortir du matin.
Faisant la croix salutaire
Nous nous mettions en chemin.

Es war üblich,
Daß wir unser Gebet sprachen,
Bevor wir am Morgen aufbrachen.
Wir schlugen das heilbringende Kreuz
Und machten uns auf den Weg.

An diesem letzten Morgen ist keiner beim Aufbruch mürrisch. Und nie ist das Gebet glühender gewesen.

Indessen nötigt das Pilgerritual noch zu zweimaligem Halt. So, wie man in Roncesvalles das Kreuz am Berg oben aufgepflanzt hat und in Triacastela einen Kalkstein in den Sack gesteckt, um ihn bis Castañeda zu tragen, so muß man sich nun vor dem Betreten des Wallfahrtsziels waschen, um sauber und zugleich um rein zu sein. Nach Aymeri Picaud geschieht das »in einem bestimmten Fluß, der zweitausend Schritte von Santiago entfernt durch ein Gehölz fließt und den man *Lava-Mentula* nennt, weil die Pilger aus Frankreich die Gewohnheit haben, aus Liebe zum Apostel sich hier zu waschen, und zwar nicht nur das Geschlechtsteil, sondern den ganzen Körper, nachdem sie sich völlig entkleidet haben.«[1] Diese Haudegen Gottes machen aus dem vornehmen *Lava-Mentula* lieber ein *Lavacolla* (Schwanzwäsche) oder sogar, wie Manier, *Lave-Couille* (Hodenwäsche).[2]

Laffi vollzieht diese Art neuer Taufe, Symbol einer Wiedergeburt, an einem Ort mit Namen Villa Roza: »Wir erreichten einen Brunnen, wo wir uns erfrischten und sorgfältig vorbereiteten; auch wechselten wir die Kleider; wir wußten nämlich, daß Santiago nicht mehr weit war.«[3]

Von dem Bach weg führt jetzt der Weg einen steilen Hügel hinauf. Alle Pilger kennen ihn, ohne ihn jemals gesehen zu haben: Montjoie, Monte del Gozo, Freudenberg. Von dort oben kann man Compostela erblicken.

Auf der Anhöhe hat Erzbischof Gelmírez zu Beginn des 12. Jahrhunderts eine dem heiligen Kreuz geweihte Kirche erbauen lassen. Herman Künig findet hier oben außerdem ein schönes Steinkreuz und einen Steinhaufen. Der englische Anonymus erwähnt außerdem vier Steinsäulen und hundert Tage Ablaß.

By a chapell shalt thou go
Upon a hull hit stondez on hee
Wher Sent Jamez ferst shalt thou see
A Mount Joie mony stonez there ate
And four pilerez of ston of gret astate
A hundred daiez of pardon there may thou have.[4]

Du mußt zu einer Kapelle gehen,
Die sich auf einem Hügel erhebt,
Von wo du Santiago zum erstenmal siehst.
Es gibt viele Steine am Montjoie
Und vier große Steinsäulen.
Dort kannst du hundert Tage Ablaß gewinnen.

»Auf der Sainte-Montjoie«, so bestätigt auch der Anonymus aus Florenz, »stehen vier Säulen aus Stein, und von dort aus sieht man die Stadt Compostela, wo der Ablaß des heiligen Jakobus verliehen wird.«[5]

Die Sehnsucht belebt auch die müdesten Wanderer. Ganze Gruppen rennen die Steigung beinahe hinan; wer zuerst oben ankommt, wird nach einer alten Tradition zum Wallfahrtskönig ernannt; fortan darf er sich »Roi« (König) oder »Leroy« nennen, er und seine Nachkommen, ähnlich jenen anderen »Roy« oder »Leroy«, den Erben der »Könige« eines großen mittelalterlichen Festtages.

Manier ist schon seit geraumer Zeit vorausgelaufen: »Ich hatte eine ganze Wegstunde Vorsprung, ganz allein, um als erster den Kirchturm zu sehen, was mir auch gelang. Drei steinerne Kirchtürme stehen dort unten. Jener der von den Engländern erbauten Jesuitenkirche, die nicht weit von der Jakobuskirche entfernt steht; diese Kirche ist eine von denen, die Karl der Große hat errichten lassen; und dann die beiden Türme der Jakobuskirche, im selben Stil erbaut. Als ich sie erblickte, warf ich meinen Hut in die Luft, um meinen Kameraden hinter mir zu erkennen zu geben, daß ich den Turm sehe. Als sie heraufkamen, begrüßten mich alle als König.«

Laffi und sein Freund Codici kommen ihrerseits auf den Hügel. »Als wir plötzlich [die so ersehnte Stadt] erblickten, warfen wir uns auf die Knie, und Tränen brachen uns aus den Augen; wir fingen an, das Tedeum zu singen, konnten aber nach zwei oder drei Versen wegen der Tränen kein Wort mehr herausbringen.«

Man drückt seine innere Bewegung aus, wie man kann:

Quand nous fûmes à Montjoie
Mon cœur tressaillit de joie
De voir Saint-Jacques le Grand.
Du vin de ma calebasse
Alors j'en ai pris d'autant.[6]

Als wir auf dem Montjoie waren,
Zitterte mein Herz vor Freude,
Das berühmte Santiago zu sehen.
Ich trank tüchtig von dem Wein
Aus meiner Kürbisflasche.

Manier folgt diesem Beispiel: »Meine Kameraden haben mir als ihrem König einen Blumenstrauß gereicht.« Er führt sie, zweifellos in Ermangelung des erhofften Rübenmuses, in die Schenke und zahlt ihnen einige Krüge Wein zum Dank für ihren Strauß.[7]

Vom Montjoie bis zu den Türmen von Compostela ist es nicht weit, und im Gegensatz zu den anderen Tagesmärschen gehen die Pilger diese letzte Strecke leichteren Schrittes:

Quand nous fûmes à un mille
Près de la fameuse ville
Monsieur Saint-Jacques le Grand
Je me sentais plus habil
A cheminer que devant.

Als wir noch eine Meile entfernt waren
Von der berühmten Stadt
Des heiligen Herrn Jakobus des Großen,
Fühlte ich mich viel fähiger
Zum Wandern als zuvor.

Die Eisenspitzen der Pilgerstäbe klingen auf den Kieseln des Weges, die Lieder vermischen und vereinigen sich zu einem großen Gesang. Zahlreiche Berittene machen zum Zeichen der Demut das letzte Wegstück zu Fuß, und nicht wenige Fußwanderer ziehen vor der Ankunft im Heiligtum Schuhe oder Stiefel aus.

Die da ans Ziel gelangen, haben sicher einen Gedanken und ein Gebet für jene Gefährten, die mit ihnen aufgebrochen waren und die nicht mehr da sind, die infolge von Erschöpfung, Fieber, Wölfen, Kälte oder verseuchtem Wasser eines Tages tot liegen blieben, für jene auch, die an Altersschwäche starben oder an Verzweiflung, und schließlich jene, deren Mut eines Tages einfach zusammenbrach und die sich dann der Verlockung des Todes überließen …

Quand nous fûmes à la Ravelle
Mon compagnon fut mis en terre
Dont j'ai le cœur dolent
J'ai cherché dans sa pochette
Je n'y ai trouvé qu'un blanc
C'est pour écrire une lettre
Pour écrire à ses parents.

Als wir in Rabanal waren,
Wurde mein Gefährte begraben,
Um den ich trauere.
Ich suchte in seiner Tasche
Und fand dort nur ein weißes Papier,
Um einen Brief zu schreiben,
Um seinen Eltern zu schreiben.

Alle wurden sie in ihrem Pilgergewand zu Grabe getragen, die Hände über dem Stab gekreuzt, auf dem Kopf den großen, verwaschenen, von Sonne und Regen hart gewordenen Pilgerhut; dazu hat man in ihr Grab eine Muschel gelegt: Sie soll am Tag des Letzten Gerichts Zeugnis geben.

Die meisten der einigermaßen bedeutenden Hospitäler besitzen ihren eigenen Friedhof; es scheint, daß der von Herreiras den Engländern vorbehalten war. Anderswo werden die Pilger wenn möglich in geweihter Erde beigesetzt, möglichst nahe an der Kirchenmauer und sogar »unter der Dachrinne« – ein Klerikern und Mönchen vorbehaltener Platz: Das Regenwasser fällt geradewegs vom Himmel herab und rieselt über das Dach des geweihten Hauses, ist also doppelt rein und badet barmherzig ihre ewige Ruhestatt.

Keiner, der sein Haus verlassen hatte, war sicher, Compostela zu erreichen. Aus allen Ecken und Enden der christlichen Welt drängt sich nun die zerschlissene Heerschar der Überlebenden zum Grab des Apostels Jakobus, des Sohnes des Zebedäus und der Maria Salome.

Die Wirtsknechte eilen ihnen entgegen, Schwärme von Kindern rennen ihnen zwischen die Beine, während die Prozession der Kleriker ihnen mit Kreuz und Fahnen aus der Stadt entgegenzieht. Darüber hinweg dröhnt die eherne Stimme der größten Glocke der Christenheit.

Die beiden Züge vereinigen sich. Kniend empfangen die Pilger den Segen eines Chorherrn, singen alle gemeinsam Danklieder. Dann setzt sich die Menge, tief ergriffen von frommen Gefühlen und die Augen zu den Turmspitzen der Kirchen erhoben, in Richtung Compostela in Bewegung, durchschreitet das Fränkische Tor, erfüllt die Gassen, ergießt sich auf den Domplatz. Über dem Kirchenportal ragen die glorreichen Gestalten des heiligen Jakobus und des Weltenherrschers Christus – zum Empfang der tief ergriffenen Pilger.

Man bekommt eine Vorstellung von dem, was sich nun ereignet, wenn man im *Codex Calixtinus* nachliest, was sich eines Tages auf dem Hinweg zum Grab des heiligen Ägidius in Frankreich zugetragen hat: Gaskogner und Franzosen lieferten sich eine regelrechte Schlacht, bei der es einen Toten gab. Oder wenn man sich an den Ablaßtag vom Jahre 1502 in Notre-Dame zu Le Puy erinnert, einen wegen des ungeheuren Zulaufs der Pilger denkwürdigen Tag. Die Chroniken berichten, daß die Straßen zu eng waren; die Menge der Ankommenden überschwemmte Weizenfelder und Rebgärten; fünfundzwanzig Pilger wurden an einem der Stadttore erdrückt, andere unter den Mauern begraben, die dem Druck der Menschenmassen wichen; das Gewühl war derart groß, daß jemand, dem etwas auf den Boden gefallen war, es nicht wagte, sich zu bücken, aus Furcht, umgestoßen und zertrampelt zu werden; viertausend auf die Kirchen und die Wege verteilte Beichtväter genügten kaum.[8]

Was an anderen Orten selten ist – in Compostela mag es wohl verhältnismäßig häufig vorgekommen sein, vor allem beim Nahen des Festes des heiligen Jakobus (25. Juli) und während der Jubiläumsjahre, in den Jahren also, in denen der 25. Juli auf einen Sonntag fällt.

In der großen Zeit der Wallfahrt, im ausgehenden 12. Jahrhundert, ist die um 1080 begonnene Kathedrale so ziemlich vollendet. Tausende von Pilgern strömen ununterbrochen umher, betrachten die Kapitelle, drängen sich am Altar, unter dem das versiegelte Apostelgrab liegt, beten in den Seitenkapellen der ihnen vom Weg her vertrauten Heiligen Martin, Maria Magdalena, Fides.

In diesem Zeitalter, da die Kirche Haus des Volkes, Ort der Versammlung ist, fühlen sich die Christen unter dem hohen Gewölbe daheim. Sie reden, ohne die Stimme zu dämpfen, rufen sich in allen Sprachen zu, singen Psalmen oder Lieder aus der Heimat, essen, schlafen, geraten in Ekstase, weinen, schlagen sich an die Brust, beten mit lauter Stimme, treiben Handel, suchen ihre Gefährten, indes die Kinder um die Säulen herum einander nachjagen, die Kranken stöhnen, die Priester ganzen Gruppen die Beichte abnehmen, die Sterbenden sich auf das Hintreten vor Gottes Gericht vorbereiten, voller Erstaunen, sich hier zu befinden. Der Glaube ist so lebendig, daß mehr als einer vom Schicksal eines Wilhelm von Aquitanien träumt. Dieser Herzog, ein großer Sünder, bricht als Pilger auf nach Compostela; die göttliche Gnade fügt es, daß er, wie man erzählt, am Karfreitag des Jahres 1137 ankommt, beichtet, kommuniziert und an den Stufen des Altars selig stirbt.

Das Verlangen nach dem Heil ist eine wahre Besessenheit. Mit tiefer religiöser Leidenschaft betet der Pilger die endlose Litanei der Wunder des heiligen Jakobus: »der du eine in die Handfläche eines Büßers geschriebene Sünde vergeben hast, der du einen Pilger, welcher zurückgeblieben war, um einem sterbenden Gefährten beizustehen, auf wunderbare Weise mit seinen Gefährten wiedervereinigt hast, der du ... der du ...« Mit Leib und Seele schenkt sich der Pilger hier am Ende seines Weges Gott, öffnet sich der strahlenden Gewißheit ewigen Lebens. Wie könnte es anders sein? »In der Tat,« so schreibt Aymeri Picaud, »hier wird den Kranken die Gesundheit, den Blinden das Augenlicht, den Stummen die Sprache, den Tauben das Gehör, den Lahmen der rechte Gang, den Besessenen die Befreiung zuteil, und es werden, was noch mehr ist, die Gebete der Gläubigen erhört, ihre Hoffnungen erfüllt, die Ketten der Sünde gesprengt, der Himmel denen geöffnet, die ihn bestürmen, den Betrübten Trost erteilt, und alle fremden Völker aus allen Teilen der Erde eilen in Scharen herbei und bringen dem Herrn ihre Gaben und ihr Lob dar.[9]

Der heilige Jakobus predigt in Spanien.
Französischer Holzschnitt (16. Jahrhundert)

Und all diese Kranken, Blinden, Stummen, Tauben, Lahmen, Besessenen, die Betenden, die Hoffenden, die in Sünde Verketteten, die Himmelsstürmer, die Betrübten, die Fremden – sie werfen sich zu Boden, kühlen ihre vom Wind glühende Stirn an den kalten Steinplatten und weinen vor Ergriffenheit. Auch Christus hat geweint. Und die verzückte Menge ergreift Talgkerzen, späht nach Zeichen, ruft nach Wundern und nähert sich dem Altar, darunter der vollständig erhaltene Leib des glorreichen Apostels Jakobus des Älteren ruht.

Nachdem Christus die Erde verlassen hatte, zogen die Apostel aus, um den Völkern die allen Geschöpfen verheißene Frohbotschaft zu predigen. Jakobus dem Älteren, dem Bruder des Evangelisten Johannes, wurde Spanien zugewiesen. Also predigte er dort, doch ohne Erfolg.

Im 13. Jahrhundert schreibt Jacobus de Voragine die *Goldene Legende.* Er erzählt darin, wie der Apostel Jakobus, »als er sah, daß er nichts ausrichtete, und er nur neun Jünger hatte gewinnen können«, zwei von ihnen an Ort und Stelle zurückließ und nach Jerusalem zurückkehrte. Hier, im Land Christi, war es noch schlimmer: »Er bekehrte nur einen einzigen Menschen.« Zu jener Zeit hörten die Pharisäer auf die Zauberei eines gewissen Hermogenes, der seinen Schüler Philetus schickte, damit er Jakobus beweise, »wie falsch seine Predigt sei«. Jakobus jedoch bekehrte diesen Philetus.

Da also Hermogenes den Philetus durch seine Zauberei fesselte, Jakobus ihn aber durch seine Wunder befreite, rief Hermogenes die Teufel zusammen; Jakobus trieb sie gegen Hermogenes zurück – und gab ihm sogar seinen Pilgerstab, damit er sich künftig damit schütze. Daraufhin brachte Hermogenes dem Jakobus alle Zauberbücher; man schleuderte sie ins Meer. Dann warf er sich dem Apostel zu Füßen mit den Worten: »Du Befreier der Seelen, nimm mich Reumütigen auf.«

Die Juden waren von der Bekehrung des Hermogenes tief ergriffen und begannen, Jakobus anzuhören; da befahl Herodes Agrippa, den Apostel zu enthaupten.

Auf dem Weg zur Richtstätte heilte Jakobus noch einen Gelähmten und bekehrte einen Mann mit Namen Josias, »jenen, der ihn am Strick um den Hals hielt und ihn führte«. Sie wurden beide zusammen hingerichtet »am fünfundzwanzigsten Tag des Monats März«.

Die Enthauptung des Jakobus
Stich aus dem 17. Jahrhundert

Der Sohn des Zebedäus und Vetter Christi ist tot, aber er wird zu einem ganz wunderbaren Leben auferstehen.

»Als Jakobus enthauptet war«, so fährt die *Goldene Legende* fort, »trugen seine Jünger den Leichnam aus Furcht vor den Juden bei Nacht davon, legten ihn in eine Barke und überließen es so dem Willen Gottes, wo er begraben werden solle. Sie stachen steuerlos in See, fuhren, wie der Engel unseres Herrn sie lenkte, und gelangten nach Galicien, in das Reich der Lupa.«

Diese Lupa, »eine sehr schöne Königin«, war arglistig und grausam. Als die Jünger zu ihr kamen und um einen Begräbnisort baten, unterwarf sie sie einer Reihe von Prüfungen und Beschwernissen, die sie nacheinander siegreich bestanden. Endlich »trafen sie einen Drachen, der Feuer spie und auf sie zulief; sie schlugen das Kreuz über ihn, und sein Leib barst mitten entzwei; ebenso machten sie das Kreuzzeichen über die Stiere, und sie wurden sanft wie Lämmer«.

Daraufhin spannten die Jünger die Stiere an einen Wagen, auf den sie den Leichnam des heiligen Jakobus legten und den großen Stein, der seine Form angenommen hatte, »als ob es Wachs wäre«. »Ohne jede Lenkung zogen die Ochsen den Leichnam mitten in den Palast der Königin. Als diese das sah, war sie sehr verwundert; sie glaubte an Jesus Christus und wurde Christin.«[10] Andere Berichte fügen hinzu, daß die Stiere von selbst die sterblichen Reste des Apostels bis zu dem Ort zogen, über dem der sie führende Stern stehenblieb – hier wurde sodann das Grab des heiligen Jakobus errichtet.

Diese mit allerlei legendärem Rankenwerk ausgeschmückten Ereignisse, die da im 13. Jahrhundert erzählt werden, spielten sich in der Zeit unmittelbar nach Jesus ab. Nun ist aber von Sankt Jakobus vor dem Jahre 813 – ein Jahr vor dem Tod Karls des Großen – weder in Spanien noch anderswo die Rede. In dem genannten Jahr hat Pelagius, ein sehr frommer Einsiedler, eine Vision. Er wohnt in Galicien, in einer Gegend, wo sich die Nächte zuweilen wunderbar erhellen und himmlische Musik ertönt. Im Traum offenbaren ihm die Engel die Anwesenheit des heiligen Jakobus in dieser Gegend. Der Eremit meldet es dem Bischof Theodemir. Dieser ordnet ein dreitägiges Fasten an und läßt einen Hügel aufgraben, den die seltsamen nächtlichen Lichter zu bezeichnen scheinen – Sterne also, könnte man sagen. Bald legt Theodemir ein Marmorgrab frei. Gebeine liegen darin, die allsogleich als die des heiligen Jakobus des Älteren und zweier seiner Jünger, Athanasius und Theodor, identifiziert werden; es waren jene beiden, die er bei seiner Rückkehr ins Heilige Land hier zurückgelassen hatte.

König Alfons II. wird benachrichtigt. Er erbaut über dem Grab eine steinerne Kapelle mit Holzdach und läßt Karl dem Großen einen Bericht darüber zukommen zusammen mit dem Stirnbein des heiligen Jakobus. Papst Leo III. verkündet in einer Bulle die gewaltige Nachricht der ganzen Christenheit: Einer der Apostel ist wiederaufgefunden! In wenigen Jahren entsteht um das Grab herum eine kleine Stadt, in der sich bereits die Pilger drängen: Compostela, was man mit »Sternenfeld« übersetzen kann. Das Städtchen wird »dank der Gunst der Könige und dem frommen Eifer der Menge«[11] größer und größer.

Dreißig Jahre später kommt es wegen eines nicht an den Kalifen von Córdoba abgelieferten Tributs von hundert Jungfrauen zwischen den christlichen Fürsten und den Mauren in Clavijo nahe bei Logroño zu einer Schlacht. Der Ausgang scheint ungewiß, als plötzlich auf der Seite der Christen, furchterregend und feuerflammend, das Schwert in der Hand, Jakobus erscheint, *Santiago Matamoros,* Sankt Jakob der Maurentöter; er schlägt die Sarazenen in die Flucht.

An allen Fronten greift nun der Apostel ein. Natürlich gegen die Mauren, aber auch gegen die Ungerechtigkeit, gegen das Unglück, gegen die Armut. Er ist es, der den in Santo Domingo gehängten jungen Mann stützt; er ist es, der den Pilger aus Verona mit einem wunderbaren Brot ernährt, das jeden Morgen wieder unberührt in der Pilgertasche liegt; er ist es, der einen jugendlichen Brandstifter aus Pistoia vor dem Scheiterhaufen rettet; er ist es auch, der einen anderen Pilger zum Leben erweckt, um zu verhindern, daß sein Gastgeber, der ungerechterweise des Mordes an ihm beschuldigt ist, hingerichtet wird.

Seine Wunder sind nicht mehr zu zählen. Ein Gefangener liegt angekettet in einem Turm. Er ruft den Heiligen an. Dieser erscheint und sagt: »Komm, folge mir nach Galicien!« Die Ketten fallen von den

Der heilige Jakobus erscheint auf einem Schimmel reitend in der Schlacht gegen die Mauren. Kupferstich von Aliprando Caprioli, 1597

S. IACOBVS

Füßen des Gefangenen, eines gewissen Bernhard; er klettert in den Turm hinauf und springt hinunter, ohne sich weh zu tun. In einem anderen Turm liegt ein Kaufmann; ein Lehensherr hat ihn beraubt und dann eingesperrt; der Kaufmann fleht zum Apostel – da neigt sich der Turm, bis die Spitze den Boden berührt; der Gefangene flieht hinaus; die Wächter verfolgen ihn, doch der Mann bleibt ihren Blicken verborgen.

Wegen dieser Wunder und sehr vieler anderer mehr leuchtet der Name des heiligen Jakobus in der ganzen Christenheit. »Wir bitten Gott und den heiligen Jakobus«, so schließt Jacobus de Voragine, »es möge ihm gefallen, uns in dieser vergänglichen Welt zu bewahren, auf daß wir durch seine Verdienste und seine Fürbitte über unsere Feinde zu siegen vermögen, so, wie er seine Feinde besiegte und die Krone des Martyriums erlangte. Auch möge er uns alle würdig machen, seine wahren Pilger in dieser und in der anderen Welt zu sein und endlich mit ihm in die Herrlichkeit des gesegneten paradiesischen Reiches eingehen zu können, das kein Ende mehr kennt. Amen.«

Der Glaube nährt sich von Wundern, und das Geheimnis ist seine Wiege. Das Christentum übernimmt häufig Lebensweisen und Einstellungen der antiken, ja sogar der primitiven Zeit und verwandelt sie dabei, wenn nötig. So erfindet es auch die Reliquien neu, diese mit übernatürlichen Kräften ausgestatteten sterblichen Überreste. Die Märtyrer und die Heiligen treten an die Stelle der Helden und Führergestalten. Vom 4. und 5. Jahrhundert an wird fast täglich ein neuer »Fund«, also die Aufdeckung ruhmwürdiger Reste, gemeldet. Eine Reliquie zu berühren oder manchmal sogar nur zu betrachten gibt Anteil an der Machtsphäre des Heiligen. In einer Welt, in der das Heilige überall tastbar, greifbar ist, bedeutet die Reliquie eine elementare, jedem zugängliche Bekundung der Gegenwart Gottes.

Die Reliquien werden verschieden eingestuft und erwecken also auch unterschiedlich große Verehrung. Die wunderbare Auffindung eines vollständigen Apostelleibes – auch wenn es sich um den eines Enthaupteten handelte – mußte zweifelsohne das gesamte Abendland erschüttern. Doch das genügt noch nicht. Alfons III. und Ordoño II.

beehren Compostela mit neuen Reliquien. Nach ihnen läßt Diego Gelmírez Anfang des 12. Jahrhunderts so ziemlich alle Reliquien der Gegend zusammentragen und heimlich nach Compostela bringen; trotz der Verweise des Papstes weigert er sich, sie wieder herauszugeben. Das ist der Beginn einer einmaligen Sammlung; sie wird sich im Lauf der Jahrhunderte anreichern mit vielfachen Schenkungen und prachtvollen Reliquiaren. Anfang des 14. Jahrhunderts stiftet ein Mann aus Paris, Godfred Coquatriz, eine vergoldete Silberstatuette, die den heiligen Jakobus darstellt und deren rechte Hand ein Medaillon mit einem eingefaßten Zahn des Apostels hält.[12]

Die erste Strophe der *Grande Chanson,* des »Großen Wallfahrtsliedes«, drückt es klar aus:

Nous allons partir à Saint-Jacques
Dans un moment
Irons visiter les reliques
En pénitents.

Bald brechen wir auf
Nach Santiago,
Um büßend
Die Reliquien aufzusuchen.

Gemeint sind hier nicht nur die Reliquien von Compostela, sondern auch alle anderen in den Gotteshäusern am Wallfahrtsweg; die Bedeutung und der Ruf solcher Kirchen gründeten gerade auf der Bedeutung ihrer Reliquien. Aymeri Picaud widmet ein wichtiges Kapitel seines Wallfahrtsführers der Aufzählung »der Leiber der Heiligen, deren Gräber am Pilgerweg nach Santiago liegen und denen die Pilger einen Besuch abstatten sollen«. Da Aymeri nur von dem berichtet, was er gesehen hat, kennt er die Kirche San Salvador (Erlöserkirche) in Oviedo nicht; er ist hier nicht vorbeigekommen. Guillaume Manier macht hier halt; der Umweg sollte sich lohnen. Er erzählt:

»Zu der Zeit, da der Perserkönig Chosrau die Stadt Jerusalem verwüstete, entrückte Gott durch seine mächtige Kraft einen wundersamen Schrein aus unverweslichem Holz, von den Aposteln selbst verfertigt und voll der Wunder Gottes, aus dieser heiligen Stadt nach Afrika, von dort nach Cartagena in Spanien, von dort nach Sevilla, dann nach Toledo, von dort nach Asturien auf den sogenannten Heiligen Berg und von dort in diese Erlöserkirche von Oviedo. Als man den Schrein öffnete, fanden sich darin zahlreiche Kästchen aus Gold, Silber, Elfenbein. Jene, welche sie mit großer Ehrfurcht öffneten, entdeckten bei jeder Reliquie die Bezeugung geschrieben, die klar und deutlich den Inhalt erklärte. Sie fanden:

ein großes Stück vom Schweißtuch unseres Herrn;
acht Dornen von der Krone unseres Herrn [...];
Brot vom Letzten Abendmahl;
Manna, welches Gott auf die Israeliter niederregnen ließ;
ein schönes Stück Haut des heiligen Bartholomäus, welcher lebendig geschunden ward;
Milch von der heiligen Jungfrau Maria;
etwas von ihrem Haar;
einen der dreißig Silberlinge, für welche Judas den Sohn Gottes verkaufte;
etwas vom Haar der heiligen Magdalena, mit welchem sie die Füße unseres Herrn trocknete;
ein kleines Stück vom Stab des Mose, mit welchem er die Wasser des Roten Meeres teilte;
ein Bröcklein von dem gebratenen Fisch und der Honigwabe, welche unser Herr nach seiner Auferstehung kostete, als er den Aposteln erschien;
eine der Sandalen des heiligen Petrus;
Reliquien und Gebeine der Propheten [...].

Es findet sich hier auch einer der Krüge, in welchen Jesus Christus bei der Hochzeit zu Kana Wasser in Wein verwandelte.

Wer immer diese kostbaren Reliquien aufsucht, dem erläßt der hochwürdige Bischof dieser Kirche von Oviedo [...] den dritten Teil seiner Sündenstrafen. Außerdem gewährt er ihm einen Ablaß von eintausendvier Jahren und vierzig Tagen.«[13]

Man kann sich die bastelfreudigen Chorherren vorstellen, wie sie geschickt und der Laune ihrer Eingebung entsprechend diese biblische Rumpelkammer anreichern, oder etwa jene skrupellosen Leute, die auf Bestellung Dornenkronen liefern – es gibt noch deren drei, von denen eine, seinerzeit von König Ludwig dem Heiligen gekauft, sich heute in der Sainte-Chapelle in Paris befindet – oder Nägel von der Kreuzigung. Doch so heilig diese Reliquien auch sein mögen, sie erwecken keine Legende. Der heilige Jakobus jedoch ist eine Persönlichkeit. Er hat gelebt, die Heilige Schrift bezeugt ihn, man kann sich ihn vorstellen. So, wie ihn die Kämpfer in der Schlacht von Clavijo in blitzender Rüstung sehen, so die Pilger in ihrem Gewand, mit Stab und Muschel: Sankt Jakob ist am Ende seiner Wege selbst Pilger geworden. Von nun an bleibt er ein Weggefährte, den man um alles bitten kann.

Es wird erzählt, daß er im Jahre 1108 einem braven Pilger zu einem Erben verholfen hat. Als das Kind fünfzehn Jahre alt ist, pilgern Vater und Mutter zum Dank aufs neue nach Compostela. In der wilden Berglandschaft der Montes de Oca stirbt das Kind an einer Krankheit. Zornig ruft der Vater den heiligen Jakobus an: »Dir hat Gott die Macht verliehen, mir einen Sohn zu schaffen. So gib ihn mir jetzt wieder zurück!« Und das Kind erwacht zum Leben.

Ganz ohne Zweifel war die »Persönlichkeit« des heiligen Jakobus zum großen Teil der Grund des großartigen Aufschwungs von Compostela, noch über alle politischen und strategischen Gründe hinaus, die die Wallfahrt nach Galicien möglich gemacht haben.

Für Aymeri Picaud ist Compostela »die ganz hervorragende Stadt des Apostels, voll der tiefsten Freuden; sie hütet den kostbaren Leib des heiligen Jakobus und gilt daher als die glücklichste und edelste aller spanischen Städte«.

Aymeri hält sich lange bei der Beschreibung der Kirche auf – sicher einer der gelungensten Bauten seiner Zeit – und bemerkt nebenbei, daß an ihr »kein Riß, kein Fehl« zu entdecken sei, was vermutlich nicht die Regel ist.

Rekonstruktion des Ziboriums des Jakobsaltars nach der Beschreibung des Pilgerführers

»In dieser ehrwürdigen Basilika ruht nach der Überlieferung der verehrte Leib des heiligen Jakobus unter dem zu seiner Ehre errichteten Hochaltar. Er liegt in einem Marmorsarg, den ein bewunderungswürdig gearbeitetes Grabmal von ausgewogenen Maßen überwölbt. Sein Leib liegt hier seit eh und je, wenn man dem Zeugnis des heiligen Theodemir, vormals Bischof dieser Stadt, Glauben schenken will; er fand einst den Leib, und es gelang ihm nie, ihn von der Stelle zu schaffen. So seien denn diejenigen Rivalen jenseits der Pyrenäen des Betrugs überführt, die da behaupten, einige Stückchen oder Reliquien des Apostelleibes zu besitzen. Denn dieser ruht hier ganz und unbeschädigt, göttlich erleuchtet durch paradiesische Karfunkelsteine, ohne Unterlaß von sanften Düften ausgezeichnet, geziert mit dem Glanz himmlischer Lichter und von Engeln in ehrfürchtiger Huldigung umschwebt.«[14]

Zu der Zeit, da der Pilger aus dem Poitou seine schmückenden Beiwörter poliert, kommt es doch noch vor, daß man das Grab öffnet, 1138 vor allem, um den Gesandten der italienischen Stadt Pistoia ein Stücklein der Reliquie auszuhändigen.[15] Man beschließt jedoch, das nicht mehr zu wagen, so sehr erregt der Leib des heiligen Jakobus die Begehrlichkeit. Immerhin verdankt die Abtei Conques in der Rouergue einem Reliquienraub ihre Berühmtheit, denn die hier verehrten Gebeine der heiligen Fides stammen aus Agen, wo ein Mönch sie entwendete.

Die Vorsicht ist nicht unnütz. Nach der Versöhnung Friedrich Barbarossas mit dem Papst bricht am 26. Februar 1189 eine deutsche Wallfahrergruppe nach Compostela auf. Es handelt sich allerdings eher um eine Expedition: zehntausend Mann, auf sechzig Schiffe verteilt. Nach ihrer Ankunft in Santiago versuchen sie, das Haupt des Apostels mit Gewalt zu entführen, müssen aber darauf verzichten.[16]

Der »Sicherheitsdienst« funktioniert also. Zu Beginn des 13. Jahrhunderts streiten sich sogar Pilger um die Ehre, das Apostelgrab zu bewachen; dabei gibt es Tote. Um die entweihte Stätte zu reinigen, besprengt man sie mit einer Mischung aus »Weihwasser, Wein und Asche«[17] – das Rezept ist von Papst Innozenz III.

Der Glaube des Christen wandelt sich damals nach und nach, nicht jedoch seine Leichtgläubigkeit. Neu ist jedenfalls, daß das Heil eine Sache des einzelnen wird. Die Armen, die Demütigen, die Unschuldigen, jene also, denen das Reich Gottes verheißen ist, haben nur in Gemeinschaft, als Menge, auf Wallfahrt oder Kreuzzug wirkliches Dasein, eine leicht erregbare Menschenmasse voll Sehnsucht nach Erlösung, stets bereit, sich auf den Weg zu machen, um gegen den Antichrist zu kämpfen.

Nach dem trügerischen Endzeittermin des Jahres 1000 schaffen der wirtschaftliche Aufschwung und das starke Bevölkerungswachstum die Bedingungen für ein tieferes Nachdenken des Menschen über sich selbst und seinen Glauben. Ganz sachte entsteht die Anschauung von einem individuellen Gewissen. Nun wird das Heil zu einer persönlichen Angelegenheit. Immer bedeutender wird der Platz, den die Sakramente in der Religion einnehmen. Gott für alle, aber jeder für sich.

Unterwegs nach Santiago überläßt man sich nicht mehr bloß der göttlichen Vorsehung. Man kennt jetzt besser die Herbergen, die Gasthäuser, die Brücken. Hilf dir selbst, so hilft dir Gott! Man erkundigt sich über die Abstecher, auf denen man sich Ablässe holen kann – der Anonymus aus England achtet sehr genau darauf. Man wirft sich nicht mehr rückhaltlos in die Arme Gottes.

Bald werden die Pilger aus Aurillac singen:

Sem in Galicia! O Sant Jacm
Garda pelgrins de tot pecat
E dona-lei formatge et blada
Per poder far molt pogesada.[18]

Wir sind in Galicien! O heiliger Jakobus,
Bewahre die Pilger vor jeglicher Sünde
Und gib ihnen Käse und Korn,
Damit es viele Le-Puy-Pfennige gibt.

Auf dieser Entwicklungsstufe ist ein entscheidender Schritt geschehen. Als Jean de Tournai am Ende des 15. Jahrhunderts ankommt, hat sich die religiöse Glut bereits in eine Art Pflicht, in Riten und kodifizierte Gnadengüter verwandelt. Es genügt nicht mehr, sich an den Stufen des Altars niederzuwerfen, um gänzliche Vergebung zu erlangen; man muß auch beichten und kommunizieren. Alle Pilgerlieder erinnern daran:

Quand nous vînm's en Compostelle
Nous entrâmes pêle-mêle
Dedans l'église de Dieu
Pour honorer d'un grand zèle
Monsieur saint Jacques en ce lieu.

Nous confessâmes nos péchés
D'un cœur sincère [...]
Nous fûmes à la sainte table
Pleins de ferveur
Recevoir le corps adorable
Du doux Sauveur.[19]

Als wir nach Compostela kamen,
Traten wir in buntem Durcheinander
In die Kirche Gottes ein,
Um an diesem Ort mit großem Eifer
Sankt Jakobus zu verehren.

Wir beichteten unsere Sünden
Aufrichtigen Herzens [...],
Gingen voll Verlangen
Zum Tisch des Herrn,
Um den anbetungswürdigen Leib
Des gütigen Erlösers zu empfangen.

Jean de Tournai betritt Compostela am Abend des 25. Januar 1489; es ist Sonntag, und es regnet. Er begibt sich unmittelbar in das Gasthaus »Zum französischen Wappen«. Erst am anderen Morgen geht er zur Kathedrale. »Ich beichtete hinter dem Hochaltar, ganz nahe bei einem kleinen Altar, an dem ich eine Messe lesen ließ. Und hier empfing ich auch den Leib unseres Herrn Jesus Christus und sagte ihm Lob und Dank für alle mir erwiesenen Wohltaten und Gnaden.«

Anschließend widmet er sich einem der gebührenden Verehrungsriten. »Hernach stieg ich hinter dem Hochaltar eine Holztreppe hinauf und küßte da oben ein holzgeschnitztes Bildnis [...] des heiligen Jakobus; dieses Schnitzwerk trägt auf dem Haupt eine Krone, die ich mit meinen Händen nahm und mir aufsetzte. [...] Danach zeigte man mir den Pilgerstab des genannten heiligen Jakobus; er steht in der Mitte der Kirche. [...] Ich hörte ein Glöckchen klingen, und wir begaben uns ans Ende der Kirche, wo uns das Haupt des heiligen Jakobus, des großen Apostels und Verwandten Jesu Christi, sowie mehrere andere Heiligtümer gezeigt wurden. Es ist ein wahrhaft edles Juwel, mit Andacht anzuschauen. In dieser Kapelle stand einer der Kirchendiener in einem Gewand, dessen eine Hälfte rot, die andere weiß war. In drei Sprachen, nämlich Latein, Deutsch und Französisch [...], sagte er einem jeden, der nicht fest glaubt, daß der Leib des heiligen Jakobus unter dem Hauptaltar der Kirche eingefaßt oder eingemauert ist [...], daß er seine Wallfahrt umsonst gemacht hat.«

An die Anwesenheit des Apostelleibes glauben oder nicht glauben? Jean de Tournai ist durch Toulouse gekommen und hat dort bereits etwas verehrt, das man ihm als die wahren Reliquien des heiligen Jakobus vorgezeigt hat. Die beiden Jakobusse könnten ihn verwirren; doch mit entwaffnender Schlichtheit zieht er sich aus der Klemme. »Ich habe beide Orte gesehen«, erzählt er, »und für meinen Teil glaube ich, daß der Leib in Toulouse liegt, das Haupt aber in Santiago. Auf weiteren Streit will ich mich nicht einlassen, und damit Schluß.«[20]

Sieben Jahre später entdeckt Arnold von Harff seinerseits Compostela. Er schreibt: »Compostella is eyn kleyn schoyne lustich steetgen [...]. Hie inne lijcht eyn schone groisse kirche. Uff deme hoigen altaer steyt eyn groiss hultzer heylich, in ere sent Jacobs gemaicht, vffhauende eyn syluer kroyn, dae die pylgrym hinder deme altaer vff stijgen ind settzen die kroin vff yere heuffter, dae mit die inwoner vns duytscher spotten. Item man wilt sagen dat der lijchanam sent Jacobs des meirrer apostel sulde sijn ader lijgen in deme hoigen altaer. Etzliche sagen waerafftich neyn, as er lijcht zo Tolosa in Langedock.«

Von Harff möchte der Sache auf den Grund gehen. Er bietet reichliche Gaben, damit man ihm den heiligen Leib zeige, bekommt indes zur Antwort: »Soe wer nyet gentzlich geleufft, dat der heylige corper sent Jacobs des meirre apostel in deme hoigen altaer leege ind dae an tzwyuelt ind dat corper dan sien wurde, van stunt an moiste er vnsynnich werden wie eyn raesen hunt.« Der junge Deutsche glaubt nun zu wissen, woran er ist, denn er fährt fort: »Dae mit hat ich der meynonghe genoich ind vir gyngen voert vff die sacrastie. Dae tzoent man vns dat heufft des kleynen sijnt Jacobs apostel ind vil anderen heyltums.«[21]

Nach seinem unfreiwilligen Umweg über Lissabon kommt Jean Taccouen »am guten Freitag [Karfreitag] morgens um sieben« in Compostela an. »Es gab so viele Pilger, daß keine Unterkunft mehr frei war. Man mußte bei Bürgern und Handwerkern übernachten; die armen Leute gingen ins Hospital.« Schließlich findet er ein Obdach in einer Herberge nahe dem »Wilden Mann«, und er wird gut behandelt. »Wirtin und Bedienung waren aus Flandern und brachten zu essen.«

Er besucht den Domschatz und hört sich die französisch und deutsch gesprochenen Erklärungen über die Reliquien an, »deren kostbarste das Haupt des heiligen Jakobus des Jüngeren ist«; er kann sich jedoch eines Zweifels nicht erwehren. »Man gibt zu verstehen, daß sich der Leib des heiligen Jakobus unter dem Hochaltar befinde; ich sehe aber nichts davon, und man zeigt den Pilgern auch nichts. Mir scheint, am Osterfest sollte man doch etwas zeigen oder öffnen wie anderswo.«[22]

Einige Jahrzehnte lang zeigte man auch das mit einer Eisenkette gegen Diebstahl gesicherte Beil, »mit welchem dem heiligen Jakobus der Kopf abgeschlagen worden ist«; es handelt sich vermutlich um eine Votivgabe irgendeines reichen Pilgers, und Legende und Reiseführer haben sich des Werkzeugs schnell angenommen.

Der Pilgerstab, den Jean de Tournai gesehen hat, ist beim Besuch Taccouens und Laffis von einer Bleihülle umschlossen; nur die Eisenspitze ist noch zu sehen. Man kann sie berühren. »Vor dem genannten Chor, wo die Priester singen, ist eine hohe Säule«, erzählt Taccouen. »Man legt die Hand darunter und fühlt etwas wie ein spitzes Eisen und einen Stab. Man erklärt, daß es der Pilgerstab des heiligen Jakobus des Großen sei.«[23] Der Schutz war notwendig geworden: Die Pilger hatten die Gewohnheit angenommen, sich von dem Stab Späne als Reliquien abzuschneiden. Dank jener Maßnahme kann ihn auch noch Manier zweieinhalb Jahrhunderte später sehen: »Vor dem Chor der Kanoniker steht rechts ein Pfeiler, an den angelehnt ein Rohr oder eine Hülse aus Eisen steht; darin ist der wahre Stab des heiligen Jakobus eingeschlossen; die Pilger haben die Genugtuung, das Eisen unten berühren zu können.«

Dagegen ist das gekrönte »Bildnis« aus Holz am Hochaltar verschwunden und durch eine Statue aus Gold und Silber ersetzt; der heute immer noch übliche Brauch hat sich infolgedessen auch geändert. Manier schreibt: »Auf beiden Seiten [...] stehen zwei versteckte Treppen [...], die beide bis zur Höhe dieser Jakobusstatue hinaufführen. Wenn die Pilger da oben angelangt sind, umarmen sie den Heiligen von rückwärts, hängen ihm ihr Cape um und setzen ihm ihren Hut auf.«

Manier beschreibt noch einen seltsamen Apparat, »wo in der Mitte [...] eine Kugel vom Rosenkranz des heiligen Jakobus eingefädelt ist; die Pilger berühren sie und bringen sie aus frommer Verehrung zum Drehen«. Schließlich zeigt man ihm am Hauptportal »einen Pfeiler aus grauweißem Marmor und an diesem Pfeiler die Spuren von den fünf Fingern der Hand unseres Herrn, als er die Kirche andersherum drehte, weil früher der Hochaltar nach Sonnenaufgang lag. Diese fünf Fingerspuren sind in den Marmor wie in Teig eingedrückt.«

Manier und seine Gefährten nehmen sich nach ihrer Ankunft in Compostela erst am anderen Morgen die Zeit, die Kathedrale und die Stadt zu besichtigen. Der Tag ihrer Ankunft selbst war reichlich ausgefüllt.

An diesem Morgen – es war der 1. November 1726 – sind sie früh aufgestanden, denn schon um neun Uhr treten sie nach zweimonatigem Pilgern durch das Fränkische Tor. Sie betreten die Kathedrale und sagen Gott Dank, »diese Reise gesund überstanden zu haben«. Sie hören die Messe, das Hochamt von Allerheiligen, mit »Orchester, nämlich zwei Orgeln, drei Geigen, einem Spinett, einer Trompete, mehreren Baß- und anderen Instrumenten, die eine reizende Musik machten«.

Nach der Messe verlassen sie die Basilika und verbringen den Rest des Tages auf eine fast unglaubliche Weise:

Um elf Uhr sind sie im Franziskanerkloster »von Chocolante«, wo sie gutes Brot, Suppe und Fleisch bekommen.

Um zwölf Uhr trifft man sie im Benediktinerkloster Sankt Martin; hier essen sie Suppe, Kabeljau, Fleisch und ein ausgezeichnetes Brot, »ein Brot, wie man es hierzulande selten findet«.

Um ein Uhr verteilen die Karmelitinnen Brot und Fleisch: Unsere Pilger sind dabei.

Um zwei Uhr kommen sie gerade noch recht, als die Jesuiten Brot austeilen.

Um vier Uhr begeben sie sich zu den Dominikanern außerhalb der Stadtmauern, denn hier gibt es »Suppe, die als Abendessen dient«.

»Hernach«, so schließt Manier, »gingen wir ins Hospital zum Schlafen in guten Betten.« Dieser »Freßtag«, dieser »feierliche« Abschluß einer mühsamen Wanderung, diese unersättliche Orgie in Brot und Suppe ist sicher auch die Folge davon, daß die Pikarden trotz ihres Organisationstalents nicht alle Tage ihren Hunger stillen konnten.

Am nächsten Morgen – es ist Samstag, Allerseelen – beichtet Manier im Hospital bei einem französischen Priester, der ihm den folgenden, lateinisch abgefaßten und unterschriebenen Beichtzettel überreicht: »Ich habe die Beichte des Guillaume Manier, Franzose aus der Diözese Noyon, gehört. Compostela, am zweiten Tag des Monats November, im Jahre des Herrn 1726.«

Mit diesem Beichtzeugnis geht Manier in den Dom und kommuniziert in der Kapelle der Franzosen, Kapelle des heiligen Ludwig genannt. Jetzt erhält er die »schriftliche Bestätigung seiner Wallfahrt und der Kommunion«:

> »Ich, Don Lucas Antonio de la Torre, Kanonikus an dieser heiligen apostolischen Metropolitankirche von Compostela, Verwalter, durch den erlauchten Domdekan und das Domkapitel mit der Sorge für die durch Seine Allerchristlichste Majestät, den König von Frankreich, in dieser Kirche erbaute Kapelle betraut, um hier allen Gläubigen und Pilgern der Welt, die aus Frömmigkeit oder zur Erfüllung eines Gelübdes hierher zum Grab des Apostels Jakobus, des einzigen und einzigartigen Patrons Spaniens, kommen, die Sakramente zu spenden, wir lassen alle und jeden, der diese Bescheinigung liest, wissen: Guillaume Manier, Franzose, hat auf dem Weg nach Rom dieses ehrwürdige Heiligtum besucht, gebeichtet und die Lossprechung empfangen, er hat unter den eucharistischen Gestalten den Leib unseres Herrn empfangen. Zur Beglaubigung habe ich ihm dieses mit meinem Namen unterschriebene und mit dem Siegel dieser heiligen Kirche gezeichnete Schriftstück überreicht. Gegeben zu Compostela, am zweiten November, im Jahre des Herrn 1726. Ich, Damián Asenicado, Kanonikus.«

Manier und seine Gefährten zahlen jeder zwei Sols für diese Bescheinigung und eilen damit zur erzbischöflichen Residenz, wo der Almosenverwalter einem jeden eine Coartes, das sind zwei Liards, austeilt.[24]

Den Bedürftigen wird diese *Compostela* genannte Bescheinigung kostenlos ausgestellt. Sie und der Beichtzettel dienen den Pilgern als

Ausweis und ermöglichen ihnen auch im Bedarfsfalle freies Geleit auf dem Heimweg. Das »Große Wallfahrtslied« vergißt in seiner jüngsten Form diese Formalität nicht:

Toute la troupe impatiente
Par dévotion
Courut prendre la patente
De confession.[25]

Die ganze ungeduldige Schar
Holte sich
Aus Frömmigkeit
Den Beichtzettel.

Der einzige, der diesen Schein beinahe nicht bekommen hätte, ist unser kleiner Bonnecaze. Seine Kameraden, die »genug hatten, immer auf ihn zu warten«, hatten ihn krank in Viana zurückgelassen; er setzte die Wallfahrt trotzdem fort. »Ich schritt aus«, erzählte er, »ohne mich viel aufzuhalten, und kam einen Tag vor ihnen in Compostela an, so daß ich bereits gebeichtet und kommuniziert hatte, als sie endlich eintrafen. Sie waren alle krank, während ich mich ziemlich wohl befand.«

Die Rache des kleinen Bonnecaze? Die Gerechtigkeit gemäß Sankt Jakobus? Der arme Béarnese ist noch immer nicht am Ende seiner Mißlichkeiten:

»Ich hatte mich unterwegs eifrig bemüht, Spanisch zu sprechen; ich konnte schon ganz gut Kastilisch, so daß mir der Sekretär der Kathedrale den Ausweis für einen Franzosen nicht geben wollte; ich sei doch Spanier.« Bonnecaze muß zu seinem Beichtvater zurück und ihn um ein Zeugnis bitten, damit er seine *Compostela* bekommen kann.[26]

Von etwas anderem spricht er nicht, weder vom Apostelgrab noch von den Reliquien und nicht einmal von der Stadt selbst, in der alle Pilger nach Regelung ihrer Seelenangelegenheiten doch so gern auf der Suche nach Souvenirs herumbummeln.

Aymeri Picaud empfiehlt, auf dem Vorplatz nah am Fränkischen Tor »einen wundervollen Brunnen [zu besichtigen], der in der ganzen Welt nicht seinesgleichen hat. Dieser Brunnen ruht auf einem dreistufigen Sockel, der ein sehr schönes, rundes und tiefes Steinbecken in der Form einer Schale oder eines Troges trägt; es ist so groß, daß fünfzehn Menschen, wie mir scheint, sich leicht darin baden könnten. [...] Obendrauf stehen vier Löwen, aus deren Mäulern ein vierfacher Wasserstrahl schießt. Dieses Wasser steht allen Santiagopilgern und den Einwohnern selbst zur Verfügung. [...] Es ist ein weiches, kräftigendes, gesundes, klares und ausgezeichnetes Wasser, im Winter lauwarm, im Sommer frisch.«

Der Brunnen war durch Bernardo, den Schatzmeister von Santiago, im Jahre 1122 zu seinem und seiner Eltern Seelenheil erbaut worden; bei diesem Brunnen liegt das *paradiso*, der Vorplatz: »Er ist mit Steinplatten belegt. Hier verkauft man den Pilgern kleine Muscheln als Abzeichen des heiligen Jakobus, aber auch Weinschläuche, Schuhe, Brotbeutel aus Hirschleder, Geldsäckel, Riemen, Gürtel und alle möglichen Heilkräuter und andere Arzneien sowie noch vieles andere mehr. Man findet in der Fränkischen Straße auch Geldwechsler, Wirte und verschiedene Händler.«[27]

Quand nous fûmes à Saint-Jacques
Nous n'avions denier ni maille
Ni moi ni mes compagnons
Je vendis ma calebasse
Mon compagnon son bourdon
Pour avoir du fallotage
De saint Jacques le baron.

Als wir nach Santiago kamen,
Besaßen ich und meine Gefährten

keinen Pfennig.
Ich verkaufte meine Kürbisflasche,
Mein Gefährte seinen Pilgerstab,
Um uns zu vergnügen
Beim heiligen Herrn Jakobus.

Jean de Tournai beschreibt den Brunnen, sucht das Hospital auf, geht aber erwartungsgemäß nicht hinein und kauft dann eine Menge baguettes, verschiedene kleine Souvenirs. Beim Mittagessen im Gasthaus »Zum französischen Wappen« vervollständigt ein Tischgenosse seine Ausstattung eines vollkommenen Santiagopilgers: »[Er] heftete freundlicherweise Muscheln, kleine Abbildungen des Pilgerstabes und auch kleine Jakobusfigürchen an meinen Hut.«[28]

Von Harff wartet nicht darauf, daß man ihn derart schmückt. Er schreibt: »Dan vur der kirchen vindestu vnzellich vil groisser ind kleyner musscelen veyle. Der maichs du gelden ind binden eynen vff dijne heuck ind sagen du sijs dae geweest.«[29]

Manier zählt neben dem Fränkischen Tor acht Läden: »Nachdem wir in der Messe gewesen waren, machten wir unsere kleinen Einkäufe: Rosenkränze, Muscheln und Bleifigürchen sowie andere kleine spaßige Dinge.«[30]

Manche Pilger wandern selbst zum Strand von Padrón hinunter, um dort Muscheln zu sammeln, die sie dann mit nach Hause nehmen. Es ist gewiß noch ein Stück Wegs, aber der Ort ist nicht ohne Interesse. Hier war ja die wunderbare Barke mit dem Leib des Apostels gelandet. E. R. Labande bemerkt, daß der Pilger des Mittelalters »sich allmählich verpflichtet fühlte, sei es aus inneren Skrupeln, sei es aus frommer Habsucht, sei es aus geradezu touristischer Neugier, neben dem großen Ziel Santiago noch andere Heiligtümer aufzusuchen«.[31]

Also verläßt Nompart de Caumont Compostela und wandert zum Gebet nach Nuestra Señora de Finibus Terrae hinunter – »von hier aus ist kein Land mehr zu sehen« – und kommt endlich nach Padrón: »Das ist der Ort, wo unser heiliger Herr Jakob von jenseits des Meeres ankam, wo ihm die Sarazenen den Kopf abgeschlagen hatten; er kam auf einem Schiff aus Stein, Kopf und Körper voneinander getrennt, ganz allein, ohne irgend etwas anderes, und ich habe das Schiff am Meeresstrand gesehen.«[32]

Auch Jean Taccouen, der 1512 mit dem Schiff von Portugal heraufkommt und an Padrón vorbeisegelt, sieht das wunderbare Steinschiff; er bemerkt außerdem neben dem Schiff einen großen Steinmast am Boden liegen und hört sagen, daß nur ein Christ im Stand der Gnade diesen Mast bewegen könne. »Ich habe niemanden getroffen, der mir versicherte, er habe ihn bewegt«,[33] so stellt Taccouen lakonisch fest.

ZEHNTES KAPITEL

DER STERNENWEG

Tausend Pilger täglich – Die Herausforderung des Don Suero – Sie tanzen, hüpfen und springen – Die Pilger sind zurückgekehrt – Staubige Füße – Lebenslänglich Galeere – Die Pilger der Liebe – Die Brücke von Brioux – Charterfahrten nach Compostela – Pernette und Karl der Große

Im beginnenden 12. Jahrhundert begibt sich der Botschafter des Emir Ali Ben Yussuf nach Galicien zur Königin Urraca. Er ist entsetzt über die verstopften Straßen. »Wer ist denn dieser große und berühmte Mann«, so fragt er sich, »zu dem sich die Christen von jenseits der Pyrenäen und noch von weiter her begeben, um zu ihm zu beten? Die Menge derer, die kommen und gehen, ist so groß, daß sie die Straßen ins Abendland geradezu überfüllt!«

Es besteht keine Möglichkeit, die Anzahl der alljährlich nach Compostela pilgernden Menschen mit einiger Genauigkeit abzuschätzen. Daniel-Rops gibt eine halbe Million an;[1] René de La Coste-Messelière mäßigt diese Angabe: zweihundert- bis fünfhunderttausend in den größten Wallfahrtsjahren, entsprechend den im »Centre d'Études compostellanes« durchgeführten systematischen Ermittlungen aufgrund aller datierten Wallfahrten, ohne dabei die Schätzungen der verschiedenen Beobachter jener Zeit in Betracht zu ziehen.

Hält man an der niedrigsten Zahl, also 200 000 Pilger, fest und gesteht man zu, daß fast zwei Drittel der Wallfahrer im März und im April aufbrachen, wie es die Datumsangaben auf den Testamenten nahelegen, so kommt man zu einem kaum glaublichen Ergebnis: Mehr als tausend Pilger durchquerten im Frühjahr täglich die kleinen Dörfer am *camino francés* – und diese allein in Richtung Santiago.

Eine überkommene – und falsche – Vorstellung will, daß die Wallfahrt seither nach und nach zurückging, Opfer eines durch die Reformation eingeleiteten Verfalls. In Wirklichkeit spiegelt der Verkehr auf den Pilgerstraßen nach Santiago treu die Krisen der Geschichte und die Entwicklung des Glaubens wider. Zeiten des Niedergangs und Zeiten neuen Auflebens folgen aufeinander und werden weiter aufeinander folgen.

Als im 14. Jahrhundert die religiöse Kraft, die die Kathedralen erbaute, erlahmte, zwang auch die Pest die Städte, ihre Tore zu verrammeln und den Fremden den Eintritt zu verwehren; die Kampfpausen während des Hundertjährigen Krieges setzten in ganz Frankreich Horden von Söldnern frei, die die Wege beherrschten. Es waren schlimme Zeiten für die Reisenden.

Vielleicht hat gerade die Schwierigkeit des Unternehmens jene Pilgerritter zur Wallfahrt angestachelt, von denen man in den Registern der Kanzlei von Aragonien lesen kann und die anscheinend mehr Heldentaten als Ablässe suchten.

Im Sommer 1434 – es ist ein Jubiläumsjahr – beschließt ein Ritter aus León, Suero de Quiñones, in Puente de Orbigo aus Liebe zu seiner Dame im Namen des heiligen Jakobus zwischen dem 10. Juli und dem 10. August alle Ritter, die die zwanzigbögige Brücke über den Río Orbigo überqueren – es werden an die dreihundert sein –, zum Zweikampf herauszufordern. Jeden Tag also, mit Ausnahme des 25. Juli, des Apostelfestes, erwartet Suero de Quiñones zusammen mit neun seiner Gefährten die Ritter am *Paso Honroso,* am »Ehrendurchgang«. In einem nahen Wäldchen sind Turnierplätze angelegt worden. Achtundsechzig Ritter unterliegen im Zweikampf – nach anderen Quellen hundertsiebzig –, Italiener, Franzosen, Deutsche und Spanier, alle zu Ehren der verehrten Dame und des heiligen Jakobus. Ein Aragonier findet sogar den Tod, und ein besiegter Ritter schwört, sich zu rächen, was er auch 24 Jahre später tut, indem er Suero de Quiñones umbringt. Inzwischen aber begibt sich Don Suero nach dem 10. August nach Compostela, um dem heiligen Jakobus ein goldenes Armband zu weihen in Erinnerung an seine Geliebte, für die er gekämpft und gesiegt hat.[2]

Noch im 15. Jahrhundert erklärte ein Seneschall aus dem Hennegau mit Namen de Werdin, der nach Santiago aufbrach, er werde jede Herausforderung annehmen, wenn sie ihn nicht zu einem Umweg von mehr als zwanzig Meilen zwinge.[3] Wenn es also solchen Ruhm unterwegs zu ernten gab, so muß die Wallfahrt doch wohl trotz ihrer Auswüchse lebendig geblieben sein.

In dieser Zeit ist es ja auch, daß der Anonymus aus Florenz (1477), Jean de Tournai (1488), Arnold von Harff (1496) und Künig (1495) nach Santiago pilgern. Und doch legt Erasmus im beginnenden 16. Jahrhundert folgenden Dialog in den Mund zweier Figuren seiner *Colloquia:*

> »Menedine: Warum seid Ihr denn so ausstaffiert? Bedeckt mit Muscheln, mit Zinn- und Bleifiguren gespickt, mit Halsbändern aus Stroh geziert, und am Arm habt Ihr noch Schlangeneier hängen.
> Ogyge: Ich habe Santiago de Compostela gesehen. [...]
> Menedine: Sagt mal, wie geht es denn diesem großartigen Sankt Jakob, und wie laufen seine Geschäfte?
> Ogyge: Mäßiger als sonst.
> Menedine: Warum das? Wird er alt?
> Ogyge: Spötter! Ihr wißt doch, daß die Seligen nicht altern. Aber diese neue Lehre da, die sich in der ganzen Welt verbreitet, mindert den üblichen häufigen Besuch. Andererseits begnügen sich die Ankommenden damit, den Heiligen zu grüßen, ohne etwas zu opfern oder doch sehr wenig, mit dem Vorwand, es sei besser, das Geld an die Armen auszuteilen.«[4]

Die »neue Lehre« ist also die Reformation; sie erfaßt zunächst nur die Großen – Erasmus, ein holländischer Priester, ist der Ratgeber des späteren Kaisers Karl V. Erst in der Mitte des Jahrhunderts wird der Kalvinismus in den Glauben und die religiöse Praxis des französischen Volkes eine Bresche schlagen.

Der Verkehr auf den Straßen nach Santiago wird nun so spärlich, daß gegen 1556 ein Abt von Saint-Germain-des-Prés zu Paris namens Montaigne von der Tätigkeit des Hospitals Saint-Jacques in der gleichen Stadt, das die Pilger versorgt, in der Vergangenheit redet: »Es bestehen mehrere Hospitäler, die früher für die armen fremden Pilger, die durch Paris kamen, bestimmt waren, wie Saint-Jacques-de-l'Hôpital in der Rue Saint-Denis, für die Pilger, die nach Santiago in Galicien wallfahrten wollten [...], Hospitäler, die nun unnütz sind [...] in Anbetracht der Tatsache, daß es keine Pilger mehr gibt, die die genannte Wallfahrt unternehmen.«[5]

Am 8. Januar 1572 wird dem Erzbischof von Bordeaux mitgeteilt, daß die Gastfreundschaft »im Priorat und im Hospital Sankt Jakob gar nicht mehr gepflegt wird«.[6] Nicht wenige Herbergen schlafen so allmählich ein, und zweifellos müssen auch Gasthäuser schließen, weil niemand mehr vorbeikommt.

Die Bruderschaften fahren fort, den Wallfahrtskult zu pflegen, doch auch sie verändern sich: Bald ist es zur Aufnahme in die Bruderschaft nicht mehr erforderlich, die Reise nach Santiago gemacht zu haben; es genügt, eine den Wallfahrtskosten entsprechende Summe zu zahlen.

Die Bruderschaft kann aber nun als Einführung, ja als Anreiz zum Aufbruch nach Compostela wirken. In England bestimmen die Satzungen mehrerer Pilgervereinigungen: »Wenn ein Mitbruder oder eine Mitschwester eine Wallfahrt zu unternehmen wünscht [...], soll die Bruderschaft sie bis ans Stadttor begleiten und jedes Mitglied dem Pilger mindestens einen halben Penny überreichen.«[7] Oder auch: »Wir, die unterzeichneten Mitbrüder der Bruderschaft des seligen Jakobus, sind in der Pfarrkirche Sankt Michael in Bordeaux versammelt und bestätigen [allen], die ein Recht darauf haben, daß François David die Reise nach Santiago in Galicien zu machen wünscht, um ein Gelübde zu erfüllen, und daß er durch seine eifrige und regelmäßige Teilnahme an der Bruderschaft diese stets erbaut hat; wir bitten daher alle Mitbrüder, denen er auf seinem Weg begegnen könnte, ihm jegliche Hilfe zuteil werden zu lassen, die sie selbst in ähnlichem Fall erwarten dürften.«[8]

Wie die Strenge, so ändert sich auch die Reinheit. Bei den großen Prozessionen am 25. Juli sorgen sich die Mitbrüder ebensosehr um eine äußere Schaustellung wie um die Feier des heiligen Jakobus selbst, und dies trotz der Warnungen im Lied von den Pflichten der Pilger:

Qui fait ce saint voyage
Peut beaucoup mériter
Mais si d'esprit volage
Il voulait s'en vanter
Ne lui prête pas l'oreille.

Wer diese heilige Reise macht,
Kann sich große Verdienste erwerben.
Aber wenn er sich leichtfertig
Dessen rühmen will,
So schenk ihm kein Gehör.

Und dabei sind Eitelkeit und Prahlerei noch die kleineren Übel. Die Zuchtlosigkeit ist die Kehrseite des Eifers. Bischof Pierre d'Orgement muß 1388 in Paris die Kanoniker des Hospitals Saint-Jacques zur Ordnung rufen: »Wer in Klerikerkleidung in die Schenke geht, sei für drei Tage vom Chorgebet ausgeschlossen. [...] Wenn das Chorgebet gesungen wird, soll in der Mitte eines jeden Verses eine Pause gemacht werden, und die eine Chorseite beginnt den nächsten Vers erst dann, wenn die andere den vorhergehenden vollständig beendet hat.«

Diese unter König Ludwig X. dem Eigensinnigen gegründete und durch Karl von Valois und Étienne Marcel reich dotierte Bruderschaft macht eher durch ihre Schlemmereien von sich reden als durch ihre Frömmigkeit. Im ausgehenden 16. Jahrhundert wird ein Chorherr fortgejagt, weil er an Syphilis erkrankt ist; andere bestellen »bezahlte Frauen« auf ihre Zellen. Nach Antoine Fusil, einem Pariser Pfarrer und Professor an der Sorbonne, »läßt sich derlei im Juli bei der Prozession von Saint-Jacques-de-l'Hôpital beobachten. Da wird irgendein fröhlicher Zecher als heiliger Jakobus verkleidet, mit Hut, Stab, Wasserflasche und muschelbesetztem Gewand. Die Flasche macht die Runde, und Gott weiß, wie während des Essens der Weinschlauch herumgeht. Nach dem Essen tanzen sie zum Tamburin zu Ehren des Festes einen wahren Hymnus des Fleisches; so feiern sie ihre Wallfahrt wie ein Bacchanal und verkehren die Heiligkeit ihres Festes. Sie tanzen, hüpfen und springen zu Ehren der mutmaßlichen Verdienste ihrer Reise nach Santiago. Es ist gotteslästerlich, das Gedächtnis der Apostel und Diener Gottes so schamlos zu verhöhnen.«[9]

Die Straßburger Bruderschaft wird 1524 im Zuge der Reformation aufgelöst. Außergewöhnlicherweise vereinen sich vom Jahre 1578 an Katholiken und Protestanten zu gleichen Teilen in der Sankt-Jakobs-Gilde von Harlem für die gemeinsamen karitativen Werke.[10] Die Jakobsbruderschaft von Aurillac ist ab 1583 nicht mehr nur den einstigen Santiagopilgern vorbehalten; sie steht auch den Reisenden, Kaufleuten, Spediteuren, Boten und Pilgern überhaupt offen.[11]

Zur selben Zeit läßt die Bruderschaft von Orléans die Jakobuskapelle neu herrichten, schmückt sie reich aus, läßt eine kleine silberne Statue des Apostels gießen und in einen ledernen Behälter einschließen; für den »König des Stabes« bestellt sie einen prächtigen Pilgerstab und ein Gewand, alles zusammen für 75 Écus.[12] Ehrenstäbe, Prunkhüte, Prozessionen, Umzüge – man sieht die Bruderschaftsmitglieder öfter auf Festen als auf dem Weg nach Santiago.

Indessen kommt gegen Ende des 16. Jahrhunderts wieder Leben in die Wallfahrt. Der Reformation stellt sich die Gegenreformation entgegen. In den Jahren 1562 und 1563 verkündet das Konzil von

Trient insbesondere die Rechtmäßigkeit des Heiligen- und Reliquienkults. Massaker und Religionskriege wüten. Die Wallfahrt kommt wieder zu Ehren, die Lieder, die stets ihre Zeit widerspiegeln, bezeugen es:

Quand nous fûmes en Saintonge
Hélas mon Dieu
Nous ne trouvâmes point d'églises
Pour prier Dieu
Les Huguenots les ont rompues
Par leur malice
C'est en dépit de Jésus-Christ
Et la Vierge Marie.

Als wir in der Saintonge waren,
Ach mein Gott!
Da fanden wir keine Kirchen,
Um zu Gott zu beten.
Die Hugenotten haben sie zerstört
In ihrer Bosheit,
Jesus Christus und der Jungfrau Maria
Zum Trotz.

Pilger aus der Auvergne, die aus Santiago zurückkehren, finden ein zerrissenes Land vor:

De Chin-Dzaque lau pelerins
Sont revingiu
Ein apriban de gran tsagrins
Nous sont vingiu
Lau zhuguenots, lau catholiqueys
Se tiou entr'i
Dien dau pay, lau zhérétiqueis

On tout détrui
Iys ont tsossa touto lau moeneys
De liur couvins
Bouta for' lau Chin-Austremoineys
Lau Capuchins
Touta la filha a Chin-Blaye
Su le povè
Lo moèr abesso vey et nous paye
Bey un Ave.[13]

Die Pilger sind
Aus Santiago zurückgekehrt.
Bei der Ankunft haben wir
Großen Kummer erlebt.
Hugenotten und Katholiken
Töten einander,
Die Häretiker haben landauf, landab
Alles zerstört.
Sie haben alle Mönche
Aus ihren Klöstern verjagt,
Sankt Austremonius,
Die Kapuziner
Und alle Töchter von Saint-Blaise
Auf die Straße geworfen.
Die Mutter Äbtissin kommt und tröstet uns
Mit einem Ave.

Aus dieser Zeit stammt die Veröffentlichung von Reiseführern und Wegbeschreibungen. Von neuem liest man in den Pfarregistern vom Aufbruch nach Santiago oder von Todesfällen unter Pilgern; die Notare zeichnen Testamente auf. Eine Stadt wie Vitray-en-Beauce organisiert zwischen 1607 und 1623 eine Gruppenwallfahrt.[14] Das Hospital Saint-James in Bordeaux, das ein Jahrhundert zuvor ganz verwaist dastand, nimmt 1660 aufs neue jährlich drei- bis viertausend Pilger auf.

Während jedoch das Apostelgrab wiederum seinen alten Glanz am Ende des »Sternenweges« aufstrahlen läßt, lauert eine neue Gefahr auf die Wallfahrt. Immer mehr falsche Pilger, sogenannte Muschelbrüder *(coquillards)*, machen sich nämlich breit. Schon 1590 hat Philipp II. Maßnahmen gegen die »Muschelbrüder« ergreifen müssen. Von der Mitte des 17. Jahrhunderts an häufen sich die Erklärungen, Edikte und Verordnungen der französischen Könige, die die Wege nach Santiago zu säubern suchen. Der König von Spanien verlangt für das Betreten seines Landes eine bischöfliche Bescheinigung; die französischen Könige fordern nicht nur religiöse Garantien, sondern machen für die Ausreise auch ein Zivilattest zur Pflicht.

Unter der Menge der *pieds-poudreux*, der »Staubfüße«, die ihr Leben auf den Straßen verbringen, gibt es auch ehrenhafte Berufswanderer: Kaminfeger aus Savoyen, Maurer, die zwischen zwei Bauplätzen unterwegs sind, Gaukler, Jahrmarktsnomaden, Bärenführer, Scherenschleifer, nicht zu vergessen die Hausierer, ebenjene, die dann 1789 zwischen Kornernte und Weinlese die Neuigkeit von der Erstürmung der Bastille bis in die hintersten Dörfer tragen und die Abschaffung der Privilegien verkünden werden. Aber es ist nicht immer leicht, sie von den »Vagabunden« zu unterscheiden, wie sie in einer Erklärung vom 27. August 1701 beschrieben werden: »Vagabunden und Landstreicher sind jene, die weder Beruf noch Handwerk, noch festen Wohnsitz, noch festes Einkommen haben und die nicht mit Hilfe glaubwürdiger Personen ein ordentliches Leben und gute Sitten nachweisen können.«[15] Als Vagabunden gelten also die Landstreicher, die fahnenflüchtigen Soldaten, die Straßenmädchen und das Volk von Habenichtsen, das immer auf der Suche nach einem glücklichen Zufall ist.

Die »Muschelbrüder« werden so zahlreich, daß man diesen schimpflichen Namen schließlich sogar den echten Pilgern anhängt; sie werden auf diese Weise Gegenstand von Spott und Mißtrauen. Der Mann in der Gascogne, der seit Jahrhunderten den Santiagopilger hat vorbeiziehen sehen, nennt jetzt den Träger der Muschel *lou couscoulha,* und zwar sowohl den echten wie den falschen Pilger. Der falsche ist fast mit Sicherheit jener, der die meisten Muscheln an sich trägt. Man sagt sogar: »Cargat de deutes coum u peleru de couscoulhes«[16] (Mit Schulden beladen wie ein Pilger mit Muscheln).

In dem Buch *Del reggimento di donne* (Vom Frauenregiment) rät Francesco de Barberino:

Guardati da pellegri
Colle barbe e co'catini
Che limoisne chiedendo
Colle donne van sedendo.

Hüte dich vor Pilgern
Mit Bart und Holznapf,
Die um Almosen bitten
Und dann bei den Frauen bleiben.

In einer Schrift aus dem 16. Jahrhundert, *Le jargon, ou langage de l'argot réformé* (Der Jargon oder Sprache des verbesserten Argot), kann man lesen: »Es gibt [Pilger], die sich fälschlich als solche ausgeben und es doch niemals waren und die auch seit mehr als zehn Jahren kein geweihtes Brot mehr in ihrer Pfarrei empfangen haben, den Heimweg zu ihrer Wohnung nicht mehr finden und nichts als Gaunereien treiben wie der große Coërse.«[17] Es ist derselbe große Coërse, den Viktor Hugo in *Notre-Dame de Paris* singen läßt:

Et je n'ai moi
Par le sang Dieu
Ni foi ni loi
Ni feu ni lieu
Ni roi
Ni dieu!

Beim Blut des Herrn,
Ich habe
Weder Glauben noch Gesetz,
Weder Haus noch Herd,
Weder König
Noch Gott!

Ludwig XIV. schreitet zum erstenmal am 7. November 1665 ein. Er läßt »unter Trompetenschall in der Stadt Paris und Umgebung« eine Verordnung bekanntmachen, die »allen, die ohne Paß Seiner Majestät außerhalb des Königreiches eine Wallfahrt unternehmen«,[18] dieses verbietet.

Dem König sind nämlich Klagen von Untertanen zu Ohren gekommen, deren Kinder unter dem Vorwand einer Pilgerfahrt nach Santiago das Haus verlassen und »auf Abwege geraten und sich oft schlechter Gesellschaft anschließen, um diese Wallfahrt zu machen«. Ganz davon zu schweigen, daß einige, die sich so auf den Weg machen, nicht mehr die Mittel haben heimzukehren und also in Spanien bleiben, was eine »Verringerung der Zahl der Untertanen« zur Folge hat, zweifellos zum Schaden einer Erfassung für den Militärdienst.

Diesen jungen Leuten werden Pässe also nur mit Zustimmung der Eltern ausgestellt. Wer auf Verlangen der Vögte hin keinen solchen Ausweis vorlegen kann, gilt als Vagabund und Landstreicher.

Sechs Jahre später, am 27. August 1671, erklärt ein neuer Erlaß genauer die Absichten und Strafmaßnahmen: »Wir waren der Ansicht, es liege im öffentlichen Interesse, [...] die Verderbnis einer so heiligen Angelegenheit zu unterbinden, ohne jedoch den guten Absichten jener, die aus lauterer, frommer Gesinnung und Bußgeist Wallfahrten unternehmen möchten, ein Hindernis in den Weg zu stellen. Wir billigen die rechtmäßige Praxis ebensosehr, wie Wir den Mißbrauch abzustellen gewillt sind.«

Tatsächlich stellen die Begründungen fest, daß »sogenannte Pilger ihren Eltern und ihren Familien gegen deren Willen davonlaufen, ihre Frauen und Kinder mittellos zurücklassen, ihre Meister bestehlen, ihre Lehre aufgeben [...], im Verlauf ihrer Wallfahrt nichts als Liederlichkeit treiben«; andere lassen sich im Ausland nieder, »wo sie andere Weiber finden, die sie dann ehelichen, zum Schaden ihrer rechtmäßigen Frauen, die sie in Frankreich zurückgelassen haben«.

Die Vorschriften werden 1665 strenger: Fortan muß sich der Pilgerkandidat zuerst bei seinem Bischof vorstellen; dieser prüft die Gründe für die Wallfahrt und händigt ihm einen Erlaubnisschein aus; anschließend muß er sich bei den Zivilbehörden seines Wohnsitzes mit einer amtlichen Bescheinigung versehen, auf welche hin ihm der königliche Beamte oder einer seiner Vertreter einen Passierschein ausstellt, den er in den Städten, durch die er kommt, beglaubigen lassen muß. Nur unter diesen Bedingungen kann der Pilger reisen und in den Hospitälern aufgenommen werden »entsprechend den in der Gründungsurkunde festgelegten Bedingungen«.

Zugleich mit dem Erlaß dieser Polizeimaßnahmen teilt der König dem Orden Unserer Lieben Frau vom Berge Karmel und den Lazaristen eine bestimmte Anzahl dieser Hospitäler zu; die Verwalter protestieren vergeblich; es werden Bestandsaufnahmen durchgeführt; vorgesehen ist nur, daß der Orden die Pflicht hat, die Gastfreundschaft eventuellen Pilgern gegenüber aufrechtzuerhalten.

Die einmalige Übertretung dieser Vorschriften für Pilger wird mit Pranger bestraft, der Rückfall mit Auspeitschen. Beim drittenmal wird der schuldige Pilger ebenso wie der falsche durch das Ortsgericht bestraft; »die Strafe ist für einen Mann mindestens die Galeere«. Die Dauer der Strafe hängt ab von der Schwere des Falles und dem Rang der schuldigen Person.

Die Mißbräuche hören deswegen keineswegs auf. »Die einen umgehen die Städte, von denen sie wissen, daß man dort Ausweise sorgfältig kontrolliert; die anderen bedienen sich falscher Papiere« in der Hoffnung, nie eine andere Strafe als die für die erste Übertretung einstecken zu müssen, den Pranger. Von 1686 an muß die Genehmigung von einem Staatssekretär unterschrieben sein. Wer nach Santiago in Galicien pilgert »ohne Unsere ausdrückliche Erlaubnis«, wird mit lebenslänglicher Galeerenhaft bestraft, und wenn es sich um eine Frau handelt, so wird sie »zu einer peinlichen Strafe nach dem Ermessen Unserer Richter verurteilt«.[19]

Die Wallfahrt wird also überwacht. Es fehlt wenig, und sie würde verboten. Doch wie soll man sie unterbinden, wenn die Santiagopilger aus anderen Ländern des Abendlandes weiterhin durch Frankreich ziehen? Die Wallfahrt erlebt im 18. Jahrhundert sogar einen neuen Aufschwung, obwohl Ludwig XV. neue Verordnungen erläßt und dabei die Regelung seines Urgroßvaters in Erinnerung ruft. Sogar die Mode bemächtigt sich kurzfristig der Wallfahrtssymbole: Der Pilger wird zum Galan; auf seinem Gemälde *Die Einschiffung nach Kythera* bekleidet Watteau seine Liebespilger mit einem muschelverzierten Umhang, einem Hut mit hochgeschlagener Krempe und einem Stab. Die Marquise von Pompadour selbst läßt sich von dem Maler Alexis Grimou als Pilgerin darstellen.

Wir sind schon ganz nahe an der Zeit, da Manier und seine Kameraden ihre Abreise nach Compostela vorbereiten. Guillaume Manier hat in Noyon gebeichtet; er erbittet und erhält am 22. August 1726 die erste Bescheinigung, die der Pfarrei: Der Pfarrer bestätigt, daß Guillaume Manier ein guter Katholik ist und nach Santiago und Rom zu pilgern wünscht. Er bittet inständig, »daß man ihm freien und leichten Durchzug gewähre«. Charles François, Bischof und Graf von Noyon, bestätigt die Unterschrift des Pfarrers, der den glücklichen Namen Bonnedame (liebe Frau) trägt.

Am anderen Tag stellt der Bürgermeister von Noyon, Dopcens, sein Zeugnis aus und fügt, wie um im voraus auf eine übliche Frage zu antworten, die Formel hinzu: »Der genannte Manier hat den Befehlen des Königs bezüglich der Militärdienstpflicht entsprochen.«

Manier macht sich am 26. August auf den Weg und ist am 30. in Paris. Unverzüglich begibt er sich mit seinem Paß zum Gouverneur der Stadt, dem Herzog von Gèvre; dieser nimmt Einsicht in das Dokument und »bittet [seinerseits] jene, die zu bitten sind«, den Pilger Manier frei und unbehelligt ziehen zu lassen.

Erste Kontrolle am 9. September in Châtellerault: »Wir wurden von der Feldgendarmerie angehalten. Sie verbot uns, zu viert zu wandern, wegen der Menge der Diebe, die die Gegend unsicher machten.« Am folgenden Tag wenden sich unsere Pilger aus der Pikardie an den Bürgermeister von Poitiers, um ihre Pässe »auffrischen« zu lassen. In Brioux brechen sie vor dem Hellwerden auf: »Es war da vor dem Dorf eine Brücke, lang wie eine Straße, gut 200 Schritt. Man sagte uns, [daß die Büttel] die Leute nach Rochefort oder nach La Rochelle brächten, um sie in die Verbannung auf die überseeischen Inseln zu verschleppen. Das jagte uns großen Schrecken ein. Wir gingen also schon um drei Uhr nachts paarweise barfuß über die Brücke. Der Hauptgrund aber, warum man jeden anhielt, war dieser: Eine Bande von vierzehn Halbwüchsigen hatte ein Mädchen entführt und geschändet und anschließend an einen Baum gebunden.«

Am 14. umgehen sie Villedieu, »weil man hier die Leute kontrollierte«. Am 16. weisen sie in Pons dem Hauptverwalter des Hospitals, einem Sieur Guerleaux, ihre Pässe vor; er gibt ihnen eine Aufnahmeerlaubnis. Am 5. Oktober betteln sie in einem Schloß in Bayonne, sehen sich aber zur Flucht veranlaßt: »Ein Kammerdiener [...] machte uns Beine, indem er einen Wachtposten auf uns hetzte, der uns in die Stadt zurückbringen sollte.«

Am 20. Oktober stiehlt in Sahagún ein Fahnenflüchtiger, dem sie auf dem Weg begegnen, La Couture den Paß. In Madrid gewährt ihnen der Nuntius eine Bescheinigung. Auf dem Rückweg begeben sie sich in Bordeaux ins Rathaus und erhalten Pässe mit folgendem Wortlaut: »Guillaume Manier hatte in der hiesigen Stadt gottlob keinerlei ansteckende Krankheit und auch keinen Verdacht darauf; wir bitten also [...], ihn unbehelligt und frei ziehen zu lassen.«[20]

Die *Compostela* garantiert der Herbergsverwaltung, daß es sich um echte Pilger handelt. Dem Pförtner des Hospitals Saint-James zu Bordeaux aber wird aufgetragen, darauf zu achten, daß ihm die Pilger keine »fünf oder sechs Monate alten« Bescheinigungen vorweisen; »in diesem Fall ist es üblich, ihnen nichts zu geben, denn es handelt sich eher um Herumtreiber als um Pilger«.[21] 1599 wird in Namur der Scharfrichter dafür bezahlt, daß er zweimal wöchentlich den Hospitälern Notre-Dame und Saint-Jacques einen Besuch abstattet, um üble Gesellen fortzujagen. Ein Erlaß vom Jahre 1652 beauftragt in dieser Stadt die Schutzleute, darauf zu sehen, daß die Durchreisenden nicht länger als eine Nacht im Hospital bleiben, und er verbietet den Schenken- und Gastwirten, sie zu bedienen.[22]

Weder Warnungen noch Verbote, noch Kontrollen, noch Einschränkungen können die Wallfahrt hemmen. Im Jahre 1758 registriert die Bruderschaft von Aurillac die Namen eines Gärtners, eines Braumeisters, eines Fischers, eines Schuhmachers, eines Scherenschleifers – »alles Pilger«.[23] In Lyon werden von 1733 bis 1751 zweihundertsechzig Mitglieder, die die Wallfahrt gemacht haben, in die Jakobsbruderschaft aufgenommen; 1807 und 1809 schreiben sich zwei Soldaten ein, die insofern als »Pilger« gelten können, als die Armee Napoleons von April bis Oktober 1809 Compostela besetzt hielt.[24] Das Buch der Bruderschaft von Roquefort-des-Landes endet mit dem Jahre 1789 ebenso wie das von Senlis; doch wird dieses letztere nach einer Unterbrechung weitergeführt bis zum Jahre 1829. Für René de La Coste-Messelière liegt der beste Beweis für die Fortdauer und Lebenskraft der Wallfahrt im 18. Jahrhundert in der erstaunlichen Ausschmückung der Stadt Santiago und ihrer Kathedrale; die Wallfahrtskirche wird zum Juwel, in dem ein barocker Reliquienschrein gefaßt ist. Ohne den Pilgerzulauf wäre so etwas nur schwer erklärbar; die Verzeichnisse von Compostela bestätigen diese Behauptung übrigens das ganze 19. Jahrhundert hindurch.[25]

Im Jubiläumsjahr 1965 hatte Compostela zweieinhalb Millionen Besucher, und der Erzbischof von Pamplona stiftete der Kathedrale von Compostela eine Reliquie des heiligen Apostels Andreas.

Sind es erneut Pilger? Sind es nur Touristen? Niemand begibt sich zufällig nach Finisterre, an dieses »Ende der Welt«. Über das Dröhnen der Motoren und das Gedränge der Charterflugzeuge hinweg bleibt etwas von der Anziehungskraft dieses Fleckchens Erde bestehen. Doch wen besucht man? Den Heiligen? Oder das Heiligtum? Für die einen ein heiliger Ort, für andere das Ziel einer außergewöhnlichen Reise zu romanischen Kulturdenkmälern, auf jeden Fall Zeuge von zehn Jahrhunderten christlich-abendländischen Geisteslebens, so ist Santiago uns nach wie vor aufs innigste vertraut.

Die Herbergen von Santo Domingo, von León und Compostela sind zu Luxusabsteigen geworden, an deren Giebelseite die Sterne nur noch die Hotelkategorie anzeigen; das Wasser eines Stausees bedeckt bei Puertomarín die Brücke, die der Pilger Pierre errichtet hat; an nicht wenigen Orten haben die Revolutionen und Restaurationen Abteien, Kirchen und Hospize dem Erdboden gleichgemacht oder ihrer Bestimmung entfremdet; überallhin streckt unser Teer- und Betonzeitalter seine Fangarme aus.

Und dennoch! Sankt Jakobus und seine Wege sind noch überall erkennbar, in unseren Landschaften wie in unseren Traditionen: in den alten Brücken von Orthez, Estaing, Puente la Reina mit ihren mal runden, mal spitzen Bögen, ihren Eselsrücken, ihren Ausweichstellen rechts und links des Fahrwegs, wo sich die Fußgänger vor den Pferdegespannen in Sicherheit brachten; in dem Jakobskreuz an der Furt durch die Couze, mit Muschel und Stab, und in all den anderen Kreuzen, Türsturzen, Wappen, den melancholisch von Efeu überwucherten Wegkapellen, in dem viereckigen Turm von Aubrac, in all den vielen Brunnen, Wäldern, Scheunen; in Flurnamen und überlieferten Bezeichnungen wie Sint-Djâke in den Ardennen, Saint-James in Aquitanien, Saint-Jacqué oder Saint-Giaume in der Provence, San-Jamme oder San-Jacmé in Toulouse, Chin-Dzaque in der Auvergne, Sent-Jagme im Baskenland, Saint-Jammet im Périgord, San Jaime in Aragonien, San Yague oder San Yago in Galicien …

Die islamische Architektur im letzten Winkel unserer ländlichen Gegenden und die Kirche Nuestra Señora de Rocamador in Estella bezeugen, daß die Wege nach Santiago auch der Weiterleitung kultureller Impulse dienten. Sankt Jakobus lebt in unserem Gedächtnis und ist überall eingeschrieben. Ein Beispiel ist die *coquille,* wie der Druckfehler im Französischen genannt wird. Im 18. Jahrhundert zeigten die Korrektoren einen im Druck vergessenen Satzteil oder ein vergessenes Wort dadurch an, daß sie an den Rand einen senkrechten, von einem kleinen Kreis durchschnittenen Strich setzten; sie nannten dieses Zeichen *bourdon* (Stab) wegen seiner Ähnlichkeit mit dem Pilgerstab; von daher also rührt der im französischen Sprachraum übliche Branchenausdruck *coquille* (Muschel) für den Satz- bzw. Druckfehler.[26]

Ein anderes Beispiel findet sich in einer alten Ballade aus dem Velay, der Geschichte von Pierre und Pernette, die sich so sehr lieben, daß sie lieber sterben, als sich zu trennen:

Au chemin de Saint-Jacques
Enterrez-nous tous deux
Couvrez Pierre de roses
Et moi de mille fleurs
Les pèlerins qui passent
En prendront quelque brin.[27]

Am Weg nach Santiago
Begrabt uns beide.
Bedeckt Pierre mit Rosen
Und mich mit tausend Blumen.
Die vorüberziehenden Pilger
Sollen ein Zweiglein davon nehmen.

Als der heilige Jakobus Karl dem Großen erscheint, sagt er zu ihm, auf die Milchstraße weisend: »Die Sternenstraße, die du am Himmel gesehen hast, bedeutet, daß du an der Spitze eines großes Heeres nach Galicien marschieren wirst und daß nach dir alle Völker dorthin pilgern werden bis ans Ende der Zeiten.«

Pernette und Karl der Große sind für immer Gefährten des Weges. Ihnen verdanken wir es, daß wir alle ein wenig die Vettern und Basen eines Aymeri Picaud, eines Jean de Tournai, eines Laffi, eines Manier, eines Bonnecaze und aller dieser Hoffenden sind, die sich eines Tages auf den Sternenweg begeben haben.

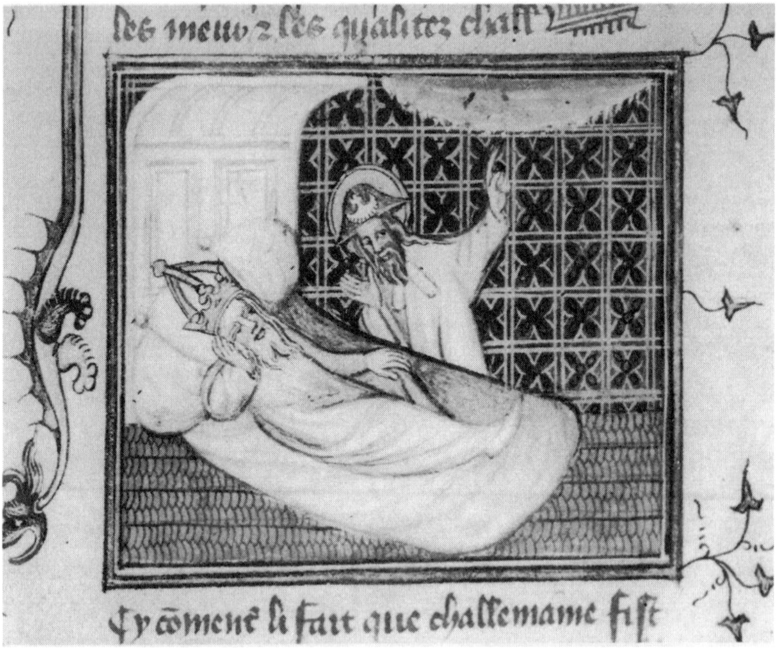

Jakobus erscheint Karl dem Großen im Traum und bittet ihn, sein Grab aus den Händen der Mauren zu befreien.

EPILOG

Jean de Tournai ist nur zwei Tage, am 25. und am 26. Januar 1489, in Compostela geblieben. Guillaume Manier verbrachte drei Tage dort, vom 1. bis zum 4. November 1726. Auch bei dem kleinen Bonnecaze waren es drei Tage, »weil man die Pilger nur drei Nächte im Hospital duldete«.[1]

Warum nur so kurze Zeit? Selten sieht man Pilger ohne Notwendigkeit länger in Santiago bleiben; nur einige wenige Wallfahrer verweilen hier einen Monat oder auch ein Jahr. Es ist, als lägen Sinn und Wert der Wallfahrt mehr im Weg selbst als im Ziel; oder auch, als werde am Grab des Apostels die langandauernde Erwartung mit einem Schlag zunichte.

Bonnecaze macht sich nach León auf. Hier will er »sich niederlassen, um zu studieren«. Er leidet an einer »Entzündung«; bei seiner Ankunft muß er sich ins Antoniushospital begeben. Die Tage gehen vorüber, ohne daß sein Zustand sich bessert. Man schröpft ihn und gibt Abführmittel – vergebens. Nach einem Monat beginnt er zu verzweifeln.

»Die Furcht«, so schreibt er, »verstärkte mein Übel. Der Arzt bemerkte es; er erkundigte sich nach meiner Heimat und meiner Reise. Ich erklärte ihm mein Vorhaben. Er sagte mir, das Land sei nicht geeignet, daß ich mich hier niederlassen könne bei meiner schwächlichen Gesundheit. Er riet mir, nach Frankreich zurückzukehren oder in Jaca zu bleiben, wo das Klima meinem Gesundheitszustand besser entspräche.«

An diesem Tag sieht Bonnecaze vier der neben ihm liegenden Kranken sterben, drei in seiner Bettreihe, einen im gegenüberstehenden Bett. Der Gedanke, die Nacht mitten unter ihnen verbringen zu müssen, jagt ihm Entsetzen ein: »Ich fürchtete, in jener Nacht zu sterben; lieber wollte ich dann draußen sterben als im Spital. Nachmittags zwang ich mich, aufzustehen und bis zum Fenster zu gehen; mein Herz tat mir weh, als ich die frische Luft einsog. Dann bat ich den Hausmeister, mir meine Habseligkeiten zu bringen; er wollte nicht; er meinte, ich würde sterben, wenn ich hinausginge.«

Bonnecaze drängt so sehr, daß ihm der Hausmeister schließlich die Kleider bringt, ein Brot von drei Pfund dazulegt und seine Feldflasche mit Wein füllt. »Dann ging ich hinaus. Ich stützte mich auf meinen Stab.«[2]

Manier, Hermand und La Couture lassen Delorme zurück – er will nicht über Oviedo wandern – und verlassen gemeinsam Compostela, geraten aber rasch wieder in Streit und trennen sich von neuem. »Aus einem mir sehr wohl bekannten Grund«, sagt Manier, »ließ ich meine Kameraden stehen und ging allein weiter.« Drei Wochen lang sehen sie sich nicht und treffen sich zufällig in Bayonne auf der Brücke über den Adour. Sie versöhnen sich, geraten sich aber bald wieder in die Haare und versöhnen sich wiederum. In Saintes geht Guillaume Manier schließlich ohne jede Erklärung in Richtung Alpen, anstatt über Poitiers, Tours, Paris und die Pikardie weiterzuwandern; er pilgert nach Rom. Ein seltsamer Mann, dieser Schneider aus Carlepont, sehr auf den eigenen Vorteil aus, ein schwieriger Mensch, Pilger mehr aus Abenteuerlust als aus Berufung – und doch irgendwie anziehend für uns. Jedenfalls wissen wir nichts weiteres mehr von ihm, außer daß er zehn Jahre später seinen Bericht verfaßt.[3]

Jean de Tournai kehrt über Bordeaux, Tours und Paris nach Valenciennes zurück und ißt unterwegs »Pastetchen«. Er nimmt die Dinge, wie sie kommen; immerhin gibt es einige Aufregungen: In Plassac

(Departement Charente) muß er sein karminrotes Brustkreuz abnehmen »wegen der üblen Gesellen der Gegend, die die Engländer sehr hassen [...], denn dieses rote Kreuz ist der Schmuck der Engländer«. In einem Wirtshaus in Orléans interessiert man sich ein wenig zu sehr für ihn; so gibt er sich als »Eisenwarenhändler« aus – solche Krämer sind ja nicht besonders reich ...

Die gefährliche Gegend aber liegt zwischen Paris und Valenciennes, wo der Krieg wütet und die Flüchtlinge die Wege verstopfen. Trotz aller Warnungen durchquert er die Schlachtfelder. Die Schuhe zerrissen, aber hellen Blicks und reinen Herzens, ist er nicht gesonnen, nach einem Jahr Pilgerschaft so kurz vor zu Hause aufzugeben. Bei Douai »haben die Franzosen und die Burgunder einander heftig bekämpft und sich gegenseitig getötet«, so daß alle Bewohner der Dörfer in den Kirchen nächtigen; nur er allein, zusammen mit Sire Guillaume, schläft diese Nacht »in einem sehr guten Bett«. Doch nun verläßt ihn sein Gefährte »unter Tränen«, um in seine Pfarrei zurückzukehren. Jean de Tournai ist auf dem letzten Abschnitt der Reise allein; er atmet Heimatluft, interessiert sich für die Schwankungen der Währung während seiner Abwesenheit, für die steigenden Preise für Hopfen und Krapp. Und dann ...

»Die gute Stadt Valenciennes lag vor mir. O Gott, welche Freude! Er allein weiß, wie damals mein Herz jubelte!« Schon erkennt ihn der eine oder andere, trotz seines langen Barts und des Zustands seiner Kleidung. »Willkommen in der Heimat!« ruft man ihm zu. Er schickt Leute in seine Wohnung, ihm Schuhe herzubringen. Er will einen würdigen Einzug halten. Die Nachricht von seiner Heimkehr geht wie ein Lauffeuer durch die Stadt:

»Ich glaube, es waren mehr als drei- bis vierhundert Leute, die mir entgegeneilten, sich an den Straßen sammelten und auch zu mir ins Haus kamen, um mich zu sehen; sie bereiteten mir nicht nur ein Fest, sondern ein wahrhaft großes Fest. Auf diese Weise also bin ich am Abend zwischen fünf und sechs Uhr nach Hause gekommen. Hier fand ich, Gott sei Dank, meine Frau und meine Schwiegermutter in guter

Gesundheit; sie empfingen mich mit großer Freude und großer Liebe und auch großer Ehrerbietung, Gott weiß es, Er, der da lebt und herrscht von Ewigkeit zu Ewigkeit. Amen.«

So geschehen am Samstag, dem 7. März 1489, am Ende einer Reise von einem Jahr und elf Tagen. Der Bericht schließt mit Feiern und Festessen für Jean de Tournai, gestiftet von seinen »guten Freunden«, und mit einem Mittag- und Abendessen für 47 Personen, das er ihnen im Gegenzug gibt.

Jean de Tournai stirbt zehn Jahre darauf, 1499. Sein Grabstein nennt ihn »weise und klug«. Er war ein Mann von feiner Lebensart.[4]

Mit voller Flasche und drei Pfund Brot im Beutel hat Bonnecaze das Spital in León verlassen, um dort nicht zu sterben. »Ich mußte mich beim Durchqueren der Stadt mehr als fünfzigmal niedersetzen; mit der Zeit gelangte ich zu dem Marktflecken am anderen Ende der Nay-Brücke; man brachte mich am Abend bei einem Bauern in einer Scheune unter; ich schlief auf trockenem Stroh bis zehn Uhr morgens; dann stand ich auf und ging weiter. An diesem Tag wanderte ich eine halbe Wegstunde. [...] Die Kräfte kamen mir wieder zurück. [...] Fast jeden Tag verdoppelte ich meine Strecke; da ich allein war, verlor ich keine Minute. Schließlich schaffte ich zehn Wegstunden am Tag.« Als er durch Logroño kommt, gibt ihm eine Witwe »aus Erbarmen« ein Paar Schuhe. Er rechnet nach: Ja, er ist hundertachtzig Wegstunden barfuß gewandert. (Das sind mehr als siebenhundert Kilometer.)

»Als ich an der Grenze von Obernavarra angekommen war, machte ich auf einem Berg zwei Stunden Rast, um die Luft Frankreichs einzuatmen. Sie gab mir Kraft, öffnete mir das Herz; ich hatte den Eindruck, mein ganzes Leid verlasse mich in diesem Augenblick. Ich hielt nur noch an, um etwas Brot zu betteln, damit ich weiterleben könne. [...] Als ich endlich am Fuß des Passes das erste französische Dorf erreichte – es ist da ein Bach, der die Königreiche Frankreich und Spanien trennt –, da machte ich mit einem Stab ein Kreuz und gelobte, nicht mehr hierherzukommen, um nach Santiago zu pilgern. Ich war froh, dem spanischen

Elend entronnen zu sein. Ich durchquerte Navarra in Richtung Navarrenx und Oloron, und als ich zu den Quellen von Buzy kam, setzte ich mich unter einen Baum und zog meine Kleider aus, um sie zu reinigen; ich schüttelte die Läuse heraus, denn diese spanischen Reliquien wollte ich nicht zu meinem Vater mitschleppen.«

Bonnecaze erreicht das Ziel seiner Reise. Es ist August. Er wandert schon seit drei Monaten. »Bei meiner Ankunft traf ich meine Schwester am Bach Luy, in der Nähe des Dorfes. Ich grüßte sie, und sie umarmte mich; es war etwa drei Uhr nachmittags. Sie nahm meinen Rucksack, der nicht schwer wog, denn ich hatte meine Hemden verkauft, um leben zu können. Ich fand meinen Vater und meine Mutter meinetwegen gramgebeugt. Man hatte ihnen nämlich gemeldet, ich sei tot. Als ich eintrat, sprachen sie gerade von mir. Ich umarmte sie weinend; auch sie weinten. Ich fürchtete ihren Zorn, kniete daher nieder, bat sie um Verzeihung für meine Dummheiten und sagte, sie möchten mich segnen. Sie segneten mich weinend vor Freude und Zufriedenheit. Sie schlachteten kein Mastkalb, denn sie hatten keines, auch kein fettes Schaf, denn auch das fehlte ihnen; sie riefen nicht die Verwandten und Nachbarn herbei, diese kamen nämlich von selbst, um mich zu sehen und mich zu meiner Rückkehr in die Familie zu beglückwünschen.«[5]

Überall werden die Heimkehrer mit Freude empfangen; man umarmt sie, man berührt ihre Kleider, wie um ein wenig am Gnadenstand der Pilger teilzunehmen; man feiert mit ihnen, man hört ihnen zu – sie haben so viel zu erzählen. So heißt es im »Großen Wallfahrtslied«:

De Blaye fîmes diligence
Vers nos parents
Qui nous croyaient pendant l'absence
Morts ou mourants
Ils nous connurent à l'instant
A nos casaques

Nous leur donnâmes largement
De bijoux de Saint-Jacques.

Von Blaye eilten wir
Zu unseren Angehörigen,
Die uns während unserer Abwesenheit
Tot oder sterbend glaubten.
Sie erkannten uns sofort
An unseren Mänteln.
Wir gaben ihnen reichlich
Von Santiagos Schätzen.

Schon schnitzen einige mit Stolz eine Jakobsmuschel in den Türsturz. Andere lassen ihr Testament für nichtig erklären: Pierre Castelnau und Raymond Dupouy aus Vic-Fezensac im Jahre 1452; Arnaud Gardère aus dem Dorf Pléhaut im Jahre 1455;[6] auch Pierre Ricar aus Roquebrune 1466, acht Jahre nach seiner Abreise.

Die vom Gericht zur Wallfahrt verurteilten Büßer weisen den Behörden ihre abgenutzten Ketten oder die Bescheinigungen der Chorherren von Santiago vor; sie sind nun frei.

Auch der französische Pilger, der sich auf den Weg gemacht hatte, um vom Apostel ein Kind zu erflehen, ist zurückgekehrt; er ruht sich zuerst klugerweise drei Tage aus und »nähert sich dann seiner Frau«. Sie bekommt bald einen Sohn. Sie nennen ihn Jacques.[7]

Im Jahre 1666 entdeckt der Schuhmacher Malphettes aus Albi, daß sein Konkurrent ihm während der Abwesenheit die Kundschaft abspenstig gemacht hat; er verlangt vor Gericht Schadenersatz.[8]

Am 22. August 1671 heiratet Antoinette Salesse de Sauvane im Kloster Cabrespine im Coussane-Tal bei Estaing Jean Bessières mit besonderer Erlaubnis, da ihr erster Mann, Victor Villescazes, vor elf Jahren nach Compostela aufgebrocchen war und nicht mehr zurückkehrte.[9] Im elsässischen Schlettstadt erlangt eine Pilgers-»Witwe« aus demselben Grund das Bürgerrecht.[10]

In den Registern der Jakobsbruderschaft von Lyon steht neben dem Namen eines Pilgermitbruders »verstorben« – die Notiz wurde später durchgestrichen und durch »auferstanden« ersetzt.[11]

Angostus von Burwell macht um 1100 bei seiner Rückkehr der Abtei La Sauve-Majeure ein Grundstück in England zum Geschenk.[12] Pons von Leras hatte sich 1132 aufgemacht, um für seine Räubereien und sein liederliches Leben Buße zu tun; nach der Heimkehr verteilt er alle seine Güter an die Armen. Seine Frau und seine Tochter werden Benediktinerinnen, sein Sohn Benediktiner. Er selbst gründet ein kleines Kloster, das unter dem Schutz des Papstes Innozenz III. und der Mönche von Cîteaux berühmt werden sollte: Sylvanès.[13] Birgitta von Schweden und ihr Mann Ulf Gudmarsson kommen 1343 aus Compostela zurück und beschließen, sich nach 23jähriger Ehe zu trennen, um ins Kloster einzutreten. Birgitta erlebt himmlische Erscheinungen und wird durch Bonifaz IX. und das Konzil von Konstanz heiliggesprochen.[14]

In Dünkirchen legt ein Schiff aus Konstantinopel an. An Bord hält sich Jacques Lemesre versteckt, der Sohn jenes Juweliers aus Lille, der, wie wir wissen, nach Compostela aufgebrochen war, um dort für die Gesundung seiner Mutter zu beten, auf dem Meer aber von Piraten gefangengenommen und als Sklave verkauft wurde. Er begibt sich von Dünkirchen nach Lille und betritt sein Elternhaus. Nach dreijähriger Abwesenheit erwartet ihn niemand mehr. Für die Mutter ist die Erschütterung zu stark: Sie stirbt an dem Schock.[15]

Einige Jahre nach seiner Rückkehr wird Jean Bonnecaze aus Pardiès Pfarrer von Angos – und der ehemalige Pilger »mit der schwächlichen Gesundheit« lebt bis zum Alter von 78 Jahren.

Und Sie? Was wird aus Ihnen? Sie haben den Ihren, von denen Sie empfangen wurden, erzählt, von den Heiligtümern, den Begegnungen, den Regenbogen; Sie haben lange gesprochen von Ihren Weggefährten, von Aymeri Picaud, seinen Launen und seinem Mundwerk, von dem schallenden Lachen und den Streitereien Maniers und seiner

Gefährten, von den Leiden des kleinen Bonnecaze, den Federbetten eines Pilgers mit Namen Jean de Tournai, von den Sklaven des Herrn von Zielbeke, den Tränen Laffis, als er Compostela zum erstenmal erblickte. Sie alle werden lange Zeit in Ihrem Gedächtnis bleiben.

Aber das Wesentliche ist das nicht. Das Wesentliche können Sie gar nicht sagen. Zuweilen, wenn Sie still im Bett liegen und mit offenen Augen in die Nacht schauen, scheint es Ihnen, Sie seien noch unterwegs, gleich jenen vor dem Kaminfeuer eingeschlafenen Hunden, die träumend irgendeinem prächtigen Wild nachzujagen scheinen. In solchen Augenblicken, wenn Sie der Weg wieder einholt, drückt Ihnen etwas das Herz zusammen.

Sie hatten sich zum Heiligtum des Herrn Jakobus aufgemacht. Sie wollten sich auf die eine oder andere Weise rückversichern für den Tag, da die Seelen gewogen werden. Sie sind den zeitlosen Weg gegangen hin an den Rand des Abendlandes; Sie folgten dem Lauf der Sonne am Tag und der Milchstraße in der Nacht – und da haben Sie irgendwann, rechtschaffen müde, wie sie waren, eine Ahnung dessen verspürt, was über das bloße Menschsein hinausgeht.

EIN GRAB IN SPANIEN

Am Ende einer fünfzigtägigen Wanderung nach Compostela wieder in Paris angekommen, haben wir im *Nouvel Observateur* einige Reiseeindrücke veröffentlicht. Wir fügen sie auf den folgenden Seiten unserem Buch an, freilich ohne die rein geschichtlichen Erwägungen, die hier nicht mehr am Platze sind.

Pierre Barret und Jean-Noël Gurgand (1977)

Gemeinsames Wegtagebuch, Dienstag, 19. April 1977.
Wir haben Vézelay um sechs Uhr morgens verlassen. Es ist kaum hell genug, um die Karte lesen zu können. Unsere nagelneue »Großwandererausrüstung« – schweres Schuhwerk, Rucksack, Anorak (rot) – und unsere Eigenschaft als Pilger drücken uns einigermaßen unbehaglich. Sehr schnell, gleich nach dem Bauernhof mit Namen »La Justice« (Die Gerechtigkeit), haben wir die Straße verlassen und sind in den Wald eingebogen. Am Ende des in seiner fahlen Unbestimmtheit vor uns liegenden Weges, eintausendsiebenhundert Kilometer weiter, sind wir mit dem »heiligen Herrn Jakobus« verabredet.

Natürlich hatten wir alles über Compostela gelesen, was sich auftreiben ließ, und das Zeremoniell des einstigen großen Aufbruchs war uns vertraut: der feierliche Segen über Stab und Pilgertasche, die von der versammelten Gemeinde inbrünstig im Wechsel gesungenen Psalmen, die Abschiedsgrüße und Abschiedswünsche ... Die Pilgergruppe verläßt die Basilika Sainte-Marie-Madeleine, geht die Rue-Grande hinunter ... Dort unten, nach Tagen und Tagen, am Ziel der Mühen und des frommen Eifers, dort unten liegt Jerusalem oder Compostela – das Heil.

Wir haben uns ein- oder zweimal umgedreht: Die Basilika lag hinter uns im blauen Dunst, tief in ihre Erinnerungen versunken.

Vézelay haben wir ohne lange Diskussion gewählt. Wir fühlten dunkel, daß wir hier vor langer, langer Zeit irgendwie geboren sein müssen. Vézelay ist eine unserer heimlichen Hauptstädte.

Wir sind in den Wald von Ferrières vorgedrungen mit dem Gefühl, eine neue Welt zu betreten. Gedämpftes Licht, Humusgeruch. Die Vögel machen im Unterholz einen Lärm wie im Urwald. Es ist voller Tag geworden. Unser erster Tag. Ein schöner Tag.

(Meine Damen und Herren, Sie waren soeben Zeuge des Aufbruchs zweier Pilger ohne Segen. Sehen Sie, die beiden können es gar nicht fassen, nun auf dem Weg zu sein. Während sie dahingehen, sehen sie sich selbst wandern und fragen sich, wohin das führen mag. »So aufgebrochen sein, daß man nicht mehr zurückkommen kann«, sagt Claudel einmal. Und wenn das wahr wäre?

Seit sie sich mit dem Mittelalter befassen, haben sie sich geschworen, eines Tages ihren Fuß in die Spuren ihrer Vorgänger zu setzen. Sie könnten dazu eine Menge guter Gründe vorbringen: die Wiederentdeckung der Zeit und des Raums, wie sie vor dem Motorenzeitalter waren, die tiefe innere Bewegung, die sie jedesmal erfaßt, wenn ihnen auf den ausgefahrenen Wegen ein abgenutztes Werkzeug oder eine abgetretene Schwelle unter die Augen kamen. In Wirklichkeit drängt sie Unruhe; sie gleicht ganz jener, die Pilger und Kreuzfahrer auf die Straßen trieb. Unsere beiden geben das nur schwer zu. Sie meinen lediglich, es sei, wenn man in die Vierziger kommt, höchste Zeit, sich anderswo umzusehen …

Immer wieder haben sie davon gesprochen, endlich aufzubrechen. Da mußte es ja eines Tages Wirklichkeit werden. Sie könnten schneller gehen, aber sie machen vernünftigen Gebrauch von ihrer Freiheit. Sie suchen das beste Marschtempo, versuchen vergeblich, ihren unterschiedlichen Schritt aufeinander abzustimmen, schütteln sich ihren schweren Rucksack zurecht und halten jetzt schon ihre Zehen für den Nabel der Welt. Und da schließlich nichts einfach ist, haben sie sich bereits verlaufen und irren mit dem Kompaß in der Hand kreuz und quer im Wald herum. Aber wir wollen sie nicht beklagen.)

Gemeinsames Wegtagebuch, Donnerstag, 21. April.
Drei Tage, hundert Kilometer. Am ersten Abend waren wir zu müde, um draußen zu schlafen; wir flüchteten uns in Varzy in ein kleines Hotel. Die Füße schmerzten. Am zweiten Abend breiteten wir unsere Schlafsäcke in einem Wald, den zu betreten eigentlich verboten war, auf den Boden; wir hätten keinen Schritt mehr machen können. Unter den großen Eichen haben wir wie Murmeltiere geschlafen. Dritte Nacht: im Stroh einer Scheune. Hühner und Nester, Ziegen, Kühe, Hunde und Tauben. Der Bauer, der uns aufnahm – nachdem man uns zuvor einige Türen vor der Nase zugeschlagen hatte –, war geradeheraus und ein ziemlicher Spaßvogel. Er kannte Santiago de Compostela nicht, war aber damals beim Einmarsch der deutschen Truppen in den Schuhen eines anderen davongelaufen und hatte für alle Zeiten Mitleid mit wunden Füßen.

Lange vor unserem Aufbruch nach Compostela schon hatten wir beschlossen, zu trainieren, aber daraus ist nie etwas geworden; wir waren zutiefst überzeugt, daß sich das ohne großen Schaden schon machen werde. Ein paar schwierige Augenblicke müsse man durchstehen, und alles würde schon gehen.

Wir unterschätzten die vereinten Wirkungen der Entfernung (zwischen dreißig und fünfundvierzig Kilometer täglich), des Rucksackgewichts (zwölf Kilo Übernachtungsausrüstung und Kochgeschirr, Kleider zum Wechseln, Kleinkram und, falls nötig, Nahrungsmittel) und der ständigen Anstrengung. Unsere armen Körper krachten während der ersten Tage in allen Fugen wie alte Kähne auf stürmischer See.

Zur Zeit, da der Weg nach Compostela belebt war, säumten ihn Hospize, Gasthäuser und Klöster. Hier hielten die Pilger an, um sich zu stärken. Denn auch ihnen taten die Füße weh. Wir wissen es, ihre Gesänge sprechen davon, die Herbergsverzeichnisse erwähnen Pflegemaßnahmen: Einreiben mit Stechwinde oder einem Aufguß aus Brombeerblättern, auf geschwollene Knöchel den Extrakt der Iriszwiebel; von den Dornen, die man aus dem Fuß zog, wie es ein Kapitell in einer Kirche von Melle zeigt, ganz zu schweigen.

Gewisse Herbergen am Endpunkt schwieriger Tagesetappen konnten die Pilger für bis zu drei Tage aufnehmen. Im allgemeinen aber mußten sie anderntags wieder weiterziehen. »Ultreïa!« riefen sie. Weiter! Vorwärts! Auf diesem Weg von Vézelay her gibt es keine Herbergen, keine Klöster und keine Santiagopilger mehr. Es schien uns manchmal, uns, die wir die vorschriftsgemäße Muschel tragen, als seien wir aus einer anderen Welt. Zwei- oder dreimal glaubten einige Buben wegen unserer Rucksäcke, wir seien irrtümlich vom Himmel gefallene Fallschirmspringer! Armer heiliger Jakobus. So vergessen nach solchem Ruhm!

Tagebuch Jean-Noël Gurgand, Freitag, 22. April.
Mittagsschläfchen am Wegrand. Sonne. Heute abend Bourges. Ich merke mit Schrecken, nicht mehr weiter zu schauen als bis an die Spitzen meiner Schuhe. Ich habe ausgerechnet, daß ich von einem Kilometerstein bis zum anderen im Durchschnitt eintausendeinhundertvierzig Schritte brauche. Für zehn Kilometer also elftausendvierhundert Schritte. Hundertvierzehntausend für hundert Kilometer und eine Million hundertvierzigtausend für tausend Kilometer. Das ergibt für den ganzen Weg fast zwei Millionen Schritte. Was bedeutet, daß ich in weniger als zwei Monaten jeden meiner Füße eine Million mal auf den Boden setzen werde, und mehr als die Hälfte davon auf den mörderischen Asphalt der National- und Gemeindestraßen. Pierre leidet an Sehnenzerrung; ich selber habe überall Blasen und dazu noch Krämpfe in der Fußsohle.

Immer noch frage ich mich, was ich denn eigentlich mit der ganzen Sache zu tun habe. Vielleicht werde ich erst am Ziel unserer Wanderung die Gründe verstehen, die mich dazu trieben. Aber nein! Ich habe nie geglaubt, daß erst das Ziel dem Weg, erst der Tod dem Leben seinen Sinn gibt. Ich weiß nur eines: Ich werde bis zum Ende durchhalten. Das steht außer Frage.

(Es handelt sich hier, meine Damen und Herren, um einen jener »schwierigen Augenblicke«, die man durchstehen muß; sie waren darauf gefaßt und werden sie auch überwinden. Wir wollen nicht dramatisieren. Übrigens, und das muß klar gesagt werden: Der Schmerz erscheint ihnen als das Geringste, selbst wenn seine vielfältigen Formen und seine Dauerhaftigkeit sie überraschen. Es bleibt ihnen ja von der christlichen Erziehung her die Überzeugung, daß der Wert einer Tat genau im gleichen Verhältnis zu ihrer Schwierigkeit steht. Die Erbsünde steckt ihnen im Blut: Sie werden ihr Heil im Schweiß ihrer Füße machen. Wie oft haben sie als Kinder die Rippe Schokolade abgelehnt, ein »Opfer« gebracht, »Buße« getan, damit Gottes Gnade endlich die Bösen rühre oder damit der Lehrer einen anderen frage! Der Handel war klar: Je schmerzlicher es ist, desto eher habe ich Aussicht, erhört zu werden. Eine Wallfahrt ohne Blasen an den Füßen – das ist ein Bummel. Das ist nichts wert.

Unterdessen fallen sie bei jeder Marschpause in die Straßengräben wie Flüchtlinge bei Bombenangriffen. Sie kramen ihren Vorrat an magischen Salben, Arzneifläschchen, Verbandszeug, Fußpuder für Pilgerneulinge aus dem Rucksack. Der Mann, der seine Schuhe schneller auszieht als sein Schatten, dieser Mann heißt Pierre Barret.

In wessen Namen ertragen sie das alles? Sind sie Masochisten? Hinter welcher Erlösung rennen sie her? Sie haben keine Zeit, darüber nachzudenken. Die Richtung ihrer Schritte weist für den Augenblick nach Südwesten bis Pamplona, von dort geradeaus nach Westen.)

Gemeinsames Wegtagebuch, Samstag, 23. April.
Wir haben Bourges verlassen und sind in Charost (Departement Cher) angekommen; hier wollen wir zu Mittag essen. Müde. Gegenwind. Drohendes Gewölk. Im Hotel-Restaurant (wir versuchen, einmal am

Tag warm zu essen) haben wir beim Nachtisch beschlossen, für den Tag hier zu bleiben und sogar zu übernachten nur in der Absicht, nicht mehr die Nase hinauszustrecken. Riesige Enttäuschung: Eine Hochzeitsgesellschaft hat alle Zimmer reserviert. Das Wirtshaus nebenan, an das man uns weist, schließt am Samstagabend. »Vor Issoudun ist nichts zu finden«, antworten uns alle, die wir fragen. Issoudun ist noch dreizehn Kilometer entfernt, drei Stunden Weg. Ausgeschlossen.

Leere Straßen an diesem beginnenden Samstagnachmittag. Quadratischer Platz, von Kastanienbäumen gesäumt. Seite an Seite das Rathaus und eine Kirche aus rötlichem Stein. Wir sind übereingekommen, uns bei der Hochzeit auf die Lauer zu legen: Es wird doch wohl möglich sein, in der allgemeinen Fröhlichkeit unter den Honoratioren, dem Bürgermeister und dem Pfarrer einen Mann ausfindig zu machen, der uns Unterschlupf für die Nacht gewährt.

Wir haben uns ins nasse Gras gesetzt. Straßenjungen sind hergelaufen. Zwölf bis vierzehn Jahre alt, mit einem Ball und Fahrrädern. Unser Alter haben sie wohl nicht erraten: Leute in den Vierzigern gehören nicht mehr zu den Randexistenzen. Ohne Umschweife fragen sie uns, was wir hier treiben, bieten uns Zigaretten an, Kaugummi, Karamelbonbons. Einer von ihnen schlägt vor, nachzusehen, ob das Stadion offen sei, wir könnten dann dort unter den Tribünen übernachten – er habe das selber einmal gemacht.

Der Bürgermeister ist herangekommen, schwer und steif, zusammen mit seinem Stellvertreter. Ein Dach? Einen Platz in einer Scheune? Einen Windschutz? Nein, so etwas gebe es nicht in seiner Gemeinde. Dicke, sorgenvolle Stirnfalten zwischen dem bürstenförmigen Haar und den buschigen Augenbrauen. Weiter weg auf der Straße nach Issoudun würde sich sicher etwas finden lassen. Endloses Schweigen, ausweichende Blicke. Wagen fahren einer nach dem anderen heran und halten bei der Kirche. Lange Kleider in zarten Farben schlüpfen heraus, wehen im Wind, spielen ein unwirkliches und rührendes Ballett wie in einem Schweizer Film. Die Stunde der Zeremonie naht. Dem zweiten Bürgermeister ist schließlich etwas eingefallen, sein Gesicht hellt sich plötzlich auf. »Das Gemeindewaschhaus!« Zweifellos hatte der erste Bürgermeister selbst schon daran gedacht, hat es aber nicht zu sagen gewagt. Jetzt preist auch er die Ware an: »Ja, freilich, das Waschhaus! Es wird nicht mehr benutzt und hat sogar Aborte!«

Eric und Didier haben uns begleitet; sie schoben ihr Rad neben uns her. Dann haben sie uns eingerichtet, haben zwei Kisten und einen Besen geholt. Sie haben uns sogar unterhalten. Sie hatten ja Zeit: Ihre Eltern waren auf der Hochzeit. Es war wirklich eine große Hochzeit. Die Braut hieß Nadine Dujour, und man sprach von hundertzwanzig Geladenen, vielleicht sogar hundertachtzig. Die Jungen da interessierte das nicht. Übrigens gibt es hier in Charost nie etwas Interessantes für die Jugend. Als wir anfingen, uns mit unseren Füßen zu beschäftigen, verließen sie uns unauffällig.

In den bürgermeisterlichen Aborten konnte man lesen: »He, Kumpels! Ich bin etwas verärgert. Rückt also Moneten heraus, sonst renn ich euch den Wanst ein. Überhaupt, ich scheiß auf euch. Salut, Kerls. Gezeichnet: Der Schreckliche.« Und auf der Wand gegenüber von derselben Hand: »Ich habe mich amüsiert, so gut ich konnte, aber ich bin immer noch unglücklich. Gezeichnet: Paul Verlaine.«

Eine Seite der Mauer liegt immer im Schatten, so sagt das Lied. Dort ist es, wo sich die Kinder verstecken, um zu weinen.

Tagebuch Pierre Barret, Samstag, 23. April.
Bin allein im Waschhaus geblieben, während Jean-Noël Einkäufe macht. Moral auf Nullpunkt. Trotz der Arzneimittel habe ich Mühe mit dem Gehen, sogar ohne Schuhe. Ein kalter Wind weht. Es regnet. Wie soll man auf diesem eiskalten Zement schlafen? Ich fürchte, ich kann morgen nicht weiter.

Ich habe den Schieber losgemacht, der Bach schwemmt jetzt die Wasserlinsen fort, das Wasser wird klar. Ich mache eine kleine Wäsche und sammle dann Holz unter den Pappeln. Der Zauber der Flammen und des Wassers verjagt das Gespenst der Mutlosigkeit ein wenig. Ich bin ebenso durch die Schmerzen wie auch von der Erkenntnis erschüttert, daß ich ohne dienstlichen Auftrag nicht mehr existiere. Nur Eric und Didier ... Ich kann mir nicht helfen, aber ich meine, wenn alle diese Leute wüßten, wer wir sind, dann würden sie uns ihre Türen nicht verschließen.

Ganz bestimmt, die Sache wird viel härter, als wir dachten. Das ist kein »Experiment« mehr, das ist eine Herausforderung.

Gemeinsames Wegtagebuch, Dienstag, 26. April.
Wieder zwei schwere Tage. Regen und Gegenwind. »Morgenregen zuhauf hält den Pilger nicht auf!« – okay, aber wir haben nicht einmal Zeit, uns zu trocknen.

Das alte Hospital Saint-Roch in Issoudun ist zu einem Museum umgewandelt; der einstige Saal für die kranken Pilger geht direkt auf die Kirche hinaus. Die Büste eines sympathischen heiligen Jakobus hat uns mit einem steinernen Auge zugezwinkert. Dann ging es wieder weiter. Trostloser Imbiß in einer Wohnhausbaustelle. Am Abend haben wir in Etrechet in einem Stall die Streu der zwei Limousiner Kühe Henriette und Javeline benutzt. Wurst, Sardinen, frisches Stroh, tiefer Schlaf. Derart dicke Luft, daß sie warm hielt.

Am anderen Morgen sind wir übereingekommen, nach zwanzig Kilometern haltzumachen. Da ein Platzregen drohte, mußten wir von neuem ein Dach suchen, erklären, wir hätten zu essen dabei und auch Schlafsäcke, würden kein Feuer anlegen und am nächsten Morgen in aller Frühe weiterwandern.

Am Eingang eines Dorfes namens Bouesse – Gott möge es vergessen! – ein winziges Rathaus und zwei gekreuzte Fahnen. Offene Tür. Wir stecken die Köpfe hinein.

»Geschlossen!« schreit uns ein griesgrämiger Kerl entgegen, einer von jenen mageren Zwergen, die so aufgeblasen sind, daß man von ihnen nur noch den Adamsapfel sieht.

Wir fragen nach dem Bürgermeister.

»Was wollt ihr vom Bürgermeister?«

Nicht viel; nur die Erlaubnis, in einem Kommunalgebäude zu schlafen, einer Scheune, einem überdachten Schulhof.

»Die Gemeinde hat nichts.«

Wir machen uns auf die Suche nach dem Pfarrer, im Namen der christlichen Nächstenliebe. Der Postbeamte erklärt uns, daß es in Bouesse keinen Pfarrer gebe, daß die Pfarrer heute wie alles übrige zentralisiert seien. Vielleicht ein wenig weiter auf der Straße ...

Eine Frau, die aus dem Fenster hängt, sieht uns und schickt uns zu einem großen Bauernhof. Dort wird uns gesagt, der Bauer sei auf dem Feld. Der Gemeindesaal ist zwar leer, aber verschlossen, das Pfarrhaus vermietet. Ein Alter, der gerade beim Ausmisten ist, weiß von einem Schloß mit Nebengebäuden, in denen man einen ganzen Kreuzzug unterbringen könne. Aber der Schloßgärtner sieht uns kommen, läuft ans Gitter, schürzt die Lippen, klammert sich an die Stäbe und zetert wie ein Verrückter: »Privat! Privat, sag' ich euch! Das hier ist privat!«

Wir pendeln von einer Straßenseite zur anderen, bis wir am Dorfausgang ankommen. Wir müssen wohl oder übel weitergehen. Einen Kilometer weiter finden wir einen Bauernhof; man nimmt uns auf, unter der Bedingung freilich, daß wir nicht rauchen. Das ist die alte Regel: Den Landstreichern nahm man für die Nacht die Streichhölzer weg. Erleichtert richten wir uns sofort in dem großen Schuppen ein. Das Vieh steht frei herum. Ein am Vortag geworfenes Kalb läßt seine Mutter nicht in Ruhe.

Eine Stunde später taucht der blasierte Kerl vom Gemeindeamt auf und verkündet: »Ich mach' euch darauf aufmerksam, ihr seid bei der Gendarmerie gemeldet.« Er rennt mit etwas zu langen Schritten wieder davon.

Nur hat er vergessen, genauer anzugeben: erstens, daß er selber die Gendarmerie von Argenton-sur-Creuse gerufen hat, zweitens, daß er selber der Bürgermeister von Bouesse ist, drittens, daß ihm auch jener große Bauernhof gehört und sogar das Schloß, und viertens, daß er nach seinem Anruf bei den Gendarmen auch mit unserer

Bäuerin telefoniert hat, damit sie uns warne. Was erwartete er? Daß wir uns davonmachen und er hinter uns herfeuern kann? Die Frau hat abgelehnt.

Die Gendarmerie hat nicht lange auf sich warten lassen. Papiere! Funkmeldung an die Kartei des Departements: »Zwei Individuen ... Ich buchstabiere den ersten: Bravo – Alpha – zweimal Romeo – Echo – Tango, geboren am ... Der andere heißt Gurgand. Ich buchstabiere: Golf – ... Nichts in der Kartei? ... Bist du sicher? ... Also dann ... na gut.«

Später haben uns die Bauersleute mit den Gendarmen zu einem Glas eingeladen. Damit wir sehen, daß sie zu der ganzen Sache nichts können. Zwei- oder dreimal hat der Polizeichef erklärt, die Gendarmerie folge nur ihren Vorschriften und sei verpflichtet, »nachzuprüfen«, wenn man ihnen die Anwesenheit von »Individuen« melde.

»Sie müssen verstehen ... Heutzutage, bei diesen Fremdarbeitern, bei dem jugendlichen Bandenwesen, bei der zunehmenden Kriminalität ...«

Aymeri Picaud erzählt eine ähnliche Geschichte. Ein ganzes Dorf – ein Armer ausgenommen – hatte sich geweigert, Pilger zu beherbergen. Das gesamte Dorf brannte nieder, aber wie durch ein Wunder blieb die Hütte des Armen verschont. Man pries Gott und den heiligen Herrn Jakob – und Heil dem, der zu hören versteht. Aber Wunder finden nur einmal statt.

(Meine Damen und Herren, wenn Sie wüßten ... Unsere Pilger hatten glauben wollen, dieses Frankreich da, das egoistische und hinterhältige Frankreich der Besatzungszeit, das gehöre der Geschichte an. Im Zeitraum von weniger als vierzehn Tagen werden sie neunmal »kontrolliert«; mehrmals deswegen, weil die Gendarmerie sich in den Kopf gesetzt hat, Leute ohne Auto verdächtig zu finden, mehrmals aber auch auf einen Telefonanruf von Mitbürgern hin, die ihren Durchzug melden ...

»Verstehen«? Sie weigern sich zu verstehen, ihr Herz ist taub geworden. Aber was haben sie denn geglaubt? Daß es genüge, mir ihrer Muschel und

ihrem freundlichen Gesicht durch die Dörfer zu ziehen, und schon würden sich ihnen alle Türen der braven Franzosen öffnen? Sie begegnen nur verschlossenen Gesichtern, Stacheldraht und Gendarmen. »Ultreïa! Fremde! Ultreïa!«

In einer Woche haben sie genug Hunde zum Bellen gereizt, um sich ganz und gar als Zigeuner zu fühlen. Wir sind alle pilgernde Juden, pilgernde Araber. Sie haben geglaubt, diese Ästheten, sie ließen in ihren Spuren etwas vom Traum und vom Abenteuer zurück, sie, die Vorbeiziehenden. Wenn man sie jedoch der Gendarmerie meldet, gibt man an, sie lungerten herum.)

Glücklicherweise sind wir anderntags in Gargilesse angekommen. Hier haben wir unsere erste Woche als Pilger gefeiert. Ein stilles, blumengeschmücktes Dorf. Die Erinnerung an George Sand ist überall spürbar, die Ideen des Bürgermeisters beleben es. Ja, wenn alle Bürgermeister Ideen hätten ... In der Krypta unter der alten Kirche ein Fresko aus dem 12. Jahrhundert: ein furchterregender Christus, das Feuerschwert der Apokalypse im Munde. Auf der Seite hinter einem Fliederstrauß eine schlichte Muttergottes aus Lindenholz, die von armen Leuten aus dem Kreuzzug mitgebracht worden sein soll. Furcht und Vergebung – ein altes Programm.

Wir haben uns am anderen Morgen frisch und munter wieder auf den Weg gemacht. »Es ist gut, seinem Hang zu folgen, sofern er steigt«, sagte André Gide; sicher hatte er niemals die Steigung hinter Gargilesse zum Frühstück genossen.

Dennoch fingen wir an, unser vielfaches Elend zu meistern oder uns wenigstens damit abzufinden. Allmählich haben wir gelernt, uns für anderes zu interessieren als für uns selber.

Im Grunde enttäuschte uns eines am meisten: daß wir den »Weg« nicht fanden – zweifellos ist er in der Saintonge oder im Béarn sehr viel lebendiger geblieben, so dachten wir. Auf der ganzen Länge dieser *voie limousine* (auch Weg der Deutschen genannt und von René Verbié in seinem Verlauf wieder erstellt) scheint sich die Erinnerung an die große Wallfahrt verwischt zu haben. Wohl stießen wir auf Jakobuskirchen, Jakobsstraßen, auf Vororte mit der Benennung Saint-Jacques, hier und da auch auf eine Muschel an einem Türsturz, einen mit einem weißen Stein gekennzeichneten Kirchturm. Aber die Zeichen wie auch die Worte haben ihren Sinn verloren; so wie etwa der Umhang des Schutzmanns oder die *coquille* des Setzers oder die von Proust zu Ehren gebrachte *madeleine coquillée,* das Gebäck.

Der sichtbare Weg ist sogar fast überall verschwunden. Auf den Karten 1 : 50 000 des »Institut Géographique National«, von denen übrigens manche seit 1947 nicht mehr auf den neuesten Stand gebracht worden sind, haben Hunderte von Hektar Wald riesigen Weizen- und Rapsfeldern weichen müssen. Mit dem roten Mohn ist auch der geschichtsträchtige Weg gestorben.

In dreißig Jahren haben Asphalt und Flurbereinigung die Landschaft umgekrempelt. Die Wege wurden geteert oder sind überhaupt nicht mehr da. Dutzendemal mußten wir an plötzlich abgeschnittenen Pfaden über Elektrozäune oder Stacheldraht klettern. Überall Baumleichen – tot erscheinen sie noch größer als lebend. Die Forst- und Wasserverwaltung kann den Hochwald sorgsam überwachen, das Massaker geschieht anderswo, am Straßenrand zum Beispiel, wo die für Gas- und Stromversorgung zuständige Behörde sowie die Post die Bäume umhauen lassen und wo die Bauern alles kreuz und quer absäbeln. Die Zeit der Motorsägen ist angebrochen, eine absolute Waffe; jedermann kann an einem einzigen Tag eine jahrhundertalte Hecke durch einen ordinären Zaun ersetzen.

Und während da unten Motorsägen hysterisch aufheulen, horchen die Alten und meinen warnend: »Daß die Tiere hinter Stacheldraht ihren Unterschlupf suchen, das hat man noch nie gesehen ...«

Tagebuch J.-N. Gurgand

Ich habe meine Uhr verloren. Bei einer Rast habe ich sie liegenlassen. Wir hatten schon fünf Kilometer hinter uns, als ich es endlich bemerkte. Zurückgehen und sie suchen, das sind zusätzliche zehn Kilometer, ohne vorwärtszukommen. Undenkbar. Und doch war mir die Uhr etwas wert. Das hat mich stundenlang beschäftigt. Es ist schwierig, sich an diesen neuen Wert von Zeit und Raum zu gewöhnen. Trotzdem ist das einzige Maß der Landschaft der Mensch, denn ohne ihn gibt es keine Landschaft. Noch etwas: Zu Fuß wird jede neue Wegbiegung zu einer Verheißung – »welche Verheißung?« hätte Camus gefragt. Achtung, Pilger, ein Horizont kann einen anderen verdecken.

Gemeinsames Wegtagebuch, Freitag, 29. April.
Saint-Léonard-de-Noblat war eine im *Guide du pèlerin* lebhaft empfohlene, wichtige Etappe. Sankt Leonhard – ein an übermäßiger Askese auf den Hügeln über der Vienne gestorbener Einsiedler – besaß die Macht, Gefangene zu befreien; rings um die Kirche hängen an großen Pfählen Ketten, Halseisen, Joche, Fußfesseln, auch viele Exvotos. Mittels einer geschickten Erweiterung schreibt man ihm auch die Macht zu, Frauen die Entbindung zu erleichtern.

An der Reliquienbörse war das eine sichere Anlage. Wir können uns heute nur schwer vorstellen, zu welchen Übertreibungen der wirklich unglaubliche Hang des Mittelalters zur Reliquie führte. Da wurde von Jesus gekautes Brot gekauft und verehrt, die Windeln des neugeborenen Jesuskindes oder Milch von der Jungfrau Maria, ganz zu schweigen von verwirrenden »Mehrfachausgaben«: zwei heilige Leonhards, drei Dornenkronen, vier heilige Schweißtücher und nicht weniger als zwölf Köpfe des enthaupteten heiligen Johannes des Täufers. König Ludwig der Heilige ging mit gutem Beispiel voran: Er ließ in Paris die Sainte-Chapelle erbauen, um seine großartige Reliquiensammlung unterzubringen. Jede Reliquie besaß ihre besondere Kraft, und es war nicht immer leicht zu wissen, welchem Heiligen man sich anempfehlen sollte.

Die unscheinbarsten Knochen zogen Pilger und Spenden an und wurden zum Gegenstand von Rivalität, Betrug und Raub. Denn »die Leiber der Märtyrer haben dieselbe Macht wie deren heilige Seelen«, mit dem Vorteil, daß man sie anfassen kann.

Der berühmte französische Radrennfahrer Raymond Poulidor ist in Saint-Léonard-de-Noblat geboren. In der Gunst des Volkes hat er den ehemaligen Stadtpatron ausgestochen; doch die Volksgunst drückt sich immer noch wie früher aus: An den Abenden der Tour de France drängt man sich noch immer, um »Sankt Poulidor« zu berühren.

Limoges war nur mehr fünf Meilen entfernt, und sein Schutzpatron, der heilige Martial, rechtfertigte durch seinen außergewöhnlichen Lebenslauf den Umweg: Als Kind hat er an der wunderbaren Brotvermehrung teilgenommen, der Auferweckung des Lazarus beigewohnt, bei der Fußwaschung das Handtuch gehalten und beim Abendmahl als Kellner gedient; später hat er im französischen Limousin das Evangelium verkündet. Uns gegenüber hat er sich entsprechend gezeigt.

Wir sollten in Limoges mit einer Korrespondentin des »Centre d'Études compostellanes« zusammentreffen. In der vorhergehenden Woche hatten wir telefoniert, um zu melden, daß wir Verspätung hätten. Wir würden erst am Freitag gegen Abend eintreffen. Eine großartige Überraschung erwartete uns an der alten Saint-Étienne-Brücke: eine Abordnung kultureller und folkloristischer Vereine sowie Vertreter der Gemeinde und des Verkehrsvereins. Sie erweckten für uns die Tradition des Pilgerempfangs zu neuem Leben. Was für ein Abenteuer! Der Zug formiert sich, an der Spitze kostümierte Leier- und Dudelsackspieler. Die Musik setzt ein. Mit gemessenem Prozessionsschritt steigen wir zur Kathedrale hinan. Der Erzpriester hat die Büste des heiligen Jakobus auf den Altar gestellt. Er spricht einige Gebete – es ist die Rede von Sternen und Reise – und segnet zwei Muscheln aus Porzellan, die er uns um den Hals hängt. In seiner Begeisterung läßt er die Glocken läuten – auf die Gefahr hin, den Bischof in Aufruhr zu versetzen, der nicht benachrichtigt worden ist.

Wir waren am Abend freundlich eingeladen und speisten für drei Tage; anschließend versanken wir in den wundervollen Federbetten der christlichen Nächstenliebe. Am anderen Morgen stand unser Foto drei Spalten breit auf der Titelseite der Zeitung. Ohne diese augenfällige Versicherung unserer Anwesenheit in Limoges hätten wir vermutlich zu träumen vermeint.

Tagebuch P. Barret
Wir leben ganz naturnah; seit den Sommern von einst habe ich mich der Natur nie mehr so nahe gefühlt. Es ist eine Art Kommunion. Sie erfaßt mein Herz und fasziniert mich: alles, was ich hier sehe, aber auch alles, was ich hier fühle, vor allem die Art und Weise, wie der Mensch in zehn oder fünfzehn Jahrhunderten die Landschaft gezähmt hat, um darin sein Haus und seine Wege einzurichten.

(Es handelt sich hier nicht, meine Damen und Herren, um die große »grüne« Nummer von zwei Pilgern ohne Pilgerschaft. Es stimmt, dieser Frühling blufft sie. Zwischen dem Departement Creuse und dem Périgord sind sie Zeuge einer Wiedergeburt der Welt. Ungeduldige Lämmer saugen unter ständigem Stoßen, Zicklein mit goldbraunen Augen und ganze Horden von Kälbern springen wie junge Hunde umher, Fohlen, Küken, Entchen ... Es genügt, daß vier Wiesel hintereinander über den Weg huschen, und schon machen unsere Pilger »Oh!« und »Pst!«. Es geht ihnen plötzlich auf, daß sie zwanzig Jahre lang einen Teil ihrer selbst geopfert haben, entfremdet waren.)

Gemeinsames Wegtagebuch, Samstag, 7. Mai.
Wir sind in diesen Tagen gut vorangekommen. Wir haben uns von Ballast möglichst befreit. Überflüssig gewordene Karten, vor der Abreise als absolut notwendig erachtete Kleidungsstücke haben wir mit der Post nach Hause befördert. Von nun an teilen wir uns Taschenlampe, Zahnpasta, Seife und Kamm. Was wiegt schon ein Kamm?

Als wir in Savignac im Departement Gironde vor der geöffneten Tür einer zerfallenen Kirche vorbeikamen, blieben wir stehen: Die Stimmen alter, psalmodierender Frauen drangen an diesem lauen Spätnachmittag aus der schattigen Tiefe des Kirchenschiffs zu uns heraus. Wir haben den Rucksack niedergestellt. Ganz zufällig hatte der Pfarrer, der gerade die Messe las, von unserem Durchzug gehört.

Er hat uns in seinem Renault 16 bis nach Castillon in sein Pfarrhaus mitgenommen. Dort hat er uns das Abendessen bereitet und ein nagelneues Sofa aufgeklappt. Marcel Lamothe ist einer jener Priester, deren Leben sich durch das Zweite Vatikanische Konzil geändert hat. Er betreut mit fünfzig Jahren elf Pfarreien, doch interessiert ihn der Glaube seiner Pfarrkinder mehr als ihre Religion. Sein neues Dogma ist die Infragestellung und sein Lieblingswort der Dialog. »Tauscht ihr unterwegs eure Gedanken aus?« fragt er begierig. Er bereitet frohgemut seine Ferien in Spanien vor und scheint glücklich zu sein.

Seine Pfarrkinder folgen ihm, so gut sie können, anscheinend besser als jene in La Souterraine (Creuse), die uns gegenüber mit Bedauern feststellten, daß sie ihre Pfarrer nicht wieder erkennen, die ihnen als Metzger, als Tankwart, als Weinhändler entgegentreten und ihnen im Namen Christi »von Politik reden«. Dort war es auch, wo man uns geradezu heimlich bat: »Betet für uns in Compostela ...«

Verdammter Marcel! Sein Glück, seine Freiheit – eine wahre Lust zu sehen. Am anderen Morgen hat er uns gewissenhaft wieder dorthin gebracht, wo er uns aufgelesen hatte. Als wir ohne Hintergedanken der Vorsehung dafür dankten, ihm begegnet zu sein, hob er endlich einmal seine Augen zum Himmel.

Tagebuch P. Barret, Sonntag, 8. Mai.
Die »Hostellerie des Landes« [Gasthof in den »Landes« südlich Bordeaux; Anm. d. Ü.] ist überfüllt mit Menschen. Die Männer sind vom Frühschoppen bereits erhitzt, und sie werden in Erinnerung an den Sieg der Alliierten den riesigen Festsaal im Sturm nehmen. Sagenhaft, wie sehr diese alten Kämpfer von 39–45 jenen von 14–18 gleichen. Wer wird ihre Stellung einnehmen? Wie soll man so fest verwurzelte Rituale ersetzen?

Tagebuch J.-N. Gurgand
Die Landes – Niemands-Landes. Es ist doch wirklich unglaublich, daß uns die Füße immer noch weh tun. Pierre erträgt es besser als ich. Er »schaltet unten ab«, sagt er, und denkt an anderes. Nur ein einziges Mal hat er verlauten lassen: »Wenn ich meinen Kopf abschalte, mache

ich keinen einzigen Schritt mehr.« Das war ganz am Anfang. Bei mir ist es anders. Ich muß schimpfen. Ich will gern leiden, aber man soll es wissen. Es ist verrückt, wie schnell man sich an die Schmerzen der anderen gewöhnt. Aber die meinen sind ungerecht und empörend. Abschalten, sagst du! Ich, ich drehe auf!

Dagegen glaube ich, unseren heiklen Zustand als wandelnde Zombies, die abschlägigen Antworten, die Abfuhren, die Demütigungen besser zu ertragen als er. In dieser Hinsicht habe *ich* abgeschaltet. Für die Gendarmen bedeutet die Identität der Person nichts anderes als ein behördliches Papier. Während man unsere Namen buchstabiert, gehen wir unserer Titel, unseres sozialen Status, unserer Freunde verlustig. Ich gewöhne mich an diesen jähen Identitätsschwund um so leichter, als ich eine ganz keltische Schwäche für das immer wieder auflebende Nichts habe. Ich versuche, mich zu überreden, daß alles ganz normal sei und daß wir beim Aufbruch nach Compostela das Risiko auf uns genommen hatten als andere zurückzukommen.

Gemeinsames Wegtagebuch, Freitag, 13. Mai.
Saint-Jean-Pied-de-Port. Von Saint-Sever ab zeigten Schilder den Weg nach Santiago an. Zwei- oder dreimal erkannten Leute an unseren Jakobsmuscheln das Wahrzeichen des Wallfahrers; sie kamen heran und wünschten uns freundlich gute Reise, luden uns sogar zu sich ein. Wir fangen endlich an, uns als Pilger zu fühlen. Es war Zeit; wir haben ja schon die Hälfte des Weges hinter uns.

An der spanischen Grenze versuchten wir, Bilanz zu ziehen. Am leichtesten war es noch, die Tage und die Namen aneinanderzureihen. Wir haben zum Beispiel die Yonne überquert, die Loire, den Cher, die Indre, die Creuse, die Vienne, die Dordogne, die Garonne, die beiden Gave ... Achthundert Kilometer ... Sind wir ebenso weit vorangekommen?

Es sind Kleinigkeiten, die wir gesammelt haben, etwa jener Zufall, da wir uns an eine gewisse Madame Fontaine [»Brunnen«; Anm. d. Ü.] wandten, als wir zum erstenmal um Wasser baten ... Eines Morgens im Wald von Châteauroux der Ruf des Kuckucks in drei Tönen: kuckuckuck ... Das Transparent für das große internationale Frauen-Radrennkriterium der Spargelzüchter des Dropttals ... Jener umgedrehte Wegweiser zwischen Duras und La Réole, der uns in aller Ruhe das Dorf anzeigte, aus dem wir gerade herkamen ... Jener neblige Morgen, da alle Tiere heiser waren: Ein Hahn schrie kikerikua, ein Hund heulte wie eine Robbe, eine Kuh muhte, als stecke ihr ein Frosch im Hals ...

Natürlich stand uns noch Spanien bevor. Man hatte uns versichert, das sei wie in Buñuels *Milchstraße:* Wir würden ganz einfach Gefahr laufen, in die Vergangenheit zurückzukehren und uns schließlich im finstersten und völlig unromantischen Mittelalter wiederzufinden.

Man würde ja sehen. Inzwischen galt es, gleichsam als Aufnahmeprüfung, die Pyrenäen zu übersteigen. Wir hatten nicht ohne Besorgnis beschlossen, das enge Eingangstor, nämlich den alten Höhenweg, zu benutzen – »eine großartige Wanderung bei schönem Wetter«, so hatte man uns erklärt, »aber eine scheußliche Sache, wenn das Wetter umschlägt«.

Die Berge schauten schlecht aus am Morgen. Wir brachen trotzdem auf. Wir erreichten den Kastanienbaum von Etchebestia, ein Riesending, das da seit Ludwig dem Heiligen stehen soll. Es begann zu regnen. Der Weg stieg steil an. Ein zahnloser Schäfer stand plötzlich da und schaute uns neugierig an. »Adiou«, sagte er. Wir drangen in eine bleiche Wolke, weich wie Gänseflaum, ein. Eine weiße Dunkelheit, die alles auswischte. Wir sahen nicht einmal mehr unsere Füße.

Endlich tat sich etwas. Der alte Weg der Gotteswanderer hielt sein Versprechen. Auf der spanischen Seite begann er zwischen zwei Abgründen: Wir brauchten uns nur aufs Geratewohl durch das Nichts zu tasten, um den Ausgang zu finden.

»Wer [die Pyrenäen auf dem Höhenweg] hinaufsteigt, meint den Himmel mit Händen berühren zu können«, so schreibt Aymeri Picaud ganz hingerissen, als er um 1130 hier durchkommt. Wir hätten uns an diesem Himmel ebensogut den Schädel einstoßen können. Seit

Stunden stiegen wir hier in diesem dicken Nebel, der alles auslöschte, blindlings weiter.

Ein eisiger Regen peitschte uns geradewegs ins Gesicht. Wir fingen an zu zittern und mit den Zähnen zu klappern. Wir mußten unbedingt anhalten, hier, ganz gleich, wo, und uns mit Rotwein und Ziegenkäse aufwärmen.

Unsere vom Regen aufgeweichten Karten wurden immer unleserlicher. Jede Abzweigung stellte alles in Frage. Wir spähten vergeblich nach irgendeinem Anhaltspunkt. Einer unserer Pläne vermerkte: »Sehr schöne Aussicht auf die Schlucht von Soussignate.« Wo denn? Links? Rechts? Da vorn? *Aussicht!* Hinter jedem Felsvorsprung lauerte ein Windstoß auf uns, warf uns hin und her, versuchte uns hinunterzustürzen.

Früher riefen am Ibañetapaß und beim Kloster von Roncesvalles Glocken die im Nebel Verirrten auf den Weg. Wir konnten uns die Mönche vorstellen, wie sie sich an den dicken Glockenseilen ablösten, und sogar – die Spuren schienen uns noch so frisch – die Hauptleute, wie sie die Legionäre Trajans anfeuerten, oder die Soldaten von Marschall Soult, die im Schneesturm die Kanonen auf knarrenden Achsen vorwärtsschoben, oder auch Roland, der den Felsen spaltet und Karl den Großen herbeiruft ... Doch wir waren mutterseelenallein mit unseren Phantomen, und die Glocken schwiegen.

Zuweilen zerriß plötzlich ein Nebelfetzen, und das Gebirge machte ein freundliches Gesicht. Zartes, kurzgewachsenes Gras, übersät mit Kamillenblüten, großer, stiller Buchenwald, mit jenem übernatürlichen Licht überflutete Almen, wie es die Religionsbücher unserer Kindheit den heiligen Szenen zuschrieben ... Und von neuem zog sich alles zu ... schlechtes Pilgerwetter ...

(Lassen wir sie; sie werden schon durchkommen – freilich nicht ohne irrtümlich auf den verschneiten Gipfel des 1578 Meter hohen Urzanzurieta hinaufzukraxeln, dessen modernes Wahrzeichen, der Mast, ihnen erst zu Gesicht kam, als sie schon mit der Nase darauf stießen.

Wie soll man es erklären, daß ihnen niemals Zweifel kamen? Das Gebirge ist voller Launen und hat schon andere in Schrecken versetzt, auch wenn es nicht der Mount Everest ist. Die einzig mögliche Antwort ist diese: Sie waren überzeugt, ihr »Eintrittsgeld« zahlen zu müssen, eine Art Spiel, bei dem man alles einsetzen muß.)

Als wir am Abend zur Stunde der Wadenkrämpfe vor dem Kaminfeuer in einem kleinen Hotel in Burguete saßen, drehte sich die Unterhaltung um zwei Themen.

Erstens: die Absage des Klosters von Roncesvalles, eines der größten Pilgerhospize des Mittelalters, wo man noch im 17. Jahrhundert dreißigtausend Essen im Jahr servierte. Zuerst waren wir in Gebäuden herumgeirrt, die ebenso gastlich und gut dreimal so groß sind wie ein ausgedienter Bahnhof; endlich stießen wir auf einen spanischen Chorherrn; er entwischte uns aber wieder wie ein Steinmarder und verschwand unter einem Torbogen. Weiter! *Ultreïa!* Trocknet euch anderswo! Wir machten uns mit einem bitteren Gefühl wieder auf den Weg. Von Roncesvalles hatten wir viel erwartet wie alle, die seit zehn Jahrhunderten das Rolandslied kennen.

Zweitens: unser heimlicher Einzug in Spanien. Wir waren von einem Land ins andere gekommen, ohne es selbst zu merken. Kein Stacheldraht da oben, nicht die geringste Polizei- oder Zollkontrolle. »Wir? Wir sind überhaupt nichts«, so hatte ein Gendarm in den Landes gesagt. »Ihr werdet sehen, an der Grenze!« Welche Grenze, Brigadier? Im Supermarkt der großen Grundsätze haben wir nichts Besonderes geklaut: nur eine kleine Freiheit, aber welch ein Jubel darüber!

Von den einen abgewiesen, den anderen entwischt, nur mit unseren brennenden Fußsohlen behaftet, fühlten wir uns endlich befreit; eine alte, überschwengliche Ungeduld erfaßte uns.

In Roncesvalles verkündete ein Schild: »Compostela 787 Kilometer«.

Gemeinsames Wegtagebuch, Sonntag, 15. Mai.
Früh am Morgen begegneten wir auf der Straße nach Pamplona auf freiem Feld einer Prozession. Es waren zwei- oder dreihundert Leute. Männer in Kutten, die große Holzkreuze trugen, Frauen in Schwarz; mindestens eine ging barfuß; sie alle wiederholten die Gebete, die ihnen aus dem Lautsprecher eines nachfolgenden Wagens zugeplärrt wurden. Wo waren wir da hingeraten?

Etwas später hielten uns Madrider Studenten an, um uns nach dem Weg zu fragen. Sie waren unterwegs zum Zweck einer »politischen Umfrage«. »Politisch« – das Wort war neu und reichhaltig, sie wiederholten es nach Herzenslust, behielten es im Mund, stets bereit, es zu einer prahlerischen Blase aufzublasen, wie Jungen es mit dem endlich erlaubten Kaugummi tun. Überall redeten die Mauern von Amnestie und Revolution.

In Pamplona selbst, wo wir über die Festungswälle und durch das Französische Tor eintraten, herrscht eine seltsame Stimmung wie nach einem dramatischen Tag. Polizeistreifen, erregte Menschenansammlungen, plötzlich leere Straßen. Im Labyrinth der Altstadt suchen wir uns zurechtzufinden, als plötzlich neben uns ein mit Handgranaten gespickter Land-Rover anhält. Ein bewaffneter Soldat steigt herunter, kommt auf uns zu und ... geht zwischen uns hindurch, ohne uns anscheinend zu bemerken. Er löscht hinter uns eine Kerze aus und nimmt einen Strauß Rosen weg, den man am Fuß einer Mauer unter einer grob hingemalten Fahne niedergelegt hatte.

Als wir den Offizier im Land-Rover nach der Kathedrale fragen, hebt er ungläubig die Augenbrauen. Wir bringen schnell in Erfahrung, daß zwei Tage zuvor hier ein Journalist erschossen worden ist. So starben also weiterhin Menschen an den Straßenkreuzungen, während wir unsere Füße betrachteten ...

Tagebuch J.-N. Gurgand
Ich traue den Spaniern nicht. Ich kenne Spanier nur aus einigen Romanen, die ihre Neigung zu wilden und tragischen Festen feiern. Ihr

Männlichkeitskult und ihre Weise, vom Tod zu sprechen, machen sie mir fremd. Wenn ich hier jetzt dem einen oder anderen begegne, kann ich nicht umhin, mich zu fragen, auf welcher Seite er im Jahre 1936 wohl gestanden haben mag, oder ob nicht der da beim nächsten encierro (Stierhatz) in den Straßen vor den Stieren herlaufen wird. Ich ärgere mich selbst über diese meine Haltung.

Gemeinsames Wegtagebuch, Dienstag, 17. Mai.
Wir haben Pamplona hinter uns gelassen und sind nun in Estella. Die Landschaft ringsumher ist unbebaut, reine Natur, ohne Zäune und Landstraßen zweiter Ordnung. Weder Weiler noch Einzelhöfe. Die Dörfer drängen sich um Kirchen und Sparkassen – die beiden Kapitalanlagen des Spaniers.

Die *caja de ahorros* (Sparkasse), sei es nun eine Gemeindekasse, eine Regionalkasse oder eine katholische Kasse, meldet sich reklamestark an jedem Stadt- oder Dorfeingang, preist aufdringlich ihren Geschäftserfolg unter ihrer Kundschaft, den Armen. Überall bezeugen öffentliche Bänke oder Rutschbahnen für Kinder ihr Dasein. Das ist kein Eichhörnchen mehr [Firmenzeichen der französischen Sparkassen; Anm. d. Ü.], das ist ein Polyp. Und es geht ihm gut. Wenn die Preise jährlich um mehr als 25% steigen und man weniger als 8% Zins auszahlt, gleicht das Geschäft ziemlich stark einer Erpressung. Aber wenn dieses gestohlene Geld dem Sparer fehlt, nun, dann kann ihm ja der Polyp nicht allzu teuer etwas von dem bei ihm niedergelegten Geld leihen …

Auch das Heilige ist überall gegenwärtig, alltäglich, vertraut: in den geschleckten, süßlichen Devotionalienläden an den Stadttoren, in den komplizierten, an Unterschriften erinnernden Kreuzzeichen, welche die schwarzgekleideten Frauen mit hoher Geschicklichkeit ausführen. Die meisten der alten, geputzten, gebohnerten und blumengeschmückten Kirchen leben noch ihr eigentliches Leben, während in Frankreich, der Westen ausgenommen, die meisten von ihnen ihrer Bestimmung entfremdet, wenn nicht gar zerstört sind.

Ein dutzendmal haben wir in Puente la Reina, in Estella, in Cirauquí angehalten, vor einem Toreingang, einem Gewölbe, einer Skulptur, tief bewegt – wie vor jenem geschnitzten und farbig gefaßten Gekreuzigten, den ein deutscher Pilger des 15. Jahrhunderts hinterlassen hat. »Herr«, so singt der Psalm, »ich liebe die Zierde deiner Wohnung.«

Wer waren sie denn, diese Grobiane, daß sie es verstanden, das schwindelerregende Geheimnis unseres Daseins dem Kalkstein anzuvertrauen? In Puente la Reina – alte, enge Gasse, alte Brücke über den Río Arga, uralter Geruch aus der Tiefe der Jahrhunderte – hatten wir den Eindruck, sie allmählich zu verstehen.

(Was sie in Wirklichkeit anfangen zu verstehen, aber in Worte zu fassen sich weigern, ist dies: Mit einem Abstand von einem Jahrtausend geht es für sie darum, dieselbe Nacht hinauszuzögern, dasselbe Chaos zu ordnen, auf dieselbe Frage eine Antwort zu geben. Alles in allem ist es wohl kein Zufall, daß sie sich auf denselben Weg machten.)

Gemeinsames Wegtagebuch, Donnerstag, 19. Mai.
Ein Monat ist seit unserem Aufbruch in Vézelay vergangen. Der Regen der Pyrenäen hat uns noch nicht verlassen. Navarra hat uns in wenigen Tagen seine jährliche Niederschlagsmenge auf den Rücken geschüttet. Ein Wetter, bei dem man keinen Hund hinausjagt.

Nur in den seltenen *fondas* (Gasthäuser) am Weg konnten wir unsere Füße ausruhen. Hier, naß bis auf die Haut, bestellten wir die *tortilla* (Eierkuchen) des Tages und schnürten heimlich unter dem Tisch unsere Schuhe auf, scheinheilig wie Kinder, die im Badewasser Pipi machen.

Abgesehen von der Unannehmlichkeit des Regens bedauerten wir es sehr, dem *camino* nicht auf seiner ganzen Länge folgen zu können. Zwischen Roncesvalles und Compostela ist er noch in die Erde, in den Stein, in das Gedächtnis eingegraben. Es kommt vor, daß ihn die Nationalstraße verdeckt, doch die meiste Zeit findet man ihn dort, wo er war. Er ist zwar schlecht instand gehalten, oft voller Schlaglöcher, recht ungemütlich zu gehen, durch Flurbereinigungen und -teilungen abgeschnitten; doch gibt es noch wunderbare Restabschnitte, und man erkennt gut an der Art und Weise, wie er sich hier durch das Gelände frißt, dort sich krümmt, daß es ein großer Weg war.

Gut zwanzig Marktflecken oder Dörfer fügen ihrem Namen die Bezeichnung *del Camino* oder *de la Calzada* (von der Straße) hinzu. Mehrmals findet man auch die Ortsbezeichnung Hospital mit einem Beinamen. Die Anwohner der Straße grüßen den Pilger so ganz natürlich und wünschen ihm »guten Weg« und sogar »gute Buße«. Eines Tages hat uns eine alte Frau trippelnd eingeholt; fieberhaft kramte sie aus ihrem verknoteten Taschentuch ein Fünfpesetastück [damals gut 12 Pfennig; Anm. d. Ü.] und bat uns, es für sie in einen Opferstock der Kathedrale von Santiago zu werfen. Besorgt ließ sie uns den Auftrag wiederholen, um sich zu vergewissern, daß wir verstanden hätten; dann bekreuzigte sie sich. »Gott begleite euch!« Sie blickte uns nach. Seit langem schon beunruhigte unser Image uns nicht mehr; diesmal jedoch haben wir, wir Schuhsohlenabschleifer und Schweißstinker, mit einem Ruck den Sack auf dem Rücken zurechtgesetzt und den Weg fest unter die Füße genommen: Wir waren mit einer Sendung beauftragt.

Als Reiseführer benutzten wir *Le Chemin de Saint-Jacques en Espagne,* eine 1973 von Abbé Georges Bernès in einer Auflage von tausend Exemplaren veröffentlichte Broschüre, 1976 durch M. Ucla überarbeitet. Mehr als einmal haben wir Bernès und seinen Weg verflucht, wenn wir verloren in den richtungslosen Sierras herumirrten. Aber da uns keine genaueren Karten zur Verfügung standen als die Firestone 1: 400 000, wurde der Bernès doch unser treuester Begleiter – sobald wir gelernt hatten, seine Lyrik zu entziffern und seiner Manie zu entgehen, die Furten als freudvolle Erlebnisse anzuempfehlen.

Leider zwang uns der Mairegen zu oft, wieder die Landstraße zu nehmen, dieses Jagdrevier der mächtigen, halbwilden Barreiros-Lastwagen, die uns, ohne auch nur um eine Reifenbreite auszuweichen, ganze Güsse Dreckwasser ins Gesicht schleuderten und uns mit ihrer Hupe fast umwarfen. Wir haben sie gehaßt, verflucht, Wagen und Fahrer zusammen. Aber es war ein Kampf am Straßenrand; die Staatsstraßen sind nicht zum Wandern da.

Gemeinsames Wegtagebuch, Freitag, 20. Mai.
In Santo Domingo de la Calzada sind wir wieder in einem Hotel abgestiegen, um uns zu trocknen – die alte Pilgerherberge hatte sich in einen *parador* [staatliches Hotel; Anm. d. Ü.] mit vier Sternen verwandelt; es blieb uns das Haus Santa Teresita, das von Ordensschwestern unterhalten wird.

Eine Zisterzienserin mit einer Gesichtsfarbe wie altes Elfenbein brachte uns eine Suppe, die man hätte schneiden können, und eine Flasche mit violettem Wein. Der Speisesaal war mit krummbeinigen Anstandsdamen und hinkenden, buckligen Greisen besetzt; sie sahen eher gutmütig aus und waren sicher von ihrer Familie hierher ausgelagert worden. Sobald sie ihren gebackenen Tintenfisch verzehrt hatten, war es, als hätte Buñuel zur Rekreation geläutet: Sie schlurften mit unsicheren Schritten hinaus, schwenkten ihre Krücken, klammerten sich an die Tische, holten tief Luft und stürmten dichtgedrängt in den Gemeinschaftsraum – um sich die besten Plätze vor dem Fernsehgerät zu sichern.

Unter ihnen eine schöne junge Frau in Blue Jeans, mit ruhigem Blick. Sie erinnerte uns an jene andere Frau, der wir in den Landes begegnet waren und die uns von einer Wallfahrt nach Jerusalem erzählt hatte. »Unter sehr guten Bedingungen«, versicherte sie genauer, »mit einer Gruppe schwer Bewegungsgeschädigter.« Das hatte uns in Erstaunen versetzt. Was ist eigentlich das Wesen der Nächstenliebe?

Über dem Kircheneingang von Santo Domingo steht ein treffendes Wort: »Alles ist herkömmlich, nur die Liebe nicht.« Im Kircheninneren begrüßt uns ein Kikeriki. Es ist ein prachtvoller weißer

Hahn, einer der berühmtesten mittelalterlichen Legenden, der vom abgehängten Gehenkten, entsprungen.

Der Zulauf zu den Legenden war fast ebenso stark wie der Zulauf zu den Reliquien. Diese Gutgläubigkeit verwirrt uns, uns, die alles mit der Vernunft durchleuchten und es nicht mehr verstehen, dem Traum sein Recht zuzugestehen. Aber bitte: Wie soll man glauben, daß Roland tatsächlich den Berg mit einem gewaltigen Schwertstreich durchgespalten hat, auch wenn es das Schwert Durandal war? Millionen Menschen unserer Tage glauben, daß Maria als Jungfrau und Mutter zugleich den Sohn Gottes wirklich geboren hat. Ist da ein so großer Unterschied?

Kurz, was uns am meisten mangelt, um uns als Pilger zu fühlen, ist der Glaube. Die Pilger von einst erlebten auf dem Weg das große Abenteuer. Gebete und Gesänge gaben den nötigen Schwung und hielten die Verbindung zum Jenseits aufrecht, Wunder, Reliquien und Legenden sorgten für geistliche Würze. Diese Pilger folgten dem Stern.

Ob großartige Heiligtümer aus Haustein oder Kapellen aus Granit, klein wie Straßenarbeiterhütten, jeder Abschnitt brachte sie der Vergebung und dem Heil näher. Die Gefahren der Straße steigerten noch ihre Hoffnung. Immer konnten falsche Fährleute, falsche Führer, echte Banditen und echte Wölfe, auch die Kälte und jegliches Übel ihre Reise unterbrechen. Wie viele von ihnen mußten in den gottverlassenen Gegenden Kastiliens, im Dickicht verkrochen oder an die Wegkreuze geklammert, angsterfüllte Nächte verbringen. Und wie viele sind auf dem längsten Weg ihres Lebens ganz einfach gestorben …

Wir freilich, wir wissen stets kilometergenau, wo wir uns befinden; wir könnten, wenn nötig, in weniger als 24 Stunden nach Paris zurückkehren; wir haben weder Fährleute noch Wölfe zu fürchten. Aber uns erwartet auch niemand am Abend, um uns die Füße zu waschen oder uns die neueste Legende zu erzählen, und Burgos öffnet uns nicht mehr seine einunddreißig Herbergen.

Was wir da unternehmen, hat nur noch für die alten Leute am Weg einen Sinn. Die anderen halten uns in unserer Landstreicherkluft mehr für Sprößlinge von Baden Powell oder der heiligen Teresa von Ávila. Die Entwurzelten, das sind wir.

(Wir erreichen hier, meine Damen und Herren, einen entscheidenden Punkt der Reise. Die wahren Fragen nehmen endlich Gestalt an. Wenn sie in die Kirchen eintreten und gewissenhaft die Kapitelle in allen Einzelheiten studieren, ist es wirklich, um hier den Menschen zu finden, wie sie sagen, oder nicht vielmehr, um hier Gott zu suchen?)

Tagebuch J.-N. Gurgand
Ich liebe Burgos nicht. Der Cid interessiert mich nicht. Und ich habe auch nicht schlafen können. Wenigstens habe ich mich in dieser Nacht an einen geheimnisvollen Abzählreim erinnert, den wir in der Schule sangen, wenn uns bei Schulbeginn die Neuen fragten, wie wir heißen. »Mein Name ist unter meine Schuhe geschrieben. Wie meine Schuhe abgenutzt sind, so ist mein Name ausgelöscht«, war unsere Antwort.

Wenn die Alten auf dem Weg ihre Füße abnutzten, nutzten sie gleichzeitig ihre Sünden ab. Aber ich? Und warum sollte ich meinen Namen auslöschen?

Tagebuch P. Barret
Burgos: Diese triumphierende Gotik, die sich da zum Himmel reckt – emporstrebende Statuen, schmale Farbfenster, schwindelerregende Spitzbögen –, sie scheint dazu geschaffen, das gemeinsame Beten wie ein Lied zu einem unnahbaren und majestätischen Gott hinaufzuheben. Architektur der Herrlichkeit.

Das Barock kommt mir vor wie ein Verrat der Kirche an Gott. Das Schmückende übertrumpft das Symbol, der Ritus hat Vorrang vor dem Glauben. Architektur der Augenweide.

Dagegen fühlte ich mich im Halbdunkel der Romanik unter den Rundbogen wie »verzaubert«, bereit zu einem Zwiegespräch mit dem menschgewordenen Gott. Architektur der Liebe.

Gemeinsames Wegtagebuch, Freitag, 27. Mai.
Als wir Burgos verließen, kamen wir an einem Denkmal vorbei, das zu Ehren der 1938 »für Gott und für Spanien« gefallenen deutschen

Burgos, Kathedrale
Stich um 1800

Flieger errichtet worden war. Etwas weiter weg rief ein Anschlag die Bevölkerung auf: »Einwohner von Burgos, die Heilige Jungfrau erwartet euch. Öffentlicher Sühnerosenkranz für die Kirche, für Spanien und für den Frieden, jeden Samstag im Mai.« Wir haben das alles aufgesammelt wie ein Sommerfrischler Muscheln – ohne aber zu wissen, in welche Tasche wir es stecken sollten.

Das Kastilien hinter Burgos hat uns glücklicherweise ein anderes Gesicht gezeigt als das davor, mit seinen blau und braun triefenden Horizonten, die uns an Island erinnerten. Alles ist anders geworden, die Landschaft, das Wetter und auch die Stimmung. Der Regen hatte uns mürrisch gemacht, und wir gingen nicht mehr aus uns heraus. Zwischen Burgos und León aber, auf fast zweihundert Kilometer Länge, sind wir offenen Auges tüchtig zugeschritten und haben Bilder und Augenblicke aufs Geratewohl in Hülle und Fülle eingebracht.

Castrogeriz, das die Franken »Quatre-Souris« nannten. Festung der Goten, dann der Mauren von Córdoba (882); später wurde es den Aragoniern durch die Kastilier weggenommen. Sie machten den Platz zu einem »ruhmwürdigen und unangreifbaren« Vorposten des Landes. Ebenso unnütz auch. Diese stark befestigte Burg lag abseits der neuen großen Verkehrswege und verbrachte ihr Dasein sinnlos auf ihrer Bergspitze; die Geschichte verlief anderswo. Das langhingezogene und stille Tal voller Blumen hat etwas Rührendes an sich gleich einem verfehlten Geschick.

Itero del Castillo. Wir haben nahe beim Río Pisuerga geschlafen, in der Ruine einer romanischen Kapelle. Ein schlichter Altar, aber gleichwohl einige Milliarden Sterne wert …

Boadilla del Camino. Ein Dorf aus ockergelben Strohlehmhütten am Ende der Welt. Dunkelgekleidete Frauen schlurfen durch die Gassen. Nicht einmal Autos sind zu sehen. Auf dem Kirchturm ein Storchennest. Hinter der Kirche ein verwendungsfähiger gotischer Pranger. Alles das ist so bedrückend wie nur möglich, als ob das Stöhnen der Gefolterten noch aus den Ablagerungen der Mauern stiege.

Frómista, am Rand des Canal de Castilla. Wir haben uns mit einigen Weggefährten zusammengefunden. Worte, die wir wegen ihres Wohlklangs mit wahrer Lust wiederholten, haben sich nach und nach ihres Sinnes entleert und sich mit Leben, mit guten und schlechten Eigenschaften gefüllt, sind für uns zu vertrauten Persönlichkeiten geworden: der abscheuliche *chubasco* (Regenguß), das allgegenwärtige *también* (auch), die Zwillinge *nosotros* (wir), der Doppelspion *melocotón* (Pfirsich) und vor allem das *para beber* im Restaurant (unser »Und zum Trinken?«). Nebenbei gesagt, die Kirche San Martín ist eines der Wunderwerke am *camino*.

Zwischen Carríon und Sahagún eine weite Ebene – sie würde bei einer Flachheitskonkurrenz den ersten Preis gewinnen. Wir haben den Eindruck, auf der Stelle zu treten. Das Erstaunliche ist, daß diese Landschaft außerordentlich verwirrend ist. Pußta, Steppe, Pampa, Feld, Tundra – wo sind wir denn wirklich?

Plötzlich bewegt sich dort vorn aus dem Nichts heraus undeutlich ein Schwaden wie die Urzelle am Rand des Nichts. Un-end-lich-langsam sehen wir ihn Formen annehmen und die Umrisse eines Menschen ausbilden. Es ist ein Schäfer, der unter einem uralten Regenschirm Schutz vor der Sonne sucht. Er wird wohl nicht alle Tage Leuten begegnen und nicht einmal jedes Jahr, und wir bilden uns ein, daß er vor Neugier stirbt. Aber nein! Er zieht weg vom Weg und mit ihm seine Herde. Aus zweihundert Metern Abstand antwortet er auf unseren Gruß mit einem kurzen Wink. Wir interessieren ihn nicht.

Oder hat er vielleicht Angst? Aymeri Picaud erzählt, daß in den gleichen Gegenden Pilger früher mit Haut und Haar von Wölfen verschlungen wurden oder auch von Heuschrecken. Die Dörfer sind voll von Geschichten, in denen die schweren, eisenbeschlagenen Pilgerstäbe der »Gotteswanderer« nicht nur als Stöcke für alte Leute dienten. Trotzdem – daß man vor uns Angst haben kann, das interessiert uns doch ziemlich.

Tagebuch J.-N. Gurgand

Moi, compagnon du camino
Suis convaincu qu'un sparadrap
Au talon d'un sanglant panard
Au grand jamais n'abolira
L'horripilant cal du hasard
Nous n'irons pas à Santiago

Nun hink' ich schon, am Fuß ganz wund
und schläfrig Aug' tut mir wohl kund,
daß Ruh' gar nötig ich bald hab'
ach säh' ich doch Jakobus' Grab!
Noch nützlich Marschstab hart mich stützt
ich bitt', daß mich Sankt Jakob schützt.

Es hat mich gut eine Stunde gekostet, diese Reimspielerei ohne »e« zu schmieden. Verlorene Zeit?

Bernès sagt, die Öde der Landschaft sei geeignet, Selbstbesinnung und Meditation zu fördern. Es tut mir leid, Monsieur l'Abbé, aber ich weiß nicht, wovon Sie reden. Vorausgesetzt, daß »sich sammeln« irgend etwas bedeutet, so erschienen mir die Momente der inneren Sammlung in Kirchen und auf Friedhöfen stets als völliger Bluff.

Ich glaube auch, daß das Wandern eine Übung ist, die den ganzen Kopf in Schwung bringt. Wir reden wenig unterwegs, und auch das Wenige gilt nur dem jeweils gerade Nötigen: daß die Sardinen unverdaulich sind, daß die Strümpfe gewaschen werden müssen, daß die Feldflasche fast leer ist ... Sammlung? Keine Zeit dazu.

Gemeinsames Wegtagebuch, Samstag, 28. Mai.
Sahagún glich der Kulisse für einen Wildwestfilm, nach Art einer verlassenen mexikanischen Stadt: rote Backsteinbauten, halb eingestürzte Fassaden, Wirbelwind, Fliegen, Raben, Dumpfheit, ohne von dem

Zug zu reden, der völlig unerwartet aus der Wüste auftaucht. Seltsamer Ort, wo sich Romanisches, Gotisches und Maurisches an den blaßrosa Giebeln verfallener Paläste mischen. Wir wären wohl ein wenig länger hier geblieben, um alles anzuschauen, aber wir waren nur noch ungefähr vierhundert Kilometer von Compostela entfernt – zehn oder zwölf gute Tagesmärsche –, und allmählich schwirrte uns der Kopf.

Wir überließen Sahagún seinem staubigen Geschick. Stundenlang gingen wir nun zwischen endlosen Feldern dahin: das Kastilien des Weizens. Wir hatten den Eindruck, wie einst Mose durch das Rote Meer, durch ein grünes Meer zu ziehen, zwischen zwei lebenden Mauern, auf dem sehr provisorischen Weg, der sich vor uns öffnete und sich hinter uns wieder schloß.

Welch ein Gegensatz in León, und welche Erholung! Vielleicht deshalb, weil die Kathedrale denen von Reims, Amiens und Beauvais so sehr ähnelt. Wir fühlen uns zu Hause in dieser Stadt und begreifen, wie sehr der »Weg« uns noch mit Frankreich verbindet. Nicht umsonst hat er seinen alten Namen bewahrt: *camino francés*.

Tagebuch P. Barret

In Astorga sind wir an einer jener Zellen vorbeigekommen, die, in den dicken Mauern ausgespart, mit der Außenwelt nur durch ein zwei Meter über dem Boden liegendes Loch verbunden waren. Hier ließen sich Frauen bis zu ihrem Tod einmauern, um ihr Heil sicherzustellen; sie fristeten ihr Leben mit den Gaben, die ihnen die Vorübergehenden, »von ihrer Heiligkeit erbaut«, zusteckten.

Ich verabscheue eine solche Religiosität, die sich so gut einzurichten weiß. Oder wußte? Nie werde ich jene Schulpause vergessen: Unvermittelt forderte mich ein Jesuitenpater auf, ihm in sein Büro zu folgen. Es war im Jahre 1948, ein sonniger Tag. Er legte seine Hände auf meine Schultern. »Mein lieber kleiner Pierre, der Herr hat dich ausgezeichnet ... Deine Mama ist gestorben ...« Und während der Schock mich lähmte, zog er mich in die Kapelle hinüber. »Komm, wir werden dem Herrn für diese Prüfung danken ...«

Ein anderer von diesen guten Patres hatte sich in Sachen Berufungen spezialisiert. Er fragte uns sehr eindringlich aus, vor allem während der Beichte: »Bist du sicher, daß Gott dich nicht berufen hat? Du mußt achthaben auf seine Stimme! Weh dir, wenn er anklopft und du nicht aufmachst!« Man fühlte sich so schuldig, daß man nicht mehr schlafen konnte.

Dreißig Jahre sind seither vergangen, und meine Entrüstung schnürt mir manchmal noch die Kehle zu.

Gemeinsames Wegtagebuch, Montag, 30. Mai.
Regen und Ermüdung, ein saumäßiger Tag. Wir beschließen, in Rabanal del Camino zu übernachten. Bernès empfiehlt, sich an das Pfarrhaus zu wenden. Gute Gelegenheit, dem spanischen Klerus näherzukommen.

Wir erreichen Rabanal am Abend. Das Dorf schwimmt in der Jauche wie eine *tortilla* im Olivenöl. Schließlich machen wir Don Miguel ausfindig, den Pfarrer. Eine Art Kellerassel, schmutzstarrend und phlegmatisch. »Ihr könnt in der alten Schule schlafen«, sagt er, wobei er sich bereits wieder seinem Loch zuwendet. »Holt den Schlüssel beim *presidente.*« Der *presidente* ist nicht zu Hause. Er ist draußen auf dem Feld, bei seinen Schafen.

Wir warten auf seine Rückkehr. Inzwischen begeben wir uns in die cantina, ein anderes finsteres Loch, dessen Wirtin der Ma Dalton in *Lucky Luke* ähnlich sieht. Sie serviert uns eine undefinierbare Suppe und einen Eierkuchen, hart wie Beton. Gassenjungen und alte Leute kommen heran. Sie beobachten uns aus nächster Nähe. Wir fragen Ma Dalton, ob sie Zimmer vermiete. Nein. Betten? Nein. Ob sie wisse, wo wir übernachten könnten? Nein. Keine Scheune, kein Schuppen? Nein. Und können Sie uns vielleicht ein Stück Blechdach oder eine verlassene Baracke nennen, Madame? Wir brauchen wirklich nicht viel, wissen Sie. Nein.

Das nächste Dorf, Foncebadón – 1439 Meter hoch, der höchste Punkt des Weges, auch das noch! –, ist sechs Kilometer entfernt.

Sechs Kilometer zuviel. Die Nacht bricht herein. Es ist kalt. Es wird regnen. Ab und zu schauen wir nach, ob der *presidente* noch nicht zurückgekehrt ist. Ein Bub wirft mit Steinen nach uns.

Endlich kommt der *presidente.* Ein derber Dreißiger, der eine Wildente sicher nicht für ein Gotteslamm hält. Er braucht eine kurze Zeit, um seine Herde zu ordnen. Er hört uns an und erwidert, die alte Schule sei verkauft. Don Miguel wisse das sehr gut; es sei doch wohl allzu einfach, sich der Leute zu entledigen, indem man sie zu ihm schicke. Auf jeden Fall seien die Pilger eine Angelegenheit der Kirche. Er könne da nichts machen, vor allem nicht jetzt vor den Wahlen. Damit dreht er sich wieder um zu seinen Schafen.

Wir sind machtlos. Die Nacht hat sich sachte auf das schmutzigdunkle Dorf gesenkt. Ringsum heulen Hunde um die Wette. Ohne jede Scheu machen wir uns jetzt an die Lehrerin heran, als ob die Tatsache, daß sie am Ende ihrer Studien zwei Tage in Paris verbrachte, sie zwänge, sich unser anzunehmen.

Wir hatten recht: Es gelingt ihr, den *presidente* zu überreden. Sie sagt, er gestatte uns, die alte Schule zu benutzen – genauer, den Platz außerhalb der Schule. Wir können unsere Schlafsäcke unter der Treppe ausbreiten, dort, wo der Schlamm noch nicht alles überschwemmt hat. Wenigstens seien wir im Windschatten, fügt sie hinzu. Wir zerfließen von Dankbarkeit. Ja, wirklich, wir sind vor Wind geschützt.

Wir kehren zur *cantina* zurück, um unsere Mahlzeit zu bezahlen. Pa und Ma Dalton beurteilen uns nun anscheinend richtig: Sie bieten zwei Betten – aus denen sie wahrscheinlich irgendeinen Großvater hinausbefördert haben – zum Hoteltarif an. Wir danken noch einmal, wahre Weltmeister des *muchas gracias*. Und noch in der Nacht, als wir in den Regen hinausstürzen müssen, um den mörderischen Eierkuchen zu erbrechen, danken wir den Hunden, daß sie uns nicht zu große Angst einjagen.

Menschenwürde gleich null. Was ist uns denn da zugestoßen, uns, die wir eher gewohnt sind, in unserem Selbstwert geschmeichelt zu werden? Vor unserem Aufbruch von Vézelay haben wir gern erklärt, man müsse bei einer solchen Reise gegenwärtig sein, als anderer zurückzukommen. Hat nun dieser Prozeß eingesetzt? Als wir am anderen Morgen zum Paß von Foncebadón hinaufsteigen, suchen wir in uns, ob nicht irgendwo etwas gebrochen ist, so, wie man sich nach einem Unfall abtastet.

Tagebuch J.-N. Gurgand

Villafranca del Bierzo, Mittwoch, 1. Juni. – Einst erlangten diejenigen Pilger, die zu krank oder zu geschwächt waren, um weiterzukönnen, hier die gleichen Ablässe, die sie bei der Ankunft in Compostela bekommen hätten, indem sie die Tür der kleinen Sankt-Jakobs-Kirche berührten. Ein einzigartiges Vorrecht – ich hätte es beinahe nötig gehabt. Eine Vergiftung und eine heftige Sehnenzerrung hatten mir zwei schwierige Tage eingebracht; darüber hinaus machte der Regen jede Rast so gut wie unmöglich.

Pierre flatterte vor mir her auf der Suche nach einem Blümchen für was weiß ich welches Herbarium. Ich habe ihn im Verdacht, mich zu unserem Besten provoziert haben zu wollen. Als er mich nämlich genötigt sah, zu steile Abstiege rückwärts anzugehen, fürchtete er für die Fortsetzung unserer Wallfahrt. In Wirklichkeit ist das Tier in uns stets kräftiger, als man vermutet. Wann sind wir denn Weichlinge geworden? Ich habe mich jedenfalls rasch wieder aufgerappelt.

Nie habe ich daran gezweifelt, das Ziel zu erreichen. Jetzt aber, da alles bessergeht, da ich aufs neue Nahrung zu mir nehmen und den Fuß auf die Erde setzen kann, jetzt glaube ich wohl, daß ich gar keine Lust mehr habe, das Ende unserer Wanderung zu erreichen. Ich könnte zum Beispiel zehn Kilometer vor Compostela am Flughafen auf Pierre warten. Ich sage ihm das. Er hält es für einen Witz. Ich habe noch fünf Tage, um mich zu entscheiden.

Tagebuch P. Barret

Bis jetzt steht es zwischen Jean-Noël und mir gut. Ich staune immer wieder darüber. Fünfzig kleine Entscheidungen haben wir jeden Tag zu fällen, jede einzelne könnte je nach Laune als Vorwand zu gefährlich widersprüchlichen Debatten führen. Zu zweit ist eine Demokratie unmöglich. Soll man nach links gehen oder nach rechts? Soll man im Schatten haltmachen oder in der Sonne? Soll man den geplanten Tagesmarsch auf jeden Fall zu Ende bringen oder es auf morgen verschieben? Die Antworten müssen so klar und so unmittelbar auszuführen sein, daß eine Gemeinschaft wie die unsrige nur dann die Chance hat, ihr Ziel zu erreichen, wenn jeder erstens um jeden Preis bereit ist, dem Erfolg des gemeinsamen Unternehmens das Vorrecht einzuräumen, und zweitens überzeugt ist, daß der andere das gleiche denkt und tut.

Jeder mußte lernen, spontan oder mit Überlegung die Freiheit des anderen vor die eigene zu stellen.

Jean-Noël meint, er habe keine Lust, Compostela zu erreichen. Ich kann nur hoffen, daß er seine Meinung ändert.

Gemeinsames Wegtagebuch, Dienstag, 7. Juni.
Morgen Compostela. Die Tage überstürzen sich. Man fragt uns nicht mehr, wohin wir gehen, sondern fragt uns, woher wir kommen.

Galicien fasziniert uns. Es ist ein altes keltisches Land, wo die Zeit Wege, Brunnenränder und Gesichter gezeichnet hat. Alles erscheint uns archaisch, aus einer anderen Zeit.

Der Boden der Höfe und Gassen ist ein Gemisch von Schlamm und Mist, in dem die Leute mit hochgestelzten Holzschuhen herumstapfen. Träge Kühe ziehen zwischen Bohnen- und Kohlfeldern schmale Karren mit Scheibenrädern. Es wird zur Zeit Mist gefahren: Man führt ihn hinaus auf die Felder und bringt Ginster ein, um den Mist für das nächste Jahr zu bereiten. Zwei starke Gerüche unter der Sonne. Bei der Feldarbeit führen die Frauen die mageren Gespanne, während die Männer dahinter den Stiel altertümlicher räderloser Pflüge niederdrücken, wie man sie bei uns für Museen sucht. Zehnmal, zwanzigmal durchgekämmte Felder. Sorgfalt und Geduld ersetzen das moderne Werkzeug. Die *gallegos* [Galicier; Anm. d. Ü.] sprechen unterwegs zwischen ihren exakt gezogenen Einfriedungen mehr mit ihren Kühen, die zu allem nützlich und Freunde der Familie sind, als mit ihren Frauen.

Das eine oder andere Mal haben sie uns eingeladen zu einem Glas *tinto* (Rotwein) in ihren höhlenartigen Häusern aus Granit. Dreck und Trostlosigkeit. Zweifellos wissen sie jetzt – die Straße und das Fernsehen sind niemals mehr sehr weit weg –, daß der Fortschritt existiert. Aber sie drücken die Augen zu und klammern sich an ihre einzigen Gewißheiten.

Erscheinen sie uns deswegen so häßlich, weil sie so ungeschlacht und schmutzig sind? Mißgebildeter Körper, zahnloser Mund, wulstige Stirn – die Häßlichkeit des Elends und der Verzweiflung. Lachen wir nicht. Sie sind uns verwandt, nur wenige Jahrhunderte entfernt.

Das ärmliche Leben der armen Leute sollte niemanden täuschen. Aber die Beschädigung von Natur und Umwelt muß doch sehr stark sein, daß wir ein solches Theater daraus machen, wenn wir einen Mistkarren, gezogen von Kühen, im Schein der untergehenden Sonne entschwinden sehen.

Tagebuch J.-N. Gurgand
Ich gehe schließlich doch nach Compostela. Ich bin ein vernünftiger Extremist.

Gemeinsames Wegtagebuch, Mittwoch, 8. Juni.
Monte del Gozo, auf französisch Montjoie [Freudenberg; Anm. d. Ü.]. Dort unten, fünf Kilometer weiter, ragt der »Leuchtturm des Universums«, wie sich Johannes XXIII. ausdrückte, aus dem Sprühregen empor. Ehemals fielen hier die Pilger auf die Knie, um dem heiligen Herrn Jakobus dafür zu danken, daß sie endlich das Ziel ihres Weges vor sich hatten. Der erste, der die Höhe erklomm, wurde »König« der Wallfahrt, und dieser Name blieb ihm, ihm und allen seinen Nachkommen – Leroy. Heute sind wir beide die Könige.

(Lassen wir sie hier stehen. Die Reise, meine Damen und Herren, geht zu Ende. Es bleibt ihnen nur noch, sich gemäß der Tradition zu waschen und umzuziehen, bevor sie Compostela betreten. Übrigens ist der Tag ihrer Ankunft gut gewählt: Man hat gestern eine in der Kathedrale versteckte Bombe entschärft.

Sie werden eine gastfreundliche, junge und lebendige Stadt antreffen – zwanzigtausend Studenten von den achtzigtausend Einwohnern. Die Stadt hat nichts gemein mit einem Super-Lourdes, das sie vorzufinden fürchteten. Auch wird ihnen der trübselige Strand der Ernüchterung erspart bleiben, an dem so oft eine lange Überfahrt endet. Das Ende ihrer Reise wird diesmal wenigstens frohe Züge tragen, froh wie jener im 12. Jahrhundert von Meister Mateo in Stein gehauene »Pórtico de la Gloria«, froh auch wie das Geheimnis von Compostela: Dieses leere Grab, auf das sie fünfzig Tage lang zugewandert sind – es liegt an ihnen, es zu füllen.

Sie werden sich aber hüten müssen, sofort die Bilanz zu ziehen. Eine Reise, so sagt man, ist erst dann zu Ende, wenn man sie dreimal gemacht hat: einmal vor dem Aufbruch, einmal auf dem Weg und einmal bei der Rückkehr.

Sie werden natürlich ihre Notizen mit Ungeduld sichten, sortieren, einordnen. Das ermöglicht ihnen wenigstens, an ihre Freunde Perlen kleiner Erinnerungen zu verteilen:

- *die weißgekleidete Erstkommunikantin auf einer Schaukel;*
- *die lebensgroße Muttergottes mit einem ebenso lebensgroßen Messer in der Brust;*
- *die Siesta bei Belodaro, die nach Thymian und Schafen duftete;*
- *der Mönch, der mit kreisenden Hüften und zitternden Knien einen Flamenco versuchte, um zu beweisen, daß er aus Andalusien stamme; das war in Nájera, am Fuß steiler rötlicher Felsen, wo Du Guesclin vom Schwarzen Prinzen und von Peter dem Grausamen geschlagen worden war;*
- *der andere Mönch in Samos, der ihnen Gastfreundschaft bot und ihnen lachend anvertraute, er sei von allen Ordensleuten seiner Kenntnis nach der einzige, der noch an Gott glaube;*
- *das Bergdorf El Acebo, das sich zum Sterben hingelegt hat und seine alten Knochen kaum mehr rührt;*

- *die Zwiebelsuppe und der Riojawein an jenem Abend in Puente la Reina;*
- *ganze Tage im Wald;*
- *all die kleinen Friedhöfe in ihrem schlichten Frieden; auch Jahrhunderte haben nicht vermocht, sie überquellen zu lassen – der Mensch, dieses vergängliche Wesen …*

Das ist alles. Sie werden schon begreifen, was sie gesucht haben. Aber was haben sie denn eigentlich gesucht? Sie werden länger als fünfzig Tage und fünfzig Nächte wandern müssen, um den ganzen Umfang dessen, was sie suchten, auszumessen. Es ist beunruhigend, den Sinn für das Heil verloren zu haben, wenn man den Sinn für die Sünde behalten hat. Inzwischen haben sie noch ihre abgetretenen Schuhe wegzuräumen und ihre Pilgermuschel an den Nagel zu hängen. Was sie dabei empfinden, das gehört zu dem, was Mac Orlan seine »ganz persönlichen Traurigkeiten« nannte.)

ANMERKUNGEN

PROLOG

1 J. Vielliard: Le Guide du pèlerin de Saint-Jacques-de-Compostelle. Mâcon, o.J.; Paris [4]1969.
2 Jean de Tournai, in: R. de La Coste-Messelière (zusammen mit J. Vielliard): Deux relations inédites de pèlerinage à Compostelle vers 1500; I. Jean de Tournai (par terre) 1488 (übertragen von J. Vielliard); II. Jean de Zielbeke (par mer) 1512 (übertragen von R. de La Coste-Messelière). Die Handschrift befindet sich bei der Société de l'Histoire de France; Veröffentlichung in: Annuaire-Bulletin de la S.H.F.
3 P. Caucci: Las peregrinaciones italianas a Santiago de Compostela. Santiago 1971.
4 M. de Bonnault d'Houët: Le pèlerinage d'un paysan picard. Montdidier 1890, S. 2.

I. KAPITEL

1 R. de La Coste-Messelière (Hrsg.): Pèlerins et chemins de Saint-Jacques en France et en Europe, du Xe siècle à nos jours. Katalog zur gleichnamigen Ausstellung im Musée Condé in Chantilly, Paris 1965.
2 A. Beaufrère: Aurillac et la Haute-Auvergne sur les chemins de Compostelle. Aurillac 1978, S. 38.
3 M. Vidal: La confrérie des pèlerins de Moissac, in: Compostelle 14–15.
4 H. Treuille: Quel rapport y a-t-il entre le fer à cheval en ex-voto ou graffiti et le pèlerinage à Saint-Jacques de Compostelle? (zusammen mit J. Friquet), in: Compostelle Nr. 21.
5 J. Vielliard: Pèlerins d'Espagne à la fin du Moyen Age (1379–1422), in: Homenatge a Antoni Rubio i Lluch. Barcelona 1936[...].
6 M.-M. Viré: Du renom de Saint-Jacques de Compostelle en Orient au XIIIe siècle, in: Compostelle 21.
7 Les rossignols spirituels, Valenciennes 1616, in: L. Vázquez de Parga (unter Mitarbeit v. J. N. Lacarra et J. Uria): Las peregrinaciones a Santiago de Compostela. 3 Bde. Madrid 1948–1949, Bd. 1, 537, Nr. 6 und: R. de La Coste-Messelière: Avec les hospitaliers et les pèlerins sur les chemins de Saint-Jacques. Cadillac-Bordeaux 1967
I. Katalog zur Ausstellung »Hôpitaux et confréries de pèlerins de Saint-Jacques« (zusammen mit J. Warcollier). Cadillac 1967, Compostelle Nr. 24, Kat. Nr. 139
II. Hospitaliers et pèlerins sur les chemins de Saint-Jacques. Compostelle Nr. 25.
8 A. Georges: Le pèlerinage à Compostelle en Belgique et dans le nord de la France, suivie d'une étude iconographique de saint Jacques en Belgique. Brüssel 1971 (Académie Royale de Belgique XIII), S. 17, Nr. 1.
9 Histoire du Languedoc 1967, in: A. M. Armelin: Pèlerins de Saint-Jacques, in: R. de La Coste-Messelière (Hrsg.): Pèlerins ... (vgl. Anm. I.1).
10 Chanson du Devoir des pèlerins, in: C. Daux: Chansons des pèlerins de Saint-Jacques. Montauban 1899.
11 A. Georges: Le pèlerinage ... (vgl. Anm. I.8), S. 19.
12 Revue de Gascogne 37, 1896, S. 388, in: B. Duhourcau, S. 14, in: Sur les chemins de Saint-Jacques, de Saint-Palais à Roncevaux (Sanctuaires et pèlerinages, Nr. 34, Paris 1964).
13 Bull. Société hist. du dép. du Nord, Bd. XXXIV, 1933, S. 182, in: A. Georges (vgl. Anm. I.8), S. 18.
14 Arch. munic. Saverne, notice Centre d'Études compostellanes.

[15] Arch. munic. Sélestat, BB 18, S. 116, in: M. Kubler: Pèlerins sélestadiens à Saint-Jacques de Compostelle à la fin du Moyen Age, in: Annuaire Sté des Amis de la Bibliothèque de Sélestat, XV, 1965.

[16] A. de Villeneuve, in: J. Fardet: Les Maisons-Dieu sur les chemins de Saint-Jacques de Compostelle, avec une étude particulière de l'Armorique. Med. Diss. Nantes 1965.

[17] Acta Sanctorum, Bd. VI, 25. Juli, in: J. Fardet: Les Maisons-Dieu ... (vgl. Anm. I.16).

[18] Las Gracias de Santiago, in: P. Echevarría Bravo: Cancionero de los peregrinos de Santiago (Wort und Melodie). Madrid 1967.

[19] Liber Sancti Jacobi II, Kap. XII, in: J. Fardet: Les Maisons-Dieu ... (vgl. Anm. I.16).

[20] Arch. dép. Haute-Garonne, 101 H, Saint-Sernin 503, in: R. de La Coste-Messelière: Avec les hospitaliers et les pèlerins sur les chemins de Saint-Jacques. Cadillac-Bordeaux 1967; I. Katalog zur Ausstellung »Hôpitaux et confréries de pèlerins de Saint-Jacques« (zusammen mit J. Warcollier). Cadillac 1967, Compostelle Nr. 24, Kat. Nr. 262; II. Hospitaliers et pèlerins sur les chemins de Saint-Jacques. Compostelle Nr. 25.

[21] A. Georges: Le pèlerinage ... (vgl. Anm. I.8), S.24 f.

[22] Chronique de Bertold, Bd. CXVIII, 1423.

[23] M. de Bonnault d'Houët: (vgl. Anm. Prolog 4), S. 2.

[24] J. Bonnecaze: Autobiographie, in: Études historiques et religieuses du diocèse de Bayonne. Bd. V, 1896, S. 184.

[25] J. Vielliard, in: Compostelle 21, S. 9.

[26] Premier testament de Bernard Ezi II, sire d'Albret, mars 1341 (vgl. Anm. I.20, Kat. Nr. 599).

[27] Arch. dép. Loire-Atlantique, E. 39 (vgl. Anm. I.20, Kat. Nr. 434).

[28] Arch. dép. Vosges, G. 244 (vgl. Anm. I.20, Kat. Nr. 117).

[29] Arch. dép. Gers, J. 3955, fol. 111 (vgl. G. Loubes: Chemins de Saint-Jacques en Gascogne. Katalog zur gleichnamigen Ausstellung, Auch 1970 (Sté archéologique et historique de Gers), Kat. Nr. 29).

[30] P. Durrieu: Inventaire des Chartes de la maison des Baux.

[31] E. R. Labande: Avignon au XIIIe siècle.

[32] Arch. dép. Loire-Atlantique, H. 483.

[33] A. de la Grange: Choix de testaments, in: A. Georges: Le pèlerinage ... (vgl. Anm. I.8).

[34] J. Vielliard in: Compostelle 22–23, S. 24.

[35] Arch. dép. Pas-de-Calais, A. 300.

[36] Ebd., A. 354 (vgl. Anm. I.20, Kat. Nr. 328).

[37] Ebd., A. 398.

[38] Ebd., A. 453(vgl. Anm. I.20, Kat. Nr. 329).

[39] Ebd., A. 458(vgl. Anm. I.20, Kat. Nr. 330).

[40] A. M. Armelin: Pèlerins ... (vgl. Anm. I.9), S. 72.

[41] Arch. dép. Pyrénées-Orientales, G. 237, 238 u. 239 (vgl. Anm. I.20, Kat. Nr. 83).

[42] A. M. Armelin: Pèlerins ... (vgl. Anm. I.9), S. 72.

[43] Vgl. Anm. I.20, Kat. Nr. 121.

[44] Arch. dép. Bas-Rhin, H. 946 (vgl. Anm. I.20, Kat. Nr. 113).

[45] Arch. dép. Pas-de-Calais, A. 71[1] u. 72[24].

[46] Arch. dép. Meurthe-et-Moselle, 2 F2, Nr. 17 (vgl. Anm. I.20, Kat. Nr. 121).

[47] Vgl. Anm. I.20, Kat. Nr. 307.

[48] L. Tannon: Histoire des tribunaux de l'Inquisition en France. Paris 1893.

[49] Daniel-Rops: L'Église de la cathédrale et de la croisade. Paris 1952, S. 688.

[50] Arch. dép. Nord, B. 259/5105 (vgl. Anm. I.20, Kat. Nr. 320).

II. KAPITEL

1 J. Lelièvre: Les papiers d'un pèlerin de Saint-Jacques de Compostelle au XVIIIe siècle, in: Histoire locale et beauté du Perche, Nr. 13, Dreux 1963 (vgl. Anm. I.20, Kat. Nr. 407); und: J. Warcollier: Soulac et le Médoc dans le pèlerinage de Compostelle. Ausstellungskatalog Soulac 1975. Paris 1975 (zusammen mit H. Treuille).

2 Arch. dép. Corrèze, Laguenne 20 déc. 1614 (vgl. Anm. I.20, Kat. Nr. 484).

3 Ebd., 30 janv. 1681.

4 Arch. dép. Gers, J. 3963, fol. 310, 10 avril 1548 (vgl. Anm. I.29).

5 Arch. dép. Rhône, 3 E 5006, Fol, 37 v°, 1586.

6 Arch. dép. Bouches-du-Rhône, notaire Laget, 350 E 32, fol. 9 v°.

7 Arch. dép. Corrèze, E 603, in: G. Quincy, Testaments limousins du XVIIe siècle, in: Compostelle 26.

8 A. M. Armelin: Pèlerins ... (vgl. Anm. I.9), S. 73.

9 Arch. dép. Aveyron, coll. Doat, Vol. 175, fol. 289.

10 Arch. dép. Moselle, status du chapitre cathédral, 1351–1461, 2 G sup. 58, fol. 17 v°.

11 J. Vielliard: Guide ... (vgl. Anm. Prolog 1), S. 9.

12 Livre de raison d'un bourgeois de Lyon au XIVe s., Anmerkungen von G. Guigne. Lyon 1882.

13 M. de Bonnault d'Houët: Le pèlerinage ... (vgl. Anm. Prolog 4), S. 2.

14 Arch. dép. Corrèze, E 551 (vgl. Anm. I.20, Kat. Nr. 485).

15 J. Vielliard in: Compostelle 22–23, S. 24.

16 J. Vielliard: Pèlerins d'Espagne ... (vgl. Anm. I.5).

17 Ebd..

18 J. M. Jimeno Jurio: Itinerario ... in: J. Vielliard, in: Compostelle 26, S. 8.

19 In: Compostelle 26, S. 6, Anm. 4.

20 J. Bonnecaze: Autobiographie S. 185 (vgl. Anm. I.24).

21 P. Echevarría Bravo: Cancionero ... (vgl. Anm. I.18).

22 Laon, Bibl. mun., Ms. 120, fol. 840 (vgl. Anm. I.20, Kat. Nr. 336).

23 J. Vielliard: Guide ... S. 97 (vgl. Anm. Prolog 1).

24 P. Echevarría Bravo: Cancionero ... (vgl. Anm. I.18).

25 A. Moralejo (Hrsg.): Liber Sancti Jacobi I, Codex Calixtinus. Santiago de Compostela 1951, Cap. XVII, S. 153.

26 M. de Bonnault d'Houët: Le pèlerinage ... (vgl. Anm. Prolog 4), S. 3.

27 Arch. dép. Cher, 24 Juli 1772, vgl. Compostelle 29, S. 3.

28 P. Echevarría Bravo: Cancionero ... (vgl. Anm. I.18).

29 Ducange: Glossarium Bd. 6, S. 270, in: A. Georges: Le pèlerinage ... (vgl. Anm. I.8), S. 42.

30 Ebd., Art. »burdone«.

31 P. Echevarría Bravo: Cancionero ... (vgl. Anm. I.18).

32 R. de La Coste-Messelière: Compostelle, pèlerinage de l'Europe, in: Miroir de l'Histoire Nr. 271 (Juli 1972).

33 J. Vielliard: Guide ... (vgl. Anm. Prolog 1), S. 97.

34 L. Vázquez de Parga: Las peregrinaciones ... (vgl. Anm. I.7), Bd I, S. 133.

35 J. Borguet: Les passe-temps d'un greffier d'autrefois. 1851. S. 71, in: A. Georges: Le pèlerinage ... (vgl. Anm. I.8), S. 20.

36 E. Ginot, in: E. R. Labande: Recherches sur les pèlerins dans l'Europe des XIe et XIIe siècle, in: Cahiers de civilisation médiévale, Juli - Sept. 1958, Nr. 75, S. 168.

37 A. Georges:Le pèlerinage ... (vgl. Anm. I.8), N° 3, S. 16.

38 Laon, Bibl. mun., Ms. 120, fol. 840 (vgl. Anm. I.20, Kat. Nr. 336).

39 P. Echevarría Bravo: Cancionero ... (vgl. Anm. I.18).

40 A. Beaufrère: Aurillac ... (vgl. Anm. I.2), S. 38.

[41] J. Haritschelar: Un Manuscrit de chansons et routier basque de Saint-Jacques de Compostelle, in: Bull. du Musée Basque, Bayonne 1966, S. 32.
[42] R. Oursel: Les pèlerins du Moyen-Age, les hommes, les chemins, les sanctuaires, Paris 1963, S. 45, 47.
[43] J. Bonnecaze: Autobiographie (vgl. Anm. I.24), S. 184.

III. KAPITEL

[1] M. Bloch: La société féodale, la formation des liens de dépendance. Paris 1939, S. 99.
[2] E. J. M. Vignon: Études historiques sur l'administration des voies publiques en France au XVIIe et XVIIIe siècles. Paris 1862, S. 86, in: Routes de France S. 86.
[3] Les routes de France, depuis les origines jusqu'à nos jours. Akten des Kolloquiums des Institut d'études françaises. Saarbrücken 1958, Cahiers de Civilisation (Paris) A. D. P. F., 1959, S. 38.
[4] Ebd., S. 86.
[5] S. Purchas: His Pilgrims. 1425., Glasgow 1905–1907; und: J. Warcollier: Soulac et le Médoc dans le pèlerinage de Compostelle. Ausstellungskatalog Soulac 1975. Paris 1975 (zusammen mit H. Treuille), Kat. Nr. 151.
[6] Jean de Tournai (vgl. Anm. Prolog 2), fol. 293.
[7] R. Oursel: Les pèlerins ... (vgl. Anm. II.42), S. 60.
[8] B. Duhourcau in: Sanctuaires et Pèlerinages Nr. 34 (Paris 1964), S. 18, Anm. 14.
[9] M. Marthon in: Bull. Sté Lettres, Sciences et Arts de la Corrèze, Jan.–Juni 1957, S. 47.
[10] Jean de Tournai (vgl. Anm. Prolog 2), fol. 297, 297 v°, 298, 298 v°.
[11] R. Oursel: Les pèlerins ... (vgl. Anm. II.42), S. 56.
[12] P. Souty: Chemins de Saint-Jacques en Touraine, in: Compostelle 19–20, S. 3.
[13] L. Vázquez de Parga: Las Peregrinaciones ... (vgl. Anm. I.7), Bd. I, S. 124.
[14] G. Bernès: Le Chemin de Saint-Jacques en Espagne, le guide du pèlerin. Auch 1973, neu bearbeitet 1976 von P. Ucla, S. 32.
[15] J. Vielliard: Guide ... (vgl. Anm. Prolog 1), S. 13.
[16] R. Oursel: Les pèlerins ... (vgl. Anm. II.42), S. 56 f.
[17] M. Damonte: Da Firenze a Santiago de Compostella. Itinerario di un anonimo pellegrino nell'anno 1477, in: Studi medievali Bd. XIII, H. II, 1972, S. 1055 f.
[18] H. L. Dubly: Ponts de Paris. Paris 1973.
[19] M. Damonte:Da Firenze ... (vgl. Anm. III.17), S. 1055, 1058.
[20] E. von Groote: Die Pilgerfahrt des Ritters Arnold von Harff von Köln, Köln 1860.
[21] Faget de Baurre: Essais historiques sur le Béarn, o.O. 1818, S. 149, in: Cl. Urrutibehety: Le chemin de Navarre, in: Salines et chemins de Saint-Jacques, autour de Salies de Béarn: Actes congrès d'études régionales, Pau 1966, S. 71.
[22] P. Echevarría Bravo: Cancionero ... (vgl. Anm. I.18).
[23] A. Beaufrère: Aurillac ... (vgl. Anm. I.2), S. 39 f.
[24] P. Echevarría Bravo: Cancionero ... (vgl. Anm. I.18).
[25] G. Blond: L'homme ce pèlerin, Paris 1956, S. 88 f.
[26] F. Bartorelli: Santa Bona di Pisa, Bari 1960.
[27] P. Ucla: Chemin romieu de la voie d'Arles dans le nord du départment de l'Hérault, in: Compostelle 34[1–2], S. 12.
[28] G. Jugnot: Deux fondations augustiniennes en faveur des pèlerins: Aubrac et Roncevaux, Actes 13e session d'histoire religieuse du Midi »Assistance et charité«, in: Cahiers de Fanjeaux (1977).
[29] J. Vielliard: Guide ... (vgl. Anm. Prolog 1), S. 21.
[30] M. de Bonnault d'Houët: Le pèlerinage ... (vgl. Anm. Prolog 4), S. 46.

[31] R. de La Coste-Messelière: Hospitaliers ... (vgl. Anm. I.20), S. 37.
[32] Jean de Tournai (vgl. Anm. Prolog 2), fol. 302.
[33] A. Beaufrère: Aurillac ... (vgl. Anm. I.2), S. 37, 40.
[34] R. de La Coste-Messelière: Hospitaliers ... (vgl. Anm. I.20), S. 37.
[35] R. Reuss: Un voyage d'affaires en Espagne en 1718, in: Revue d'Alsace 57 (1906), S. 588.
[36] Jean de Tournai (vgl. Anm. Prolog 2), fol. 293 v°.
[37] J. Bonnecaze: Autobiographie (vgl. Anm. I.24), S. 185.
[38] J. Vielliard: Guide ... (vgl. Anm. Prolog 1), S. 25.
[39] Text in: Early Text Society, London 1867, Vol. 25, S. 30–37.
[40] Jean de Zielbeke (vgl. Anm. Prolog 2).
[41] J. Fardet: Chemins de Saint-Jacques en Armorique, S. 8.

IV. KAPITEL

[1] J. Vielliard: Guide ... (vgl. Anm. Prolog 1), S. 3, 5, 7, 9.
[2] L. Vázquez de Parga: Las peregrinaciones ... (vgl. Anm. I.7), Bd. I, S. 221.
[3] Ebd., S. 226.
[4] R. de La Coste-Messelière: Itinéraires ... (vgl. Anm. I.20).
[5] Ch. Grosset: Un livre pour les pèlerins de Saint-Jacques au début du XVIIIe siècle, avec l'itinéraire de Rouen à Compostelle, S. 5, in: Compostelle Nr. 19–20 (1966); und in: R. de La Coste-Messelière: Hospitaliers ... (vgl. Anm. I.20).
[5] R. de La Coste-Messelière: À propos des itinéraires pour pèlerins des XVIIe et XVIIIe siècles (vgl. Anm. I.20), S. 19.
[7] P. Echevarría Bravo: Cancionero ... (vgl. Anm. I.18), S. 21 f.
[8] A. Beaufrère: Aurillac ... (vgl. Anm. I.2), S. 38.
[9] L. Vázquez de Parga: Las peregrinaciones ... (vgl. Anm. I.7), Bd. II, S. 173, Anm. 68.
[10] A. Beaufrère:Aurillac ... (vgl. Anm. I.2), S. 39.
[11] J. Vielliard: Guide ... (vgl. Anm. Prolog 1), S. 61.
[12] Ebd., S. 51.
[13] R. Glaber in: R. de La Coste-Messelière: Cahiers d'études compostellanes.Recueil commémoratif de l'exposition Parthenay, le Poitou, l'Aunis, la Saintonge, l'Angoumois et le pèlerinage de compostelle »de nos jours au XIIe siècle«. Parthenay 1976 (zusammen mit J. Warcollier). Heft I – Vorwort von Jean Favier, Generaldirektor der Archives de France.– Généralités. Le pèlerinage de Saint-Jacques, phénomène social et actuel, in:Cahiers du Centre d'études compostellanes 1976 ff., S. 26.
[14] L. Debaix: Borce étape pèlerine de Santiago, o.O. u. o.J..
[15] M. Defourneaux: Les Français en Espagne aux XIe et XIIe siècles, Paris 1949, S. 66, 67.
[16] Archivo de Navarra, Libro de fueros, 1366, fol. 91, in: L. Vázquez de Parga: Las peregrinaciones ... (vgl. Anm. I.7).
[17] M. Defourneaux: Les Français ... (vgl. Anm. IV.15), S. 250.
[18] Becerro de Irache, fol. 31, 44, 53 u. Arch. Hist. Nac. San Juan de la Peña Nr. 479, in: L. Vázquez de Parga: Las peregrinaciones ... (vgl. Anm. I.7).
[19] M. Defourneaux: Les Français ... (vgl. Anm. IV.15), S. 302ff.
[20] M. Rosa Lida in: Rev. de Filología Hispánica Bd. 7, 1945, S. 48.
[21] M. L. Fracard: L'équipement hospitalier en Bas-Poitou sur les routes de Compostelle, in: R. de La Coste-Messelière: Hospitaliers ... (vgl. Anm. I.20), S. 17.
[22] M. Defourneaux: Les Français ... (vgl. Anm. IV.15), S. 110, Anm. 4.
[23] Ch. Tonnelier: Routes de Compostelle en Saintonge, in: R. de La Coste-Messelière: Hospitaliers ... (vgl. Anm. I.20), S. 34.

[24] M. Defourneaux: Les Français ... (vgl. Anm. IV.15), S. 112.
[25] J. Vielliard: Guide ... (vgl. Anm. Prolog 1), S. 23.
[26] Jean de Tournai (vgl. Anm. Prolog 2), fol. 283, 283 v°.
[27] M. Damonte: Da Firenze ... (vgl. Anm. III.17), S. 1059.
[28] S. Purchas: His Pilgrims (vgl. Anm. III.5).
[29] B. Duhourcau in: Sanctuaires et Pèlerinages Nr. 34, Paris 1964, S. 14.
[30] P. Caucci: Las peregrinaciones ... (vgl. Anm. Prolog 3), S. 97 f.
[31] Arch. dép. Bouches-du-Rhône, B 169 (vgl. Anm. I.20.Kat. Nr. 61).
[32] M. Damonte: Da Firenze ... (vgl. Anm. III.17), S. 1067.
[33] M. de Bonnault d'Houët: Le pèlerinage ... (vgl. Anm. Prolog 4), S. 60.
[34] A. Beaufrère: Aurillac ... (vgl. Anm. I.2), S. 38.
[35] J. Vielliard: Guide ... (vgl. Anm. Prolog 1), S. 119.
[36] R. de La Coste-Messelière: Le pèlerinage ... (vgl. Anm. IV.13), S. 16.

V. KAPITEL

[1] J. Bonnecaze: Autobiographie (vgl. Anm. I.24), S. 185.
[2] M. de Bonnault d'Houët: Le pèlerinage ... (vgl. Anm. Prolog 4), S. 22.
[3] Jean de Tournai (vgl. Anm. Prolog 2), fol. 286 v°, 287, 301.
[4] M. de Bonnault d'Houët: Le pèlerinage ... (vgl. Anm. Prolog 4), S. 64, 69, 98.
[5] L. Vázquez de Parga: Las peregrinaciones ...(vgl. Anm. I.7), Bd. I, S. 224.
[6] Ebd., S. 321.
[7] M. Damonte: Da Firenze ...(vgl. Anm. III.17), S. 1060.
[8] Jean de Tournai (vgl. Anm. Prolog 2), fol. 282 v°.
[9] Arch. dép. Cantal, 130 F 6.
[10] Jean de Tournai (vgl. Anm. Prolog 2), fol. 292 v°, 305, 283 v°.
[11] Arch. dép. Gers. I 3962, fol. 31, 41 (vgl. Anm. I.29, Kat. Nr. 32).
[12] Arch. dép. Vaucluse, notaire Beaulieu 1124, fol. 41 (vgl. Anm. I.20, Kat. Nr. 63).
[13] P. Echevarría Bravo: Cancionero ... (vgl. Anm. I.18).
[14] Daniel-Rops:Sur le chemin de Compostelle, Paris 1952, S. 66.
[15] M. de Bonnault d'Houët: Le pèlerinage ... (vgl. Anm. Prolog 4), S. 47 f.
[16] Ebd., S. 119.
[17] J. Bonnecaze: Autobiographie (vgl. Anm. I.24), S. 187.
[18] M. de Bonnault d'Houët: Le pèlerinage ... (vgl. Anm. Prolog 4), S. 149.
[19] A. Beaufrère: Aurillac ... (vgl. Anm. I.2), S. 38.
[20] L. Vázquez de Parga: Las peregrinaciones ... (vgl. Anm. I.7), Bd. I, S. 535.
[21] Ebd., S. 536.
[22] M. de Bonnault d'Houët: Le pèlerinage ... (vgl. Anm. Prolog 4), S. 61.
[23] Ebd., S. 34 f.
[24] P. Caucci: Las peregrinaciones ... (vgl. Anm. Prolog 3), S. 107.
[25] L. Vázquez de Parga: Las peregrinaciones ... (vgl. Anm. I.7), Bd. I, S. 337.
[26] J. Vielliard: Guide ... (vgl. Anm. Prolog 1), S. 13.
[27] M. de Bonnault d'Houët: Le pèlerinage ... (vgl. Anm. Prolog 4), S. 6, 20, 29.
[28] L. Vázquez de Parga: Las peregrinaciones ... (vgl. Anm. I.7), Bd I., S. 229.
[29] J. Vielliard: Guide ... (vgl. Anm. Prolog 1), S. 19, 21, 27, 29, 31.
[30] M. de Bonnault d'Houët: Le pèlerinage ... (vgl. Anm. Prolog 4), S. 154–161.
[31] Ebd., S. 147.
[32] Ebd., S. 48 u. Anm. 2.
[33] L. Vázquez de Parga: Las

peregrinaciones ... (vgl. Anm. I.7), Bd. I, S. 229.

[34] J. Vielliard: Guide ... (vgl. Anm. Prolog 1), S. 13, 15, 17.

[35] J. Fardet: Dissertation (vgl. Anm. I.16).

[36] M. de Bonnault d'Houët: Le pèlerinage ... (vgl. Anm. Prolog 4), S. 43.

[37] J. Bonnecaze: Autobiographie (vgl. Anm. I.24), S. 188.

[38] G. Jugnot: Deux fondations ... (vgl. Anm. III.28).

[39] M. Melville: La vie des Templiers. Paris 1974, S. 58.

[40] P. Caucci: Las peregrinaciones ... (vgl. Anm. Prolog 3), S. 103.

[41] In: Les routes de France S. 78.

[42] Y. Dossat: De singuliers pèlerins sur le chemin de Saint-Jacques en 1271, in: Annales du Midi Bd. 82 (1970).

[43] P. Caucci: Las peregrinaciones ... (vgl. Anm. Prolog 3), S. 108.

[44] J.-L. Coglin: Les misérables dans l'Occident médiéval. Paris 1976; Ch. Dupille: Histoire de La Cour des Miracles. Paris 1972, S. 19 passim.

[45] Arch. dép. Gironde, G 495, in: J. Cavignac: Le pèlerinage de Saint-Jacques de Compostelle en Gironde, in: R.de La Coste-Messelière: Hospitaliers ... (vgl. Anm. I.20), S. 5.

[46] J. Chaize: Le Puy, o.O. 1973.

[47] A. Georges: Le pèlerinage ... (vgl. Anm. I.8), S. 18.

[48] P. Fita: B. R. A. H., S. 180, in M. Defourneaux: Les Français ... (vgl. Anm. IV.15), S. 106.

[49] Jean de Tournai (vgl. Anm. Prolog 2), fol. 290.

[50] Ebd., fol. 288.

[51] Ebd., fol. 302.

[52] L. Vázquez de Parga: Las peregrinaciones ... (vgl. Anm. I.7), Bd. 2, S. 117.

[53] J. Bonnecaze: Autobiographie (vgl. Anm. I.24), S. 186.

[54] Jean de Tournai (vgl. Anm. Prolog 2), fol. 293 v°, 294.

[55] P. Caucci: Las peregrinaciones ... (vgl. Anm. Prolog 3), S. 98.

[56] M. de Bonnault d'Houët: Le pèlerinage ... (vgl. Anm. Prolog 4), S. 63, 139 f.

[57] Ebd., S. 50.

[58] A. Beaufrère: Aurillac ... (vgl. Anm. I.2), S. 38.

[59] J. Vielliard: Pèlerins d'Espagne ... (vgl. Anm. I.5), S. 19.

[60] M. François: Floire et Blanchefor, du chemin de Compostelle au chemin de La Mecque, in: Revue belge phil. et hist. Bd. XLIV, Nr. 3 (1966).

[61] Arch. dép. Loire-Atlantique, H 483 u. E 202.

[62] Ph. Dollinger: La Hanse (XIIe–XVIIe siècles). Paris 1964, S. 228.

[63] David in: A. Georges: Le pèlerinage ... (vgl. Anm. I.8), S. 18.

[64] M. de Bonnault d'Houët: Le pèlerinage ... (vgl. Anm. Prolog 4), passim.

[65] Arch. dép. Gironde, G 495, in: Cavignac: Le pèlerinage ... (vgl. Anm. V.45).

[66] J. Bonnecaze: Autobiographie (vgl. Anm. I.24), S. 186.

VI. KAPITEL

[1] J. Vielliard: Guide ... (vgl. Anm. Prolog 1), S. 123–125.

[2] XVe canon du concile à Orléans, 28 octobre 549 (vgl. Anm. I.20, Kat. Nr. 176).

[3] M.-J. Vidal: corresp. C. E. C. in: Compostelle 34$^{1-2}$.

[4] J. Vielliard: Pèlerins d'Espagne ... (vgl. Anm. I.5), S. 13.

[5] Arch. munic. Douai.

[6] L. Vázquez de Parga: Las peregrinaciones ... (vgl. Anm. I.7), Bd. I, S. 278.

[7] Ebd., S. 257.

[8] J. Vielliard: Guide ... (vgl. Anm. Prolog 1), S. 23, 25.

[9] Archivo de Navarra, comptos, in: L. Váquez de Parga: Las peregrinaciones ...

(vgl. Anm. I.7), Bd. I, S. 260, Nr. 21.
[10] Libro de los Fueros de Castilla, in: L. Vázquez de Parga: Las peregrinaciones ... (vgl. Anm. I.7), Bd. I, S. 262.
[11] Hist. Compost., in: L. Vázquez de Parga: Las peregrinaciones ... (vgl. Anm. I.7), Bd. I, S. 263.
[12] E. Valina Sampedro: El camino de Santiago. Estudio histórico jurídico. Madrid 1971, S. 45.
[13] Libro de los Fueros de Castilla, in: E. Valina Sampedro: El camino ... (vgl. Anm. VI.12), S. 22.
[14] L. Vázquez de Parga: Las peregrinaciones ... (vgl. Anm. I.7), Bd. I, S. 269 f.
[15] Ebd., S. 271–273.
[16] A. Beaufrère: Aurillac ... (vgl. Anm. I.2), S. 39.
[17] E. Valina Sampedro: El camino... (vgl. Anm. VI.12), S. 53 f.
[18] Gesta Henrici II et Ricardi I, in: C. Urrutibehety: Sur la route de Compostelle, le passage des Gaves et le chemin de Charlemagne, in: Bull. Sté de Borda 1964.
[19] P. Tucco-Chala: Les chemins de Saint-Jacques en Béarn, o.O. 1964.
[20] J. Cavignac: Le pèlerinage de Saint-Jacques de Compostelle en Gironde, in: R.de La Coste-Messelière: Hospitaliers ... (vgl. Anm. I.20), S. 6.
[21] M. Defourneaux: Les Français en Espagne ... (vgl. Anm. IV. 15), S. 111, Anm. 1.
[22] El libro de la Cadena del Concejo de Jaca, in: L. Vázquez de Parga: Las peregrinaciones ... (vgl. Anm. I.7), Bd. I, S. 276.
[23] R. Oursel: Pèlerins du Moyen Age ... (vgl. Anm. II.42), S. 61 f.
[24] H. Touchard: Étude sur les domaines espagnols de l'abbaye de Fontevrault au Moyen Age, D. E. S. 1942, S. 23.
[25] J. Fardet: Hospitaliers, hôpitaux et Maisons-Dieu d'Armorique et de Bas-Poitou en rapport avec le pèlerinage de Saint-Jacques de Compostelle, in: R.de La Coste-Messelière: Hospitaliers ... (vgl. Anm. I.20), S. 15.
[26] F. Gutton: Par les chemins roumineux avec les pèlerins de Compostelle. Comm. Académie du Var, Toulon, in: Bull. Sté Amis de La Seyne 1971.
[27] A. Georges: Le pèlerinage ... (vgl. Anm. I.8), S. 155.
[28] Bibl. hist. Ville de Paris, Ms. N. A. 38, fol. 7 (vgl. Anm. I.20, Kat. Nr. 362).
[29] A. Georges: Le pèlerinage ... (vgl. Anm. I.8), S. 113 f.
[30] Arch. dép. Gard, hôpital Saint-Jacques de Nîmes, notice C. E. C..
[31] Bibl. hist. Ville de Paris, Ms. N. A. 38, fol. 7, in: J. Warcollier: Hôpitaux à l'usage des pèlerins, chapelles et confréries de Saint-Jacques (zusammen mit R. de La Coste-Messelière), Actes congrès national Stés savantes, Pau 1969, Auszug in: Bull. phil. et hist. 1971.
[32] A. Beaufrère: Aurillac ... (vgl. Anm. I.2), S. 32.
[33] M. Deloche in: Bull. Sté des Gens de Lettres de la Corrèze, 1892.
[34] Arch. dép. Gard, hôpital Saint-Jacques de Nîmes, notice C. E. C..
[35] G. Jugnot: Étude d'un document inédit des Archives générales de Navarre, in: Arch. C. E. C. (1977).

VII. KAPITEL

[1] J. Vielliard: Guide ... (vgl. Anm. Prolog 1), S. 11.
[2] Féd. hist. du Sud-Ouest, actes XVIIIe congrès études régionales, 22–23 mai 1965, in: Salines et chemins de Saint-Jacques, autour de Salies de Béarn: Actes congrès d'études régionales, Pau 1966.
[3] Bulle de fondation de l'hôpital de Saint-Jacques de Paris, 21 février 1323 (vgl. Anm. I.20, Kat. Nr. 359).
[4] J. Vielliard: Pèlerins ... (vgl. Anm. I.5), S. 13.
[5] Arch. dép. Gironde, I B, Arrêts du Parlement, 5 sept, 1769 (vgl. Anm. I.20, Kat. Nr. 557).

6 Arch. dép. Yonne, H. sup. 2604c (vgl. Anm. I.20, Kat. Nr. 156).
7 Arch. dép. Pyrénées-Atlantiques, G 78, in: J. Warcollier: Soulac et le Médoc dans le pèlerinage de Compostelle. Ausstellungskatalog Soulac 1975. Paris 1975 (zusammen mit H. Treuille), Kat. Nr. 135.
8 Ebd., E 294.
9 Ebd., E 27.
10 Ebd., G 205, Vidimus 1307 und: G. Jugnot: Le développement du réseat d'asistance aux pèlerins en Navarre (XIe–XIIIe siècles), Actes congrès national Sté savantes. Nantes 1972, Bull. phil. et hist. 1978.
11 M. de Bonnault d'Houët: Le pèlerinage ... (vgl. Anm. Prolog 4), S. 141.
12 Madrid, Arch. Hist. Nac., Priv. rodado, orig. 338/308; Uclés, caja 325 Nr. 2 (vgl. Anm. I.20, Kat. Nr. 695).
13 Arch. dép. Cantal, Arch. communal Aurillac, A, A 4 (vgl. Anm. I.20, Kat. Nr. 210).
14 L. Vázquez de Parga: Las peregrinaciones ... (vgl. Anm. I.7), Bd. I, S. 311 f.
15 D. Micheneau: Recherches sur l'hôpital d'Aubrac du XIIe au XVe siècles. Magisterarbeit Universität Paris 1970.
16 Bulle Honorius' III. in Bestät. d. Bulle Innozenz' III. (21. Mai 1216), in: Rigal u. Vermaguet: documents sur l'hôpital d'Aubrac, zitiert nach: D. Michenau: Recherches ... (vgl. Anm. VII.15).
17 P. Tucco-Chala: Les chemins de Saint-Jacques en Béarn, o.O. 1964.
18 M. de Bonnault d'Houët: Le pèlerinage ... (vgl. Anm. Prolog 4), S. 44.
19 Ebd., S. 62 f., 66 f., 68, 98, 102, 143.
20 Arch. dép. Gironde, H non classé, Jésuites Saint-James, liasse 5, pièce 19, o.J. (vgl. J. Cavignac: Le pèlerinage ... (vgl. Anm. VI.20)).
21 Rapport de Guillaume de Rodat, président du présidial de Rodez, in: H. u. L. Bousquet: Voies romaines, drayes, et camis roumieux. Rodez, 1974.
22 D. Micheneau: Recherches ... (vgl. Anm. VII.15).
23 F. Fabre: Notes historiques sur Sangues: Saint-Flour 1899.
24 R. de La Coste-Messelière: Sources et illustrations de l'histoire des établissements hospitaliers et du pèlerinage de Saint-Jacques de Compostelle, des passages de Loire au grand chemin chaussé des pèlerins de Saint-Jacques. 1. Teil: Géneralités . Région centrale d'Angers et Saumur à Niort et Saint-Maixent, in: Bull. Féd. Stés savantes des Deux-Sèvres(1978). – 2. Teil: Région côtière. De Saintes à La Rochelle, in: Bull. Sté d'émulation de la Vendée. – 3. Teil: Charente-Maritime. Wien.
25 M. de Bonnault d'Houët: Le pèlerinage ... (vgl. Anm. Prolog 4), S. 60.
26 Ebd., S. 6.
27 L. Vázquez de Parga: Las peregrinaciones ... (vgl. Anm. I.7), Bd. I, S. 336.
28 Ebd., S. 313.
29 Ebd., S. 335.
30 R. de La Coste-Messelière u. J. Warcollier: Hôpitaux ... (vgl. Anm. VI.31).
31 M. de Bonnault d'Houët: Le pèlerinage ... (vgl. Anm. Prolog 4), S. 116.
32 H. Affre: Simples récits historiques sur Espalion. Espalion 1972.
33 Arch. dép. Gironde, H. non classé, Jésuites Saint-James, liasse 2, pièces 17, 21 (vgl. J. Cavignac: Le pèlerinage ... (vgl. Anm. VI.20), S. 2 f.).
34 Arch. hosp. Cadillac, série 2, actes capitulaires 1641–1649, in: J. Cavignac: Le pèlerinage ... (vgl. Anm. VI.20), S. 5.
35 Arch. dép. Gironde, H. non classé, fond des Chartreux, liasse 234, in: J. Cavignac: Le pèlerinage ... (vgl. Anm. VI.20), S. 6.
36 Arch. dép. Gironde, H. non classé, Jésuites Saint-James, liasse 2, pièce 24, o.J., in: J. Cavignac: Le pèlerinage ... (vgl. Anm. VI.20), S. 3.
37 M. de Bonnault d'Houët: Le pèlerinage ... (vgl. Anm. Prolog 4), S. 88.
38 Arch. dép. Gironde, H. non classé, Jésuites Saint-James, liasse 5, pièce 18, o.J., in:

J. Cavignac: Le pèlerinage ... (vgl. Anm. VI.20), S. 4.

39 Arch. munic. Châlons-sur-Marne, 1479 (vgl. J. Warcollier (vgl. Anm. VI.31)).

40 Compostelle 34$^{1-2}$, S. 15, recueilli par Sœur Marie-Pierre.

41 J. Bonnecaze: Autobiographie (vgl. Anm. I.24), S. 187.

42 Dr. J. Aurenche: Les soins médicaux des pèlerins de Compostelle, in: R.de La Coste-Messelière: Hospitaliers ... (vgl. Anm. I.20).

43 Livre de médecines Yverneaux, 1731. Paris, Bibliothèque Mazarine, Ms. 3627.

44 M. de Bonnault d'Houët: Le pèlerinage ... (vgl. Anm. Prolog 4), S. 49, 68, 88, 95, 110 f.

45 L. Vázquez de Parga: Las peregrinaciones ... (vgl. Anm. I.7), Bd. II, S. 203.

46 J. Bonnecaze: Autobiographie (vgl. Anm. I.24), S. 187.

47 G. Jugnot: Deux fondations ... (vgl. Anm. III.28).

48 E. Lambert: Livre de Saint-Jacques et les routes de pèlerinage de Compostelle, B. Hisp. 1935.

49 J. Etchevers: La route des crêtes de Saint-Jean-Pied-de-Port á Roncevaux. Bayonne 1973, S. 18.

50 J. Vielliard: Guide ... (vgl. Anm. Prolog 1), S. 25, 27.

51 J. Bonnecaze: Autobiographie (vgl. Anm. I.24), S. 185, 188.

52 M. de Bonnault d'Houët: Le pèlerinage ... (vgl. Anm. Prolog 4), S. 144 f.

53 Jean de Tournai (vgl. Anm. Prolog 2), fol. 283 v°, 284.

54 L. Vázquez de Parga: Las peregrinaciones ... (vgl. Anm. I.7), Bd. II, S. 103.

VIII. KAPITEL

1 M. de Bonnault d'Houët: Le pèlerinage ... (vgl. Anm. Prolog 4), S. 54.

2 J. Vielliard: Guide ... (vgl. Anm. Prolog 1), S. 135.

3 P. Caucci: Las peregrinaciones ... (vgl. Anm. Prolog 3), S. 100.

4 B. de Gaiffier: Un thème hagiographique: le pendu miraculeusement sauvé, in: Revue belge d'archéologie et d'histoire de l'art, Bd. XIII, Mr. 2–3, 1949.

5 A. Georges: Le pèlerinage ... (vgl. Anm. I.8), S. 180.

6 G. Quincy: Pèlerins et chemins de Saint-Jacques en Corrèze, in: Compostelle 26, S. 3.

7 Jean de Tournai (vgl. Anm. Prolog 2), fol. 294 v°.

8 P. Wolff: Histoire de Toulouse, o.O. 1961.

9 P. de Marca: Histoire de Béarn, Bd. I, Buch VII, Kap. VIII, in: L. Vázquez de Parga: Las peregrinaciones ... (vgl. Anm. I.7), Bd. I, S. 262, Anm. 25.

10 L. Vázquez de Parga: Las peregrinaciones ... (vgl. Anm. I.7), Bd. I, S. 262.

11 P. Echevarría Bravo: Cancionero ... (vgl. Anm. I.18).

12 L. Vázquez de Parga: Las peregrinaciones ... (vgl. Anm. I.7), Bd. I, S. 228.

13 Jean de Tournai (vgl. Anm. Prolog 2), fol. 284 v°.

14 Ebd., fol. 298 v°.

15 Ebd., fol. 288 v°, 289.

16 Ebd., fol. 289, 289 v°, 290.

17 Ebd., fol. 284 v°.

18 Ebd., fol. 299 v°.

19 S. Purchas: His Pilgrims (vgl. Anm. III.5).

20 M. de Bonnault d'Houët: Le pèlerinage ... (vgl. Anm. Prolog 4), S. 69, 117, 42, 153.

21 Ebd., S. 63.

22 J. Vielliard: Guide ... (vgl. Anm. Prolog 1), S. 19, 21, 33.

[23] Le chemin de Monsieur Saint Jacques en Galice dit Compostelle et combien il y a de lieues de ville en ville, à partir de la ville de Paris. 1621, in: J. Warcollier: Soulac et le Médoc dans le pèlerinage de Compostelle. Ausstellungskatalog Soulac 1975. Paris 1975 (zusammen mit H. Treuille), Kat. Nr. 250.
[24] S. Purchas: His Pilgrims (vgl. Anm. III.5).
[25] Jean de Tournai (vgl. Anm. Prolog 2), fol. 285.
[26] M. de Bonnault d'Houët: Le pèlerinage ... (vgl. Anm. Prolog 4), S. 67.
[27] Ebd., S. 46.
[28] J. Vielliard: Guide ... (vgl. Anm. Prolog 1), S. 29.
[29] Jean de Tournai (vgl. Anm. Prolog 2), fol. 285.
[30] Ebd., fol. 284 v°.
[31] M. de Bonnault d'Houët: Le pèlerinage ... (vgl. Anm. Prolog 4), S. 65.
[32] Ebd., S. 63 f.
[33] Ebd., S. 31.
[34] Ebd., S. 62.
[35] P. Caucci: Las peregrinaciones ... (vgl. Anm. Prolog 3), S. 111, 96.
[36] Jean de Tournai (vgl. Anm. Prolog 2), passim.
[37] J. Bonnecaze: Autobiographie (vgl. Anm. I.24), S. 186.
[38] J. Haritschelar: Un manuscrit ... (vgl. Anm. II.41), S. 50, 60.
[39] Arch. dép. Gironde, Brunet notaire, 3 E 2491, fol. 64–95, fol. 91 v°, in: J. Cavignac: Le pèlerinage ... (vgl. Anm. VI.20), S. 5.
[40] Arch. dép. Vaucluse, A. M. Sainte-Marthe, B 17 (vgl. Anm. I.20, Kat. Nr. 59).
[41] L. Vázquez de Parga: Las peregrinaciones ... (vgl. Anm. I.7), Bd. II, S. 116.
[42] M. de Bonnault d'Houët: Le pèlerinage ... (vgl. Anm. Prolog 4), passim.
[43] Pamplona, Archivo general de Navarra, comptos, cap. 14, mem. 96, doc. 4, in: R. de La Coste-Messelière: Avec les hospitaliers ... (vgl. Anm. I.20, Kat. Nr. 652).
[44] Arch. dép. Charente, G 534, in: R. de La Coste-Messelière: Avec les hospitaliers ... (vgl. Anm. I.20, Kat. Nr. 91).
[45] Arch. communal de Monieux, CC 21.
[46] M. de Bonnault d'Houët: Le pèlerinage ... (vgl. Anm. Prolog 4), S. 98.
[47] Jean de Tournai (vgl. Anm. Prolog 2), fol. 292 v°.
[48] M. de Bonnault d'Houët: Le pèlerinage ... (vgl. Anm. Prolog 4), S. 100, 145.
[49] J. Bonnecaze: Autobiographie (vgl. Anm. I.24), S. 188.
[50] Jean de Tournai (vgl. Anm. Prolog 2), fol. 290, 290 v°.
[51] M. de Bonnault d'Houët: Le pèlerinage ... (vgl. Anm. Prolog 4), S. 70 f.
[52] Jean de Tournai (vgl. Anm. Prolog 2), fol. 303, 303 v°.

IX. KAPITEL

[1] J. Vielliard: Guide ... (vgl. Anm. Prolog 1), S. 16.
[2] M. de Bonnault d'Houët: Le pèlerinage ... (vgl. Anm. Prolog 4) S. 72.
[3] P. Caucci: Las peregrinaciones ... (vgl. Anm. Prolog 3), S. 111.
[4] S. Purchas: His Pilgrims (vgl. Anm. III.5).
[5] M. Damonte: Da Firenze ... (vgl. Anm. III.17), S. 1063.
[6] P. Echevarría Bravo: Cancionero ... (vgl. Anm. I.18), S. 43.
[7] M. de Bonnault d'Houët: Le pèlerinage ... (vgl. Anm. Prolog 4), S. 89.
[8] P. Parfounet, J. de Carsalade du Pont: Comptes consulaires de la Riscle. Paris-Auch 1886 u. 1892, S. 564.
[9] J. Vielliard: Guide ... (vgl. Anm. Prolog 1), S. 119.
[10] Jacques de Voragine: La légende dorée (1263–73). Paris 1923 – Deutsche Ausgabe: Die Legenda aurea des Jacobus de Vora-

gine. Aus dem Lateinischen übersetzt von Richard Benz. Heidelberg 91979.
11 B. Bennassar: Saint-Jacques-de-Compostelle. Paris 1971.
12 Ebd., S. 137 f.
13 M. de Bonnault d'Houët: Le pèlerinage ... (vgl. Anm. Prolog 4), S. 103–108.
14 J. Vielliard: Guide ... (vgl. Anm. Prolog 1).
15 L. Vázquez de Parga: Las peregrinaciones ... (vgl. Anm. I.7), Bd. II, S. 366.
16 E. Valina Sampedro: El camino ... (vgl. Anm. VI.12), S. 6.
17 E. R. Labande: Ad Limina. Le pèlerin médiéval au terme de sa démarche, in: Mélange offerts á R. Crozet. Poitiers 1966, S. 284.
18 A. Beaufrère: Aurillac ... (vgl. Anm. I.2), S. 39.
19 P. Echevarría Bravo: Cancionero ... (vgl. Anm. I.18), S. 17, 24.
20 Jean de Tournai (vgl. Anm. Prolog 2), fol. 290 v°, 291, 291 v°.
21 L. Vázquez de Parga: Las peregrinaciones ... (vgl. Anm. I.7), Bd. I, S. 229 f.
22 Jean de Zielbeke (vgl. Anm. Prolog 2).
23 Ebd..
24 M. de Bonnault d'Houët: Le pèlerinage ... (vgl. Anm. Prolog 4), S. 73–86.
25 P. Echevarría Bravo: Cancionero ... (vgl. Anm. I.18), S. 25.
26 J. Bonnecaze: Autobiographie (vgl. Anm. I.24), S. 186 f.
27 J. Vielliard: Guide ... (vgl. Anm. Prolog 1), S. 95, 97.
28 Jean de Tournai (vgl. Anm. Prolog 2), fol. 291 v°, 292.
29 L. Vázquez de Parga: Las peregrinaciones ... (vgl. Anm. I.7), Bd. I, S. 230.
30 M. de Bonnault d'Houët: Le pèlerinage ... (vgl. Anm. Prolog 4), S. 88.
31 E. R. Labande: Ad Limina ... (vgl. Anm. IX.17), S. 289.
32 J. Vielliard: Guide ...(vgl. Anm. Prolog 1), S. 138.
33 Jean de Zielbeke (vgl. Anm. Prolog 2).

X. KAPITEL

1 Daniel-Rops: Sur le chemin ... (vgl. Anm. V.14).
2 L. Vázquez de Parga: Las peregrinaciones ... (vgl. Anm. I.7), Bd. II, S. 264.
3 B. Bennassar: Saint-Jacques ... (vgl. Anm. IX.11), S. 145.
4 Erasme, Le deuxième livre des Colloques, Paris 1934, S. 10–19, in: A. Georges: Le pèlerinage ... (vgl. Anm. I.8), S. 60.
5 E. Coyecque: L'assistance publique à Paris au milieu de XVIe siècle, in: Bull. Sté Histoire de Paris et de l'Île de France, Paris 1888, S. 116 f., in: A. Georges: Le pèlerinage ... (vgl. Anm. I.8), S. 61.
6 Arch. dép. Gironde, H non classé, Jésuites Saint-James, liasse 2, pièce 17, 1572, in: J. Cavignac: Le pèlerinage ... (vgl. Anm. VI.20), S. 2.
7 L. Vázquez de Parga: Las peregrinaciones ... (vgl. Anm. I.7), Bd, I, S. 252.
8 Arch. dép. Gironde, G 670, in: J. Cavignac: Le pèlerinage ... (vgl. Anm. VI.20), S. 4.
9 R. de La Coste-Messelière u. J. Warcollier: Hôpitaux ... (vgl. Anm. VI.31 und Anm. I.20, Kat. Nr. 365).
10 H. F. Heerkens Thijssen: Le culte de saint Jacques en Hollande, in: Compostelle 17 (De geschiedenis van het Haarlemse St. Jacobs Gilde. Den Haag 1955) und: J. Warcollier: Soulac et le Médoc dans le pèlerinage de Compostelle. Ausstellungskatalog Soulac 1975. Paris 1975 (zusammen mit H. Treuille), Kat. Nr. 203.
11 A. Beaufrère: Aurillac ... (vgl. Anm. I.2), S. 21.
12 Lottin: Recherches sur la ville d'Orléans,

Orléans 1837, Bd. II, S. 88, in: Cl. Lannette: Hospitaliers et pèlerins ...S. 10 (vgl. Anm. I.20).
13 De Chin-Dzaque: Anthologie des chants populaires, S. 159 (vgl. J. Warcollier: Soulac et le Médoc dans le pèlerinage de Compostelle. Ausstellungskatalog Soulac 1975. Paris 1975 (zusammen mit H. Treuille), Kat. Nr. 223 f.
14 R. de La Coste-Messelière: Édits et actes royaux contre les abus des pèlerinages à l'étranger (XVIIe–XVIIIe siècles) et pérennité du pèlerinage à Saint-Jacques de Compostelle, Actes congrès national Stés savantes, Pau 1969.Auszug in: Bull. phil. et hist. 1972, S. 124.
15 Les routes de France, S. 78.
16 H. Polge: Notes sur le pèlerinage de Saint-Jacques au XVIIIe siècle, in: Bull. Sté arch., hist., litt. et scient., du Gers, 1959.
17 A. Socard: Noëls et cantiques, 1875, in: J. Warcollier: Soulac et le Médoc dans le pèlerinage de Compostelle. Ausstellungskatalog Soulac 1975. Paris 1975 (zusammen mit H. Treuille), Kat. Nr. 177.
18 R. de La Coste-Messelière: Édits ... (vgl. Anm. X.14), S. 117.
19 Ebd., S. 121.
20 M. de Bonnault d'Houët: Le pèlerinage ... (vgl. Anm. Prolog 4), S. 2–6, 15, 24–27, 29, 126, 151.
21 Arch. dép. Gironde, H non classé, Jésuites Saint-James, liasse 5, pièce 18, o.J., in: J. Cavignac: Le pèlerinage ... (vgl. Anm. VI.20), S. 4.
22 A. Georges: Le pèlerinage ... (vgl. Anm. I.8), S. 64 f.
23 A. Beaufrère: Aurillac ... (vgl. Anm. I.2).
24 Statuts et règlements pour la confrérie de Saint-Jacques, Lyon 1755, in: M. Valla: Les Lyonnais à Compostelle, Actes congrès national Stés savantes, Lyon 1964, in: Bull. phil. et hist. (1967).
25 R. de La Coste-Messelière: Édits ... (vgl. Anm. X.14), S. 126.
26 M. J. Vidal in: Compostelle 33, S. 20.
27 P. Echevarría Bravo: Cancionero ... (vgl. Anm. I.18), S. 73 f.

EPILOG

1 J. Bonnecaze: Autobiographie (vgl. Anm. I.24), S. 187.
2 Ebd., 187 f.
3 M. de Bonnault d'Houët: Le pèlerinage ... (vgl. Anm. Prolog 4), passim.
4 Jean de Tournai (vgl. Anm. Prolog 2), fol. 303–313 passim.
5 J. Bonnecaze: Autobiographie (vgl. Anm. I.24), S. 188 f.
6 Arch. dép. Gers, I 3962, fol. 72, 75, 206 (vgl. Anm. I.29).
7 Wunder genannt in: Acta Sanctorum, Bd. VI, 25. Juli, in: J. Fardet: Les Maisons-Dieu ... (vgl. Anm. I.16), Nr. 22.
8 Arch. dép. Tarn, B 722.
9 Registres de catholicité d'Estaing, cité par l'abbeé Ginisty (exposé historique sur les traditions saint-jacquaires à Estaing, 30 mai 1976, lors de l'inauguration du G. R. 65).
10 Arch. municipal Sélestat, livre de Bourgeoisie, BB 45, S. 66, E. Kubler: Pèlerins sélestadiens à Saint-Jacques de Compostelle à la fin du Moyen Age, in: Annuaire Sté des Amis de la Bibliothèque de Sélestat, XV, 1965.
11 Statuts et règlements pour la confrérie de Saint-Jacques, Lyon 1755. in: M. Valla: Les Lyonnais à Compostelle, Actes congrès national Stés savantes, Lyon 1964, in: Bull. phil. et hist. (1967).
12 Grand cartulaire de La Sauve, in: J. Cavignac: Le pèlerinage ... (vgl. Anm. VI.20), S. 7 (und: vgl. Anm. I.20).
13 Histoire du Languedoc, Privat 1967.
14 Vgl. Anm. I.20, Kat. Nr. 101.
15 A. Georges: Le pèlerinage ... (vgl. Anm. I.8), S. 18.